温州学术文库

当代中国公益精神及培育研究

Research on Public Welfare Spirit and Cultivation in
Contemporary China

卓高生◎著

社会科学文献出版社
SOCIAL SCIENCES ACADEMIC PRESS (CHINA)

本书为浙江省一流学科"马克思主义理论"、浙江省中国特色社会主义理论体系研究中心温州大学研究基地、温州市重点创新团队（新时代温州道德文化建设创新研究团队）资助建设成果

本书为 2017 年度温州社会科学学术著作资助出版项目"当代中国公益精神及培育研究"（编号：2017 CBZ04）最终成果

Contents | 目　录

导　论

一　选题旨趣

问题是历史琴盘上的按键。任何真正问题的提出，都如同按下历史的音键，引起历史的回响、反思。在当代中国，公益事业并非只是扶贫济困的经济调节，也不仅仅是社会发展的拾遗补阙，它还承载一个国家的历史责任和社会责任，衡量一个民族的胸襟气度和精神认同，维系一个社会的情感脉动和人间道义。新时代，在推进中国特色社会主义事业发展的伟大征程中，公益事业的发展对重振民族精神、续谱时代文化、再塑社会情感都有积极作用。因此，诸如慈善捐助、志愿服务等公益行为被誉为"人类最高境界的伦理美德"，也成为当今政治学、社会学、伦理学、法学等学科研究的一个焦点。

公益事业是新时代中国社会历史发展的新动力。当前中国进入经济快速发展与社会矛盾相对集中的时代，以物质利益驱动的市场经济遵循"优胜劣汰，适者生存"的原则，市场之中的"经济理性人"博弈于各种"风险"和"竞争""角斗场"，势必造成市场对于"弱者"利益的不完全"关怀"。同时，"全能型"向"有限型"转变的政府不能为全体公民和社会发展提供充分而多元化的服务。在"市场失灵"和"政府失效"际遇中需要社会治理体系创新，而社会公益事业的发展正好弥补了这一"空白地带"。

社会公益事业所具有的非营利性、益他性、伦理性等特质形成了一种建设性的良性互动社会关系，它降低了社会治理成本，实现了社会资源开发、整合、利用的最大效应，促进了自尊、自信、独立自主精神的萌发，激活了"爱心、同情、关怀、责任、互助、平等、正义"的公益价值潜力，提升了社会道德水准。处于社会转型时期的当代中国，几千年的文化传承正受到市场经济的深刻影响。尽管近40年公益事业也有长足进步，但与我国总体经济形势相比，我国公益事业不够发达的事实依然没有改变。其中，公益精神的缺乏是其深层的诱因，因而挖掘、揭示中国现时代背景下的政治、经济、文化心理和社会原因是公益精神培育过程中需要解决的重大课题。

马克思说：人的本质不是单个人所固有的抽象物，在其现实性上，它是一切社会关系的总和。现实生活世界中的个体意义之丰富更多体现于公共领域和公共生活。因而，个体在社会交往过程中，经济活动、社区活动和关系人类社会发展的共同事业所应具有的一种自主、自治性的公益精神已成为现代社会发展对于个体品格完善的呼唤。资中筠《财富的归宿：美国现代公益基金会述评》一书开篇就说：从美利坚开国伊始，公益就是这个伟大国家的核心价值观。在一个以个人主义价值观为基础的国度里，发展成熟的公益事业有其国民浓厚的公益精神之文化氛围作为支撑。在当今中国现代化推进过程中，为实现个人的自由而全面发展和社会的全面进步，要为多元文化背景下的公益事业发展寻求、架构一种成熟的公益精神。公益精神是公益主体在社会经济发展过程中财富积累、主体意识觉醒、批判反思基础上的理性反应，是当前改革过程中出现的收入差距拉大、利益分化、社会风险加大、政府治理面临多种选择等社会矛盾寻求解决路径的价值诉求。而为这种反应和诉求寻找一个合理而持续的受益空间，追溯和夯实公益精神的个体和社会价值是公益事业发展过程中需要突破的重大理论问题和实践课题。

社会主义和谐社会是一个人人有责、人人共享的社会，是一个

"民主法治、公平正义、诚信友爱、充满活力、安定有序、人与自然和谐相处"的社会。理想而和谐的社会共同体的构建需要每一个个体的"共同善行"。此种"善行"的实践离不开公益价值生命体可能性存在之后天塑造场所——一个未决而巨大的个人价值观塑造的空间。因此，探求公益精神培育的政治、经济和社会土壤，遵循公益精神培育的原则，在新时期促进公民价值观的生成并加强其社会塑造，实现公益主体意义生命的升华是一个复杂、迫切而艰巨的任务。

国内目前探讨公益精神是一个具有前瞻性的课题，由于前人对此问题的相关研究相对缺乏且不成系统，所以是一个富有挑战性的课题。这也注定研究当代中国公益精神及其培育课题无论是从理论还是从现实角度看，都有深刻意义。

首先，从现代人生存与发展的境遇来看，关注个体公益精神的培育，有助于推动马克思主义关于人的发展理论的创新。现实的人对于"物"的狂热追求让我们深陷"宠物不宠人"的悲惨处境中，对"物"的这种依赖使人与社会的发展呈现片面化的样态。因而，扎根于人所处的丰富多彩的公共生活空间，研究个体对于社会共同体公益事业关切的心理机制，促进个体活动及其能力、自由个性、个人与社会的和谐全面发展，有利于丰富马克思主义人学理论。

其次，公益精神旨在塑造一种对社会弱势群体和人类社会发展共同利益关注的价值观念，其追求的是公正、和谐、幸福等目标，彰显的是以人为本的人道主义关怀，弘扬的是公平正义精神，传承的是一种共建理念。因此，无论是从个体信念层面，还是从社会制度层面都有助于丰富和推进马克思主义社会发展理论的创新。

再次，随着公民公益意识的觉醒，传统的道德教育也面临着向公民教育的历史性转型。由此，公益精神的培育对于丰富和完善公民教育理论体系、推进道德教育改革具有重要的理论价值。

最后，公益所产生的巨大社会效应给忙于经济活动的国人带来一次又一次感动和震撼，但稍有不慎，又会被自私与冷漠摧毁。因此，研究并唤醒沉睡着的国人的公益精神，使公益事业获得新的生机和活力，营造人与人、人与自然和谐融洽的氛围，对于实现中华民族伟大复兴、推进中国特色社会主义现代化强国建设具有重要现实意义。

二 研究综述

对公益理论的研究，目前国内外出现了一些相关研究成果。现代公益事业发端于古代社会中的慈善，历史演变中的传统慈善事业在今天已经有了重大发展，凸显着现代公益事业的"非政府性、非营利性、非强制性、救助性和社会性"[①] 特征。近年来，随着中国慈善事业和志愿服务事业的发展，尤其是《中华人民共和国慈善法》(2016)、《志愿服务事业条例》(2017) 先后颁布实施，公益事业逐渐受到学界的关注。关于作为公益精神于现实社会中呈现的两种最基本的延伸内容——慈善意识和志愿者精神的研究逐渐增多，这为本课题的研究做了较为翔实的资料准备。

（一）国外研究综述

1889 年卡内基发表的《财富的福音》被公认为是公益理论经典之作，其主要内容包括以下几点。第一，财富集中造成贫富差距拉大是文明进步不可避免的代价。第二，富人对社会有不可推卸的责任。第三，剩余财富的最佳使用途径是富人的巨额剩余财产在他们生前通过适当运作用于造福公众的事业。第四，公益捐助的最佳领域包括建大学；建免费公共图书馆；建立或扩大医院、医学院、实验室以及其他与减轻人的病痛相关的机构，特别应以预防为重点；建立公园，美化环境；建公共游泳池；捐赠教会；等等。这一思想"体现了欧洲传统和美国思潮、社会的和个人的因素的集大成，是社会达尔文主义和改良主义思潮的交汇，也是理想主义和实用主义的结合"[②]，西方社会成功人士和平民基于公益精神纷纷将从事公益事业作为自己践行社会责任的首选。随着市

[①] 彭柏林：《公益伦理的界定》，《云梦学刊》2007 年第 6 期。

[②] 资中筠：《财富的归宿：美国现代公益基金会述评》，上海人民出版社，2006，第 265 页。

场经济的发展和社会主体意识的觉醒，人们对公益事业的关注和公益精神的探讨也更为积极。"关于公益精神的讨论曾在 19 世纪末 20 世纪初掀起过一次浪潮，并引发了行为主义革命。但自 1960 年舒伯特（Schubert）《公益精神》一书出版以来，随着公共选择理论的兴起与占优，公益精神被'经济人'假说所取代甚至完全被理论家遗忘。20 世纪 80 年代以来，随着知识经济时代的悄悄降临，公益精神取向随着人们理性空间的扩大也渐渐强化起来。但这一次与 19 世纪末 20 世纪初公益精神兴起不同，它不是源于理论启蒙和人性的预设，而是源于大众主体化意识的觉醒和有关政府本质属性的追问。"① 20 世纪 80 年代，西方国家的公益事业发展开始进入一个繁荣时代并开始对该领域展开深入研究，其中尤以美国为代表。20 世纪 80 年代以前，美国就已经形成以耶鲁大学为研究中心的研究群体，当前，美国此类以大学为基地的研究机构已有 30 多个，影响比较大的有：纽约城市大学公益事业研究中心、印第安纳大学公益事业研究中心、霍布金斯大学公民社会研究中心、杜克公益事业与志愿活动研究中心，等等。②

当代西方国家对公益事业的研究③已拓展至医学、社会学、经济学、政治学、管理学等领域。在医学领域，1973 年，翰逊（A. R. Johnson）和赫尼格斯（Henegers）首先提出要把公益论引入医学伦理学④，使医学活动不仅有利于病人，而且有利于社会、人类和后代。在社会学、政治学、管理学领域，诸多成果围绕公益组织与公民社会理论研究展开，如美国学者里贾纳·E. 赫兹琳杰的《非营利组织的管理》、赫兹林格的《非营利组织》、李亚平等选编的《第三域的兴起：

① 杨冠琼：《政府治理体系创新》，经济管理出版社，2000，第 40 页。
② 崔开云：《近年来我国非政府组织研究述评》，《东南学术》2003 年第 3 期。
③ 如：亚瑟·C. 布鲁克斯《谁会真正关心慈善》，王青山译，社会科学文献出版社，2008；Helmut K. Anheier and Diana Leat, *Creative Philanthropy*, Routledge Taylor Francis Group, 2006；Lawrence J. Friedman and Mark D, Mcgarvie. *Charity, Philanthropy, and Civility in American History*, Cambridge University Press, 2003；Robert Wuthnow, Virginia A. Hodgkinson and Associates. *Faith and Philanthropy in America*, Jossey-Bass Inc., 1990。
④ 李海燕：《医学伦理学》，武汉大学出版社，2001，第 30 页。

西方志愿工作》、萨拉蒙的《全球公民社会：非营利部门视界》等，他们就公益事业的重要因素——公益组织的发展脉络、自身运转、与政府的关系等问题进行了有益的探索。新时期，公益事业在经济领域的突破也有相关的研究成果，如菲利普·科特勒、南希·李的《企业的社会责任：通过公益事业拓展更多的商业机会》和马尔科尼的《公益营销》等论著中指出，各种类型的企业将基于社会责任的公益行为与企业的发展很好地结合在一起，这是企业发展战略性的决策，也是未来公益事业发展的生长点和公益精神培育的重要场域。在法学领域，如美国著名律师贝奇·布查特·阿德勒写的《美国慈善法指南》，系统地解释了美国慈善法律，该书对国外慈善机构与美国慈善机构的法律关系也给予了阐述，有利于加强美国国内外慈善机构的合作。

总体来看，西方国家对非营利组织或私人公益事业的研究已经发展成专门学科，并呈现专业化分工与协作的研究趋势。其研究范围包括：公益事业的哲理、公益慈善课程的设立、公益组织制度的建设、公益事业的外部监督机制、公益组织与政府的关系、公益事业的国际工作、公益基金会与中国、公益事业社会公信度的建立、公益事业的税收优惠、公益捐助教育、义工成员的组织培训和公益网站的管理、基金会的设立和管理、公益事业组织的分立或消失后财产的处置等。各领域研究都设有专门课题，并由各类基金会出资赞助。

（二）国内研究综述

关于公益的规定，有人认为就是公共利益，就是公众利益的集合。目前对公益的概念界定仍不清晰，陶传进《社会公益供给——NPO、公共部门与市场》一书指出：这一概念的含义可宽可窄，以至于不同的人可以有不同的想法……因而，一方面造成它的泛滥使用，另一方面又使得我们无法有效地运用它。[①] 近年来，随着人们公共生活领域的拓

---

① 陶传进：《社会公益供给——NPO、公共部门与市场》，清华大学出版社，2005，第21~22页。

展，关注社会公益捐赠、志愿服务的研究也越来越多。^① 其中，湖南大学唐欢在其硕士学位论文《论公益》中指出，"公共利益"是现代社会语言体系中不可或缺的必需品，它有着强大的凝聚力与扩张性，几乎包含了社会生活的各种类别。相对而言，"公益"在法律制度和社会生活上的"活动范围"要小得多，在语源、道德色彩、与私益的对应性上都有差异。同时，她也探讨了公益与慈善、志愿者活动的关系。慈善、志愿者活动实际上是公益发展到今天的一种表现形态，传统慈善行为主要局限于对穷人的施舍，志愿者服务于各行各业，旨在形成"互助、平等、友爱、进步"的社会风尚。这些观点为本书研究提供了理论素材。

随着 20 世纪 70 年代末开始的政府神话的破灭和 90 年代市场神话的打破，第三部门在政府与市场"权利转移"^② 过程中赢得参与公益事业的资源和空间。而相关研究主要集中在 20 世纪 90 年代末，尤其是 21 世纪以来从非政府组织角度理论和实证性研究，诞生了一系列高水平论著，并呈现个案研究和微观管理研究的趋势。如王名的《非营利组织管理概论》《中国社团改革：从政府选择到社会选择》、毕监武的《社团革命——中国社团发展的经济学分析》等；而结合个案研究比较著名的论著有：孙立平主编的《动员与参与——第三部门募捐机制个案研究》、郭于华等著的《事业共同体——第三部门激励机制个案探索》、中国科技促进发展研究中心希望工程效益评估课题组撰写的《捐款是怎么花的——希望工程效益评估报告》、邓国胜的《公益项目评估——以"幸福工程"为案例》等。这些研究为第三部门发展的募捐、资助、激励、监督、法律环境、文化功能、效益评估等问题做了有益探索。

慈善和志愿服务的研究成为学界探讨的新问题，出现了许多研究成

---

① 如 2007 年南京师范大学盛莉的硕士学位论文《中国社会公益供给状况及机制研究》；2007 年上海交通大学李朋来的硕士学位论文《论个体的公益参与》；2007 年湖南大学唐欢的硕士学位论文《论公益》。

② 康晓光：《权利的转移——转型时期中国权利格局的变迁》，浙江人民出版社，1999。

果。其中，郑功成的《中华慈善事业》一书就慈善事业的基本理论做了奠基式的阐述；周秋光的《中国慈善简史》则对古代、近代、当代中国慈善事业的发展状况、思想渊源等问题进行历史性的梳理；秦晖的《政府与企业以外的现代化——中西公益史比较研究》一书基于对中西社会历史背景的比较，指出"不同时期的公益特征又是与不同时期的不同社会结构相适应的，因而中西方的公益发展史呈现出不同的发展轨迹"①。20世纪90年代新兴的志愿服务也是近年来探讨研究的重要领域，并出现了一些有代表性的学术著作和调研报告，如2008年北京奥运会前由北京志愿者协会编写的"志愿者读本"丛书：《走进志愿服务》《志愿组织建设与管理》《志愿者，你准备好了吗》；再如丁元竹等主编的《中国志愿服务研究》、江汛清主编的《与世界同行——全球化下的志愿服务》、朱健刚的《行动的力量——民间志愿组织实践逻辑研究》、谭建光主编的《中国广东志愿服务发展报告》《志愿中国：亲历与思考》、康晓光主编的《希望工程调查报告》，等等。同时，关于国外各类公益事业的译著和介绍也开始出现，如资中筠的《财富的归宿：美国现代公益基金会述评》、李韬的《沉默的伙伴：美国现代慈善基金会研究》，有学者认为前者堪称"研究当代公益基金会的一面镜子"②；冯英等编著的《外国的慈善组织》《外国的志愿者》则为我们开拓了国际视野。

近年来，活跃于中国民间的各种公益组织在从事公益活动的同时，也积极加强同政府互动，动员社会民间力量参与公益事业，增强公益组织间的沟通交流，各种公益论坛在宣传研究公益理论方面发挥着重要作用。如由杨团、葛道顺主编的《和谐社会与慈善中华》《和谐社会与慈善事业》等是中华慈善文化论坛的论文成果，论坛对慈善传统文化，慈善立法与社会政策，慈善组织与运作机制，慈善事业与社工、义工的关系，慈善发展与公益事业等问题展

---

① 秦晖：《政府与企业以外的现代化——中西公益史比较研究》，浙江人民出版社，1999，第36~37页。

② 黄浩明：《研究当代公益基金会的一面镜子》，《博览群书》2003年第4期。

开讨论；再如上海市慈善基金会、上海慈善事业发展研究中心编写的《慈善：关爱与和谐——转型社会研究文集》《转型期慈善文化与社会救助》《志愿服务与义工建设》《慈善理念与社会责任》等论著属于 2004～2008 年度各类公益论坛的文集，论者就公益事业与政府、企业责任、公民意识、公益组织等的内在联系进行了研究探讨。同时，2008 年以来先后公开出版的《中国慈善捐赠发展蓝皮书》（刘京）、《中国慈善发展报告》（杨团）、《中国企业公益研究报告》（邓国胜）、《中国公益慈善发展报告》（朱健刚）、《中国志愿服务发展报告》（中国志愿服务联合会）等记录着公益事业飞速发展的时代。

以上材料以及近年来公开发表的大量相关译著都是开展本课题研究的重要参考资料。此外，国内一些网站如搜狐网、新浪网、雅虎网、腾讯网、网易新闻中心、中国教育网公益频道，爱德基金会、壹基金、中国儿童少年基金会、中国扶贫基金会、中国红十字会、中国青少年发展基金会等公益组织网站，再如中国志愿者网、中国民间组织网站、中国 NPO 信息咨询中心、上海映绿公益事业发展中心、《公益时报》等都为公益事业发展提供了"传播最先进的公益思想、传递最智慧的散财之道、传达最大多数人的呼声、传承最荣耀的公益精神"① 的网络平台。这一平台也为本课题的研究提供了大量生动的资料。

综观国内外公益相关理论的研究可以发现，其主要着眼于宏观研究和社会学、政治学、管理学的研究，而伦理学角度研究则比较薄弱。目前国内对于公益精神的伦理视角分析刚刚起步，2006 年湖南师范大学戚小村的博士学位论文《公益伦理略论》可以看作国内第一个系统地从伦理学视角进行研究的成果。在此基础上，2007 年由湖南理工学院彭柏林教授主持申报的国家社会科学基金项目"当代中国公益伦理研

---

① 《公益时报》的办报理念。

究"也开始了相关的研究，并取得了一定的阶段性成果。① 但对公益的论述局限在传统慈善的伦理性层面，在现代公益事业的内容上还没有完全覆盖现代慈善事业和志愿服务的内容。专门系统将公益精神作为价值观念和行为取向的公民德性研究虽然已有一定呈现②，但仍不成熟，表现为一方面当前国内没有关于公益精神的专著，另一方面对公益精神进行研究的学术性论文也乏善可陈③，提到公益精神这一名词的也多散见于各论著、网络、报纸和杂志之中，如杨冠琼在《政府治理体系创新》一书中就政府的"公益精神趋向的强化与合法性体制的重塑"指出：热心公益的精神就是对公共问题和公益的普遍、明智和各式各样的关心，它意味着人们或群体不仅对特定的利益而且对"总的"思想和主张都抱有更灵活的态度。因此，新时代为实现"从慈善文化走向公益文明"④，必须对公益事业发展的精神支柱和动力——公益精神的内涵与价值、历史渊源与现代转型、现实生成基础和发展现状、培育原则与路径选择等问题进行系统研究。

---

① 例如彭柏林：《公益伦理的界定》，《云梦学刊》2007 年第 6 期；刘霞：《公益伦理主张的道德义务——论对弱势群体的救助》，《湖南师范大学社会科学学报》2008 年第 3 期；李彬：《当代中国公益伦理的研究主题及其面临的挑战》，《湖南师范大学社会科学学报》2008 年第 3 期；彭柏林、戚小村：《论作为公益伦理原则的公平》，《湖南师范大学社会科学学报》2008 年第 3 期；彭柏林：《论当代中国公益伦理构建的必要性及其视角》，《重庆工学院学报》（社会科学版）2008 年第 4 期。
② 例如卢汉龙：《公益行为与社会进步》，《探索与争鸣》1993 年第 5 期；刘京：《公益是和谐社会的新动力》，《学会》2005 年第 6 期；韦朋余、周毅之：《公益精神与和谐社会的构建》，《陕西省行政学院学报》2006 年第 4 期；韦朝烈：《论公民公益意识的培育与民间公益组织的发展》，《探求》2007 年第 2 期；雷志宇：《论政策制定过程中的公益精神》，《上海交通大学学报》（哲学社会科学版）2003 年第 3 期；沈朝霞：《慈善事业的人性基础与现实发展——论西方几个派别的慈善思想》，《社会科学》1998 年第 4 期；许琳、张晖：《关于我国公民慈善意识的调查》，《南京社会科学》2004 年第 5 期；彭晶、于君博：《新慈善精神的动因与社会意义》，《中州学刊》2006 年第 1 期；杨守金、汪继福：《试论慈善理念的培育》，《东北师大学报》（哲学社会科学版）2006 年第 1 期；蔡勤禹：《慈善意识论》，《天府新论》2006 年第 2 期；单玉华：《慈善意识相对弱化及其伦理成因》，《郑州大学学报》（哲学社会科学版）2007 年第 6 期。
③ 截至 2009 年 3 月 20 日，在中国期刊全文数据库上检索时段为 1999～2009 年，查询篇名含有"公益精神"的学术性论文仅 12 篇，且是 2003～2008 年。
④ 陈秀峰等：《从慈善文化走向公益文明：试析中国基金会的治理理念》，《学习与实践》2008 年第 9 期。

三 研究方法与思路

本书主要立足于"当代"中国的现实。这里的"当代"是一个时间范畴，指的是 20 世纪 70 年代末我国改革开放至今。本书作者研究公益精神问题的意识来自当代中国深刻变化的社会现实，其理论归宿则是为建设中国特色社会主义服务。

在研究方法上，具体来说主要有以下几种。

第一，历史与逻辑统一的方法。列宁指出，正确分析主要问题而不被枝节所影响的最可靠的方法，就是"不要忘记基本的历史联系，考察每个问题都要看某种现象在历史上怎样产生、在发展中经过了哪些主要阶段，并根据它的这种发展去考察这一事物现在是怎样的"①。公益精神的发展本身就是古今中外公益事业发展和传统公益文化的历史更迭，对公益精神的理论溯源必须回到历史中。因此，历史方法是考察公益精神的重要思维方法。同时，公益精神与人们的日常社会生活及行为实践的各方面有着密切联系，在探讨其自身的体系及与社会构成的关系时，只有进行严密的逻辑推演和分析，才能使论证更加合理和具有说服力。因此，对于本论题的研究，笔者力图采用历史和逻辑相统一的研究方法。

第二，理论归纳与实际分析相结合的方法。理论联系实际是马克思主义观察和分析社会问题的重要思想方法，也是开展公益精神研究中所应坚持的重要原则和学风。从理论层面看，公益精神研究是一个高度理论化的问题，需要运用逻辑思维进行理论概括和归纳。但同时，马克思也强调"在自然界和历史的每一科学领域中，都必须从既有的事实出发"②，而不应该从主观虚构出发。笔者认为，关于公益精神，应该从现阶段我国社会民众的现实生活实际出发进行有针对性的研究。因而，

---

① 《列宁选集》第 4 卷，人民出版社，1995，第 26 页。
② 《马克思恩格斯选集》第 4 卷，人民出版社，1995，第 288 页。

本论题的研究坚持理论联系实际的方法，对公益精神进行理论归纳和现状分析。

第三，运用哲学、社会学、经济学、法学、宗教学、伦理学、心理学、管理学、行为科学等多学科相结合的方法。公益精神虽然表现为一定的意识、价值观念形式，但涉及社会的政治、经济、文化、伦理等内容。因此，综合运用多学科的研究成果，从多角度展开对公益精神和公益行动的研究分析，科学、客观、全面地对公益精神进行探讨也是非常必要的。

在总体思路和框架上，本书除了导论之外，共分五章，内容如下。

第一，公益精神内涵阐释及价值分析。所谓公益精神就是公益主体基于一定的关怀和利他意识，受自身偏好影响而面向特定社会群体或人类发展共同关注问题的行为的一种心理态度、价值观念和人格品质。在内容上，它涵盖了公民的社会责任感、团结互助意识、参与精神和社会文化精神。在内涵上，现代公民健全人格的建构是公益精神的核心，道德精神是公益精神的本质，公共关怀是公益精神的精髓。因此，公益精神是作为可促进人的发展和社会的全面进步而呈现的一种肯定的意义关系，它对于社会实践的主体（个体抑或社会）而言具有重要意义。

第二，公益精神的历史演变及现代转型。从历史的进程来看，现代公益精神的发展和绵延，可追溯至以儒家、道家、墨家、佛教等为主体的传统文化中积淀着的对公益事业的关注。在西方，关于公益精神的理论建构比较系统且有较大社会影响的流派，主要有中世纪的宗教公益伦理、近代人文主义公益观和基于正义理论与社群主义的现代公益观。综观当代中国马克思主义研究领域在公益慈善方面的研究，总体看来存在集体失语的现象。究其原因，第一，马克思恩格斯关于公益慈善的否定性论述是造成失语的深层原因；第二，后人对马克思恩格斯公益慈善论述缺乏科学解读是失语的直接原因；第三，马克思恩格斯关于公益慈善的否定性论述都是在当时激烈的阶级斗争氛围和环境中出现的，脱离这种环境和氛围就会造成误读。而马克思恩格斯的博爱思想既是他们人格特征的重要体现，是他们所建立的唯物主义历史观不可或缺的组成部分，也是我国和谐社会建设的理论指南，是开展公益慈善研究的重要理论渊源。从传统慈善文化到现代公益文明的转型，从扶危济困的传统救助型慈善向多元开放的公益转变，为中国公益事业的发展做了"历史"与"现实"的实质性联结。

第三，市场经济条件下中国公益精神生成的现实基础。作为社会现代性生成的精神积淀和重要内容，公益精神在市场经济条件下的现实动因在于民间社会的自我保护；内在动力在于利他的价值取向；目标指向在于对组织的更高拥有度以及在此基础上自我价值的多元赋予与实现。

第四，当代中国公益精神现状考析。虽然近十几年我国的公益事业得到快速发展，为扶贫、救灾、教育、医疗、环保等工作做出了很大的贡献，但其发展总体上缓慢的局面并没有得到很大改变。究其原因，当前国民公益精神的缺失是重要因素，表现为人本权利观的缺失、公民公共意识与社会责任感的匮乏、非理性的社会财富观等。当前中国社会公益精神的缺失和困境有着深刻的历史与现实原因，表现为新中国成立以后政治、经济、文化和社会等多方面的制约因素。公益精神的缺失将造成人们自我生存发展能力的缺失、对社会矛盾和公共领域的冷漠，在人、社会、自然的三维系统中导致人文关怀沉沦、社会问题凸显、生态安全隐忧。

第五，当代中国公益精神的培育。公益精神的培育必须同中国社会进步和公益事业发展的现实要求紧密结合，坚持普适性、超越性和实践性原则。而现代社会公益精神的生成与培育需要政府提供良好的制度保障；需要独立经济主体在责任担当中实现作为"经济人"与"公益人"角色的自洽合一；需要公益组织为实现自我可持续发展、公信力提升而加强核心能力的建设，这是公益精神得以广泛传播和生成的社会动力与生长条件。因此，把公益精神化为公益行动、争取被动公益变为主动行善、努力做到由旁观到参与的转变，需要强化公民教育功效，创新公益行动激励机制，夯实公益文化基础。

本书首先以公益精神视角揭示其在当代中国社会建设和人的发展中的意义，并进行全面的探究，具有一定的创新性。其次，本书还深入分析了公益精神内涵，并就市场经济条件下公益精神的生成问题进行了审视，指出市场经济是现代公益精神生发的土壤，社会进步与公益精神是同源互构的关系。最后，本书还就当代中国公益精神培育的原则、生长条件、路径选择等进行了探讨，从政府职责履行、市场主体角色完善、社会制度创新、道德教育改革等视域提出对策，对发挥公益精神在和谐社会构建中的作用具有参考意义。

探究公益精神这一全新的课题，需要掌握伦理学、政治学的理论，要求综合哲学、心理学、教育学等多个学科的理论与方法，这种思维方式、理论基础以及知识结构的要求对笔者也是一种挑战。因此，写作过程中笔者深感理论深度不足，有待进一步挖掘；另外，本书的不足还表现在：个别数据过于陈旧，且对于现状的论述间接材料过多，一手全面深入的调研材料不足。未来仍需开展样本覆盖面更广、理论分析更深的实证调研，仍需进一步加强对公益精神培育具体对策的可行性、可操作性问题的研究。

第一章 | 公益精神内涵阐释及价值分析

作为一种造就他人、实现自我的利他行为，社会公益活动古已有之。公益活动主体以志愿（或自愿）贡献的方式向社会或他人提供物品或服务的公益事业，是民间最原始的社会推动力。它饱含着人们对幸福美好生活的永恒追求，被视为社会文明进步程度的标志。因此，诸如慈善、志愿等公益行为被誉为"人类最高境界的伦理美德"。现实生活世界中的人们对公共事务和公共利益的关注、竞争合作环境中社会责任的观照、社区生活世界中和谐人际关系的建构，需要公益精神的支撑。同时，这种精神也是现代社会发展对个体意义之丰富、品格之完善的呼唤。

一 公益精神概念理性审视

恩格斯指出："必须先研究事物，尔后才能研究过程。必须先知道一个事物是什么，尔后才能觉察这个事物中所发生的变化。"[1] 这一原理告诉我们，社会科学的研究起点应该是对研究对象做出明确界定，只有弄清研究对象本身，才能再去研究其他问题。因此，研究公益精神首先应该弄清楚公益精神的概念使用和界定问题。

---

[1] 《马克思恩格斯选集》第 4 卷，人民出版社，1995，第 244 页。

（一）公益与精神述要

作为世界上最古老和最普遍的思想与行为，代表人类文明进步的重要形式之一，公益历来为人类所颂扬，并一直被认为是亟待开发的社会博爱资源。那么究竟什么是公益呢？这是本书研究的起点。

考察词源是理解词语的起点，也是把握概念的起点。"公益"作为一个外来词，在中国传统汉语言体系中并没有这样的固定用语。它与"诸多现代词汇一样，是经由西方舶到日本由日本人转译而来，其最初是在日本人冈幸助始的《慈善问题》一书中出现，冈幸助始在书中将西文的'public welfare'译为'公益'"①。但"公益"一词最早来自伊斯兰教法用语，"原指对无法在经训明文中找到答案的疑难问题做出判决所根据的一种原则，即在这种情况下，法官首先判断何者对整个社会最有利，其次考虑何者为地方社团有利，最后研究何者对个人有利"②。后来该词逐渐演变为"社会的公共利益；对公众有益的事"，即前者所说的"public welfare"之意。"public"一词的含义具有双重来源。一是演变于希腊词"pubes"，大致可英译为"maturity"（成熟、完备）。在希腊语中，"pubes"这一古老的单词表达了身体和感情或智力上的双重成熟，尤其是人们超越自我关心或自我利益而关注和理解他人的利益，这意味着个体对于自身行为可能给他人造成的后果以及人我关系的自觉。二是希腊词"koinon"，英语中"common"一词就源于这个词。而"koinon"本身又源自"kom-ois"，意指"care with"（关怀）。因此，"public"强调的不仅仅是客观上量的集合，表现为"公众的""公共的（尤其指中央或地方政府）"③；更有主观上的一种"共同的、集体的人性关怀"④。"welfare"一词在翻译过程中，我们常常用"益"来表达，

① 秦晖：《政府与企业以外的现代化——中西公益史比较研究》，浙江人民出版社，1999，第 168～169 页。
② 《简明不列颠百科全书》第 3 卷，中国大百科全书出版社，1985，第 429 页。
③ 《牛津高阶英汉双解词典》，商务印书馆、牛津大学出版社，1997，第 1197 页。
④ 李春成：《公共利益的概念建构评析——行政伦理学视角》，《复旦学报》（社会科学版）2003 年第 1 期。

但这里的"益"和我们通常所指代的"经济利益"有着本质的差异。英语中的"welfare"可做多种义项说明：（1）"过得很好的状态：在生活方面的兴旺或成功进展；尤指：具有好运、快乐、幸福或繁荣特点的状态"；（2）"关于幸福的状态或状况（如个人或企业的）；尤指：一个人的健康、幸福和幸运的状况"；（3）"个人有用的东西的总和：社会的最佳条件"；（4）"福利的，与福利有关的，关心福利的；尤指：对（儿童、工人、穷人、残疾人等）社会团体福利的改善表示关心的"。[①] 它包含着人类对健康、幸福、繁荣（Good Health、Happiness、Prosperity）等的美好追求。由此看出，英文中的"公益"可理解为"社会公众关注和向往诸如健康、幸福、繁荣等的美好生活"。汉语也对此做了类似的解释："公共的利益（多指卫生、救济等群体福利事业）"[②]。《说文》中有"公，平分也"的解释，《韩非子·五蠹》中说："背私谓之公，或说，分其私以与人为公。"由此可见，"公益"是相对于"一个人之私利、私益而言"，是社会公众追求公共利益（卫生、救济等福利事业）的活动和对共同善的向往。

但围绕着公益的含义问题，国内外的许多学者做出了不同的解释。德国学者洛厚德于1844年发表的《公共利益与行政法的公共诉讼》一文将"公益"界定为"一个相关空间内关系人数的大多数人的利益"[③]。这一观点很快就遭到了批评——超越相关空间的大多数人利益同样可以是"公益"。两年后纽曼（F. J. Neumann）在洛厚德观点的基础上去掉了地域性因素，将"公益"界定为"一个不确定之多数成员所涉及的利益"。如果说洛厚德的概念趋于狭隘的话，纽曼的概念则趋于矛盾：多数必须以范围确定为前提，不确定怎么会有多数。而当今德国的最有影响力的"量广""质高"理论也印证着人们对于"公益"概念界定的模糊性。所谓"量广"即指"受益人的数

---

① 王同亿主编译《英汉辞海》（下），国防工业出版社，1988，第5979页。
② 中国社会科学院语言研究所词典编辑室编《现代汉语词典（汉英双语）》，外语教学与研究出版社，2002，第671页。
③ 陈新民：《德国公法学理论基础》（上册），山东人民出版社，2001，第18页。

量最多，尽可能地使最大多数人能沾福利"；"质高"指利益的根本性，"以对受益人生活需要的强度而定，凡是受益人生活愈需要的，即是'质最高'的标准"。① 英美法系中，公益也可称为公共政策（Public Policy），其原则是将一般公共利益（General Public Interest）与社会福祉（Good of Ccommunity）纳入考虑的范围，如向弱势群体倾斜的利益也可表达为"公益"，美国人甚至将为弱势群体服务的机构称为"公益组织"。② 这种利益表达机制中的"缺席者"或对弱势群体的利益的尊重也可看成"公益"的价值追求。而在我国，一般社会公共利益主要包括两大类，即公共秩序和公共道德。③ 也有学者将公共利益分为四个层面：一是共同体的生产力发展的基础层面；二是包括公共安全、公共秩序、公共卫生等的非排他性公共物品的生产；三是每个社会成员正当权利和自由的保障；四是合理化的公共制度。④ 不难看出，以上学者从法学的意义上理解公益并把它等同于"公共利益"的概念。事实上，虽然公益与公共利益有着密切联系，但两者还是有很大的区别（包括语源和道德色彩意义）⑤，仅把"公益"概念当作公共利益来理解，难以揭示出"公益"的内在本质。那么，如何来界定公益概念呢？

对"公益"的定义总是存在无法回避的"阿喀琉斯之踵"，也许真的应了那句禅语："你不能说，你说便错了。"力图给"公益"下一个

---

① 陈新民：《德国公法学理论基础》（上册），山东人民出版社，2001，第203页。
② Nan Aron, *Liberty and Justice for All*, Westview Press, 1989, p. 4.
③ 胡康生：《中华人民共和国合同法释义》，中国法制出版社，1999，第92页。
④ 马德普：《公共利益、政治制度与政治文明》，《教学与研究》2004年第8期。
⑤ 从某种意义上讲，公益与公共利益都是以人类社会为视角，关注整个共同体的生存与发展，因而两者有共通之处；加上二者形态上的相似（汉语言的模糊性），我们确实很难辨别出"公益"与"公共利益"在内涵上的差异，因而它们经常混用，但两者还是有所差异。第一，语源上的分歧。前已述及"公益"源于"public welfare"；而"公共利益"的英文表述为"public interest"，"interest"一词源于拉丁文"interesse"，原意为"处于……之中"，因为在其中就必然关心，产生兴趣，直至认识利害关系，最后形成利益关系。"interest"在英文中的本意为利息，后在中世纪用来表示债权人对利息的要求是正当的，现通常指利益。第二，道德色彩上的差异。公益的各种理念与行为制度都表现出强烈的情感色彩与独特的价值追求，而公共利益则要客观、理性得多。它作为一种利益的集结状态是社会各个方面的利益状态的客观反映。

一劳永逸的定义，只能是人类的认识论狂想。因为，"这一概念的含义可宽可窄，以至于不同的人可以有不同的想法……因而，一方面造成它的泛滥使用，另一方面又使得我们无法有效地运用它"①。对一个具有丰富内涵和广泛外延的概念，我们可以从多个视角进行研究和考察。从法学角度而言，公益（Public Interest）是一种以社会整体公平、正义、伦理道德价值为标准的权利义务分配体系；从伦理学的角度来看，公益（Public Welfare）是指以人类幸福为终极价值目标的价值体系与行为机制；从经济学的角度而言，公益（Public Interest）是指一种以他人利益为目标的投资者不参与分配盈余的社会资源分配机制；从政治学的角度观之，公益（Public Good）则是一种以社会为中心的国家治理结构和治理权利分配体系。②而社会学的角度是理解公益本质的一个重要切入点。从内容上来看，公益着眼于公众的共同利益；从效用上来看，它能够提升大众整体福利水平；从社会领域来看，它表现为社会保障、社会工作、社会福利、社会救济等，并包括两层含义。首先，它是面向社会弱势群体的公益，为了达到公共利益的效果而进行的一种事后协调再分配意义上的工作，一种内含捐赠、志愿者行为的追求社会公平的救助行为；其次，社会经济发展带来人民生活水平的提高，对自我需求提出了不同的要求。在温饱等基本生活需求得到满足以后，人们对工作、生活有更多满足感的追求并反射到社会公益事业上，表现为公益内涵在传统意义上的扩张。这种需求的压力带来的是，一方面政府增加了公共性基础设施、服务的供给，包括基础科学研究、立法、国防、基础交通水利设施等，另一方面社会上也出现了大量的公益组织。

因此，对公益我们可做广义和狭义的理解。从广义上来说，"公益"是指一切涉及公共利益的行为和活动，包括政府性和非政府性的、营利性和非营利性的、强制性和非强制性的；而从狭义上来看，"公

---

① 陶传进：《社会公益供给——NPO、公共部门与市场》，清华大学出版社，2005，第21页。

② 唐欢：《论公益》，硕士学位论文，湖南大学，2007，第6页。

益"主要是指公益主体以非政府的形式进行的，具有非营利性、非强制性、救助性和社会性的一切公益活动的总和。① 本书主要是从狭义的意义上来使用公益这一范畴的，其具有的特征可做如下说明。第一，非政府性。主要是指公益事业由公益组织负责具体的实施工作，它们由公民自发组建，独立于政府体系，拥有自身组织理念和运作机制，政府不直接介入公益组织的管理和运作过程。当然，这并不排除接受政府的资助和官员参与活动。第二，非营利性。公益活动的宗旨并不在于获得财富的积累或者利润的实现，而是以社会需要为旨归，通过公益服务，促进社会进步与发展。第三，救助性。公益产生的直接目的主要在于救助现实社会中的弱者或弱势群体。他们既是社会公益事业工作的对象，也是公益事业存在和发展的社会条件。第四，非强制性。公益组织使命的践履基于利他的人文关怀理念，通过志愿参与的机制，"形成扎根于社区、权力流动双向或多向的公民自我管理、自我调节的治理模式"②。第五，社会性。作为一项具有社会性的公益事业，一方面它要有专门的社会组织运营，并面向需要帮助的社会成员和公众关注的社会发展问题；另一方面也需要社会成员的普遍参与。

基于以上分析，我们认为并非所有公共话题都是公益所关注的对象，公益有其特定的关注点。根据《中华人民共和国公益事业捐赠法》③，公益的范围主要体现在以下几个方面：（1）救助灾害、救助贫困、扶助残疾人等困难的社会群体和个人的活动；（2）教育、科学、文化、卫生、体育事业；（3）环境保护、社会公共设施建设；（4）促进社会发展和进步的其他社会公共和福利事业。作为一种现代社会事业④，公益极富操作层面的实践意义，更有作为向往"共同

① 彭柏林：《公益伦理的界定》，《云梦学刊》2007年第6期。
② 彭柏林：《公益伦理的界定》，《云梦学刊》2007年第6期。
③ 《中华人民共和国公益事业捐赠法》，法律出版社，2002。
④ 根据公益性和经营性程度的不同，可将社会事业分为三类：公益性社会事业、经营性社会事业、公益与经营混合性社会事业（简称混合性社会事业）。

善"（Common Good）的理念和精神诉求。按照社会公益供给的内容，我们可以做如下类型划分。（1）公共物品型公益。公益主体以公共利益最大化为目标，最主要的目标就是公共事务。在公共事务中体现出来的公益就是公共物品型公益。由于公共事务的普遍存在，这类公益分布广泛，包括为社区修桥、建立公共图书馆、广播电视、天气预报等。（2）慈善型公益。它不是为全体公众提供服务，而是为其中最需要的那些人提供，体现为物品的再分配上，包括个人捐款、募捐、基金会资助等。（3）维权性公益。慈善型公益是通过物质上对社会弱者的帮助增加社会的平等与公正，而维权性公益则是通过权益上的维护帮助社会弱势群体。（4）价值型公益。它是为社会提供特定的价值观，影响人们的那些市场机制无法实现，如社会公德；满足人们的那些市场机制无法满足的需要，如艺术审美的需要、认同的需要等。①

公益供给的内容表达和践行着社会公众的意愿和意见，即公意。公意或公共意志（General Will）②是一个与私意、众意有区别又有联系的概念。按照卢梭在《社会契约论》③中的说法，公意永远着眼于公共利益，而众意只着眼于私人利益，众意不过是私意（个别意志）的总和而已，也就是说，众意是私意之和，公意是私意之差，公意是所有私意中共同的"重叠的或交叉的那部分"④。罗尔斯后来在《政治自由主义》一书中论述的"重叠共识"，与卢梭的公意思想有异曲同工之妙。这种基于善良本性的公意是在"离散的意见网络中产生的个体

---

① 陶传进：《社会公益供给——NPO、公共部门与市场》，清华大学出版社，2005，第137~149页。

② General will 在台湾翻译为"普遍意志"，在大陆一般翻译为"公意"，但也翻译为"公共意志"。许纪霖先生认为翻译为"公共意志"更为确切些。

③ 参见〔法〕卢梭《社会契约论》第二卷第三章"公意是否可能错误"，商务印书馆，2003，第35~37页。

④ 清华大学政治系教授张奚若，形象地用算式解释卢梭的公意、私意和众意："公意是以公利公益为怀，乃人人同共之意。如甲之意 = a + b + c，乙之意 = a + d + e，丙之意 = a + x + y。所以公意 = a；而众意则是以私利私意为怀，为彼此不同之意。因此众意 = a + b + c + d + e + x + y。所以公意是私意之差，而众意是私意之合。"参见张奚若《社约论考》，商务印书馆，1926。

以公共关怀为基础通过公共领域的开放式、包容性的论辩中形成的"①。社会公益事业的发展正是对社会公意的一种反馈、积极作为和达成。

让我们再来看"精神"一词的内涵。人类对精神和精神现象一直进行着经久不息的体悟和研究，提出了不少真知灼见。中国传统文化典籍《周易》《论语》《礼记》《庄子》《荀子》等都用了"精"与"神"这两个字，其含义多与观念及意识有关。在马克思主义哲学视野中，所谓精神，是指"同物质相对立、和意识相一致的哲学范畴，是人的意识、思维活动和一般心理状态的总称"②。在文化哲学中，文化的结构可做深浅不同的三个层面划分：表面的器物层，中间的制度层，内在核心的观念层。对应这三个层面，文化也就分为物质文化、制度文化和精神文化。③ 这里的"精神"一词指的是思想精华与深层内核之意，正如张岱年先生所说的："何谓精神？精神本是对形体而言，文化的基本精神应该是对文化的具体表现而言。就字源来讲，精是细微之义，神是能动的作用之义。"④ 综上所述，我们认为"精神"可做两层含义的理解：它可以是人类心理、思维、认识、情感、意志等意识活动的总称，也可以指思想精华和深层活力的积极意识。

（二）公益精神的概念界定

根据以上对"公益"和"精神"的阐述，我们认为公益精神表达了公益主体"对公共问题和公益的普遍、明智和各式各样的关心，意味着人们或群体不仅对特定利益而且对'总的'思想和主张都抱有更灵活的态度"⑤。追求社会公共利益最大化的公益精神，其奉行的利他原则将会在社会生活中引导人们看到他人的存在和利益、人类未来的存

---

① 许纪霖：《众意还是公意》，《天涯》2002 年第 3 期。

② 李淮春主编《马克思主义哲学全书》，中国人民大学出版社，1996，第 306 页。

③ 韩庆祥：《文化哲学——理论理性和实践理性交汇处的文化批判》，云南人民出版社，2002，第 72 页。

④ 《张岱年全集》第 5 卷，河北人民出版社，1996，第 418 页。

⑤ 杨冠琼：《政府治理体系创新》，经济管理出版社，2000，第 39~40 页。

在和人类长远的利益，正像托克维尔在《论美国的民主》一书中所论及的那样，公益精神即为社会或社区服务的精神，是美国乡镇生活的一个显著特征。具体而言，公益精神于个人，一般表现为帮助人；大至州和国家，则表现为对本州的关注热爱以及强烈的爱国情结。[①] 国内也有学者从社区文化的角度来界定公益精神。互帮互助、诚实守信，社区居民平等友爱、融洽相处的人际关系，这是社区精神文化构成要素中的重要内容。而社区公益精神作为社区文化构成要素之一，在社区成员的公共和私人生活空间里，指的是社员"对社区公共利益的自觉认同意识和对公益事业的无偿奉献精神。培育公益精神对提升社区文化品位、提高居民素质具有积极的意义"[②]。在此，公益精神表达的是对一定社会群体的关怀或人类社会发展共同面临问题的关注和积极作为。

公益事业是一项自觉自愿致力于"帮助他人、奉献社会"的群众性活动，它是"为公众利益的志愿行动，包括社区服务、志愿捐赠、志愿结社以及非营利性的募款、赠款和管理"[③]。它不仅仅是一项崇高的事业，更是一种可贵的精神气质和人文精神。因此，美国资深基金会工作者和教授佩顿（Robert Paton）把对公益事业的研究作为通才教育和人文研究来进行，在他看来"公益精神是美国的基本价值观之一"[④]。资中筠在《财富的归宿：美国现代公益基金会述评》一书扉页中也说："从美利坚开国伊始，公益就是这个伟大国家的核心价值观。"公益精神最初可能源自教徒间应像兄弟一样相互关心帮助之类的新教教义，久而久之，这种精神在世俗社会普遍生根开花，逐渐成为美国精神的重要组成部分。美国传教士科顿·马瑟在一本关于慈善公益事业的题为《行善》（*Bonifacius*）的文集中指出：所有的男女，不论是作为个人还是作为某个团体的成员，

---

① 张大军：《掠过真实的美利坚 骑车横跨美国散记》，三联书店，2003，第224页。
② 胡申生主编《社区词典》，上海古籍出版社，2006，第242页。
③ 印第安纳大学公益事业中心（The Center on Philanthropy at Indiana University, Perdu）对公益事业的界定。
④ 资中筠：《财富的归宿：美国现代公益基金会述评》，上海人民出版社，2006，第42页。

都应持久地做有益于这个世界的事。他更有一句名言："如果有人问：'一个人为何必须做好事？'我的回答是：'这问题就不像是好人提的。'"① 在他看来，行善是一种明智的政策，一种温和而有效的对社会的控制。他相信社会上利益冲突带来的矛盾可以用虔诚的道德榜样、志愿工作和私人慈善行动来调和。他还倡导，对人进行物质帮助和拯救灵魂同样重要。这当然是典型的传教士思想，不过在实践中，马瑟把慈善事业从私人行为发展到集体的事业上向前推进了一步，也使得全社会群众性互助理念成为一种"促进人类幸福"的价值观。因而，我们必须以各种方式参与到自愿基础上的无偿奉献和爱心体现的公益事业中，热心并投身于建设"出入相友，守望相助"的共同家园。

亚里士多德认为，"人是生活在一个群体中的群居动物"。个人不仅依靠他人来满足自己物质上的需要，也必须依靠他人来获得赞同、尊敬和爱，从而来满足精神上的需要。因此，正是将人们互相拴结在一起的紧密的网使我们对他人的处境产生下意识的移情作用。人类移情作用的这种不自觉性或本能性及其出现的时间之早，似乎表明，利他主义像个人利益一样，也具有遗传和进化的生物基础。② 值得指出的是，一方面，自利性是人类不可回避的客观事实，正如马克思所言：追求利益是人类一切社会活动的根本动因，"人们奋斗所争取的一切，都同他们的利益有关"③；另一方面，公益精神在摒弃无视他人、无视社会的极端利己主义的同时，也肯定了一种合理的利己主义，在社会公益事业活动中，通过救死扶伤、济贫救灾、助弱帮残及教育文化、卫生保健、环境保护等公益服务，既帮助社会弱势群体摆脱贫困、改善生存环境，又从慈善志愿等公益活动中得到了自我兴趣的拓展、自我完善和

① Robert H. Bremner, *American Philanphropy*, University of Chicago Press, 1988, p. 5.
② Donald T. Campbell, "On the Genetics of Altruism and the Counter-Hedonic Components in Human Culture," *Journal of Social Issues* 28 (1972), p. 27.
③ 《马克思恩格斯全集》第 1 卷，人民出版社，1956，第 82 页。

自我价值的实现，这是一种"有我利他"的公益精神①，这种公益精神实现了个人与他人、个人与社会的整合，为我们社会生活领域提供了全新的价值取向，从而更广泛地调动社会成员参与社会公益事业的积极性和创造性。

以上的论述是笔者就公益精神的一般含义做的一个铺陈说明，但要对这个日常生活中的概念做学理层面的界定是有一定困难的。因为概念是对事物本质属性的概括，是人们借以认识和把握事物本质的途径。所以，恩格斯说过："一个事物的概念和它的现实，就像两条渐近线一样，一齐向前延伸，彼此不断接近，但是永远不会相交。"② 在这个意义上，要给公益精神下一个百分之百准确的定义是不现实的，我们所能做到的也只是尽最大可能赋之以一个清晰、完整和近乎准确的界定，使我们对此概念的理解能够最大限度地接近其本意。通过以上对公益精神概念的不同角度说明，我们对本论题最为核心的概念做如下界定：公益精神就是公益主体基于一定的关怀和利他意识，受自身偏好影响而面向特定社会群体或人类发展共同关注问题的一种心理态度、价值观念和人格品质。它不仅是人类情感迸发的一时冲动，也是一种以个体主体性获得为前提的理性精神。理解这一概念，笔者认为需把握和注意其包含的以下几点内容。

第一，公益精神是一种社会责任感。社会责任感是指在一定社会生活中，为了维护社会生活秩序，全体社会成员应当对社会和他人负责的一些最基本的公共生活准则。正如梁启超在《新民说》中指出的："所谓公德者，就其本体言之，谓一团体中人公共之德性也；就其构成此本体之作用言之，谓个人对于本团体公共观念所发之德性也。"③ "公德之大目的，即在利群，而万千条理即由是生焉。本论以后各子目，殆皆可

① 向春玲：《试析社会公益事业在构建和谐社会中的作用》，《理论视野》2006 年第 4 期。
② 《马克思恩格斯选集》第 4 卷，人民出版社，1995，第 744 页。
③ 《梁启超全集》第二册，北京出版社，1999，第 714 页。

以'利群'二字为纲，以一贯之者也。"① 作为一种最普遍、最广泛、渗透性最强的社会规范，社会责任感是培育个体道德品质和美德的一个重要途径，是满足人类生存和发展的客观需要。因而它是社会个体的道德自主选择，旨在维护社会的和谐发展，从而实现自我肯定。所以，公益精神的本质含义并不在于牺牲自我，而在于唤起每个公民的社会责任感，构建一个人人有责、彼此关爱的社会。蕴含博大深邃、论辩尖锐热烈的"公私之辩"一直是人类思想史上蔚为壮观的文化景象，而公益精神所指向的"公"并不必然与个人、私域相对立。相反，它需要具有的是一种人本心，即平等地善待每一个体的精神：博爱。它也包含着"自爱和独立责任"②，因为个体的自由意志，是实现其社会责任的前提；具有自由意志和公民责任的个体，是自治社会的基础。

第二，公益精神是一种团结互助意识。团结互助是保持社会有序、家庭和睦、人际关系和谐的重要条件，是公民完善道德人格及事业成功所必需的处世态度和行为准则。所谓团结，即指人们在处理人际关系和处世态度上达到情感、意志和行动上的和谐统一。互助是指当他人有难时，我们应该尽心尽力帮助他人，把帮助别人克服困难、解除痛苦当作自己最大的快乐和幸福的高尚行为。因此，团结互助是社会健康向上之气、力量聚集之源。"人"字结构就是互相支撑，汶川大地震中那一双双关切的眼神和奔赴前线的志愿者诠释了"公益精神"品格，展现了"众志成城，万众一心"的民间伟大力量，这些真情的公益志愿活动引导着人们逐步形成助人为乐、关心集体、扶危济困的良好社会风气，它是人民群众道德观念的社会表现，反映一定社会、国家和民族的文明进步程度。"当代世界能够给我们的最好礼物就是这种与自我实存着的人们的贴近……他们并没有被偶像化，也未经过人为的宣传。在那些被大众所认识、所

---

① 《梁启超全集》第二册，北京出版社，1999，第 662 页。
② 贾西津：《"公益"是一种生活方式，不是一种超于我们生活的特殊的品质》，《公益时报》2006 年 2 月 14 日。

视为重要的人中间，他们是不显眼的。但事物的真正进程却取决于他们。"因此，公益精神所内含的"真正的高贵不是在一种孤立的存在中找到的。它存在于独立的人的相互联结之中。这样的人意识到他们有责任彼此发现。他们无论在何处相遇都彼此相助以致进步"①。做一个"为群""利群"的"公安公益者"②，在帮扶行动中践行诚信友爱观，以期弥合社会裂痕，形成互信互爱的团结社会，是公益精神对公民的一种道德要求。

第三，公益精神是一种参与精神。海德格尔曾经说，人的世界是共同世界，人在世界中就是与他人共同存在。③ 人与世界处在一个相互依赖、相互构成的关系之中，共同行动或者共同生活成为每个人存在的形式。"所有人类的活动都取决于这一事实，即人是生活在一起的。"④ 志愿服务、募款、捐赠、给予等都是公民参与社会公共生活的一种有效方式。所谓参与，就其本义来说，是指"加入、参加、咨询，因而参与不是决策主体内部的行为，而是一种由外向内的渗入、介入。就参与行为本身而言，它并不意味着'决定'，而是属于'渗入'性质的"⑤，标志着一种自觉、平等和正义。1995 年，哥本哈根社会发展首脑会议就把"参与"列为良好管理的基本形式和发展的基本标志。公民参与公益事业体现的是人类的至高情操——追求世界的和平、自由、机会、保障和正义，它不再是富人、社会精英的专属或公益授受主体间的不平等的施舍，而是一种超越种族、信仰和区域的当今世界普遍的现象。因而，平民慈善才是慈善公益的根本品格，"人人可慈善"精神，其实正是社会普及、公众参与的公益精神主体的现实落脚点。⑥ 公益参与不是

---

① 〔德〕卡尔·雅斯贝斯：《时代的精神状况》，王德峰译，上海译文出版社，2003，第229 页。

② 《梁启超全集》第二册，北京出版社，1999，第 714 页。

③ 〔德〕海德格尔：《存在与时间》，陈嘉映等译，三联书店，1987，第 146 页。

④ 〔美〕汉娜·阿伦特：《人的条件》，竺乾威等译，上海人民出版社，1999，第 18 页。

⑤ 李艳芳：《公众参与环境影响评价制度研究》，中国人民大学出版社，2004，第 57页。

⑥ 宋宗合：《平民慈善是慈善公益的根本品格》，《公益时报》2007 年 1 月 16 日。

一种地位，而是一种生活方式。它体现了互助的公益伦理精神，富含公民自觉自知的参与精神。

第四，公益精神是一种文化精神。文化精神作为民族文化的深层结构或思想基础，是民族文化的灵魂和精髓，是一个民族生存、延续、发展的重要支柱。它是以文化模式的价值效用和成员们的价值需求为构成依据的。"文化存在于各种内隐的和外显的模式之中，借助符号的运用得以学习与传播，并构成人类群体的特殊成就，这些成就包括他们制造物品的各种具体式样，文化的基本要素是传统（通过历史衍生和由选择得到的）思想观念和价值，其中尤以价值观最为重要。"① 社会精英人士和平民的行为取向以及存于行为背后的抽象价值观、信仰和世界观的统一，构成兼具历时性和共时性的文化精神的基本特质。我们认为公益精神既有表现为回馈社会、关注弱势、平等互助、携手公益的行为取向，又有表现为仁爱之心、利他情怀、奉献精神、人文关怀的人生价值观，它是公益主体生活世界与意义世界的统一，表达着文化精神的内在要求。因而，公益精神渗透着浓厚的文化内涵。当公益精神中所蕴含的信念、信仰赋予特定历史坐标下的主体生活世界以特殊意义的时候，公益精神就会形成一种强大的动力作用于现实社会，进而推动文明的进步和社会的发展。这种动力就是一种文化精神的价值和功能。人类迄今的历史表明，"一种文明的进步、一个社会的发展，离不开一种文化精神对人类总体力量的整合和对实践活动的引导"②。慈善募捐、志愿服务等公益活动所展现的公益精神一直以伦理规范、道德理念的形式隐没在文化之中，并对社会良知的唤醒、公益行为的引导、道德自觉的形成发挥着支撑作用。

总之，对于公益精神概念的理解可以是多层面和多维度的，在很多

---

① 转引自红旗大参考编写组编《建设社会主义核心价值体系大参考》，红旗出版社，2007，第 212 页。
② 张翠萍：《敬业精神：社会发展的内在精神动力》，《社会科学》2002 年第 6 期。

时候被人们以不同的方式加以表达和运用，或者在不同的时代语境中有新的意蕴。对此，我们或许可以从一些相关的概念和表述中来获得对公益精神的进一步了解。

（三）公益精神相关概念辨析

正如列宁所言，"每一概念都处在和其余一切概念的一定关系中、一定联系中"①，公益精神和集体主义、社会公德、公共精神、志愿者精神等概念有着紧密的联系。

首先，集体主义和公益精神。集体主义是一个与个人主义相对应的概念，它的理论核心是集体与个人的关系问题。集体是由相互依存的个体（人）构成有机整体，个体是构成整体的要素，这是集体对个体的依赖；但同时个体又离不开集体，"只有在集体中，个人才能获得全面发展其才能的手段，也就是说，只有在集体中才可能有个人自由"②。只有"意识到自己的利益和全人类的利益相一致的人"才是"真正符合'人'这个字的含义的人"，才是"为人类的进步而真诚地献出自己力量的人"。③ 因此，集体和个体，是紧密联系在一起的。在此，马克思是从手段的意义上谈论个人和集体相互关系的，认为只有在新的没有政治压迫、剥削、束缚、压制的"真实的集体"中，即在一个能够普遍地符合或代表绝大多数社会成员的根本利益和价值追求的集体中，个人才能有真正的自由，也就是说，集体为个人的解放准备了充分的条件。但是，马克思并没有说集体一定高于个人，也没有说个人自由的获得可以完全脱离集体，而只是阐明个人自由获得的条件，即从手段的意义上探寻二者之间的关系，在革命的无产阶级集体中，"这个集体中个人是作为个人参加的。它是个人的这样一种联合（自然是以当时已经发达的生产力为基础的），这种联合把个人的自由发展和运动的条件置

---

① 列宁：《哲学笔记》，人民出版社，1974，第210页。
② 《马克思恩格斯全集》第3卷，人民出版社，1960，第84页。
③ 《马克思恩格斯全集》第2卷，人民出版社，1957，第277页。

于他们的控制之下"①。也就是说，个人是绝不等于集体的，他有自己的利益、感情、愿望，既不是利己主义的人也不是"思想家们所理解的'纯粹的'个人"，各个个人的"出发点总是他们自己，当然是在一定历史条件和关系中的个人"。② 因此，在集体内部，存在个人与他人和个人与集体两层关系。在第一层面表现为"我为人人，人人为我"的互利主义，但这种互利主义并非功利的交换主义，而是交往关系中主体间性的客观使然和出于伦理自觉。在第二层面表现为个人对集体地位、集体权威和集体利益的持重和尊崇。它客观上要求个体把集体看作与自己的生理性存在和意义性存在相统一的命运共同体和灵魂外壳，而不是与自己"无涉"的异己的独立性存在——"虚假的集体"。所以，斯大林认为："个人和集体之间，个人利益和集体利益之间没有而且也不应当有不可调和的对立。不应当有这种对立，是因为集体主义、社会主义并不否认个人利益，而是把个人利益和集体利益结合起来。社会是不能撇开个人利益的，只有社会主义社会才能给这种个人利益以最充分的满足。此外，社会主义社会是保护个人利益的唯一可靠的保证。"③斯大林的这种理解和分析应该说是到位的，符合马克思主义在这一问题上的原则、立场和一贯精神。但实际上，"以往我们在解释集体主义原则时，无论我们怎样试图从理论上讲清个人与整体的辩证关系，但实践的结果却总是以个人受到过多的、不必要的压抑而告终"④。这和认识上片面强调集体利益至上有关，将集体利益视为一种绝对的、单向的个体对集体的无条件"服从"关系，并且抽象地理解"真实的集体"，未能认识到"真实的集体"的形成和发展是一个长期的社会改造和完善的过程，在实践上把集体主义原则变成某种超道德的强行原则来规定个体的行为，容易造成集体主义与人们在心理情感和思想认识上的逆反性和隔膜感。承认个人合理利益在集体主义道德原则的

① 《马克思恩格斯全集》第 3 卷，人民出版社，1960，第 85 页。
② 《马克思恩格斯全集》第 3 卷，人民出版社，1960，第 86 页。
③ 《斯大林选集》（下卷），人民出版社，1979，第 354 ~ 355 页。
④ 罗国杰：《罗国杰文集》（上），河北大学出版社，2002，第 819 页。

合理性，是 20 世纪 90 年代以来"新集体主义"的一个突出特征①，"决（绝）不是要盲目地崇尚一切'集体'，不加分析地肯定一切'集体'，认为任何'集体'都必定高于个人、优于个人的'主义'"②。集体不能无故侵犯个人利益，当集体要求个人利益以必要的牺牲时，也应事后给予适当的补偿。"个人对集体负有责任和义务，集体对个人也负有责任和义务，二者之间是双向的权利与义务的平衡的关系。"③ 集体主义不是对个人利益的排斥，而是有利于个人利益更好地实现。因此，集体主义既是一种关系模式，即利益主体间协调及相互让步而实现的一致性，同时也是一种社会自觉意识，即它内含着一种自我意识的觉醒，是集体利他本位的价值取向和个体自利心理趋向互构共生的一种辩证关系。

对于集体主义的浓重着墨旨在区分"真实的集体主义精神"与"虚假的集体主义精神"。"真实的集体主义精神"与本书所探讨的"公益精神"具有内在本性上的相通之处，同时也存在一些差异。"真实的集体主义精神"是指在"真实的集体"的基础上，实现真实的集体利益、集体价值而倡导的道德精神。这和公益精神具有内在本性上的相通之处，它们都是社会发展中一种精神样态和道德诉求；是对公共利益和"互助合作""利他奉献""公共价值"等理念的维护和践履；是个体在公共生活领域中积极地回馈社会和集体对个体"良善"行为的肯定，因而被认为是"公共善"的一种实现方式。当然，作为道德原则的集体主义精神与公益精神也存在一定的区别，前者具有明显的道德规则的

---

① 国内一些研究者提出"新集体主义"的概念，以区分以往忽视个人利益的集体主义。如康健：《是家乡，不是异乡：个人存在的真实性及其限度》第九章"社会本位论的新视角：新集体主义的可能性及其现实性"，中央编译出版社，2000；俞伯灵：《社会主义市场经济与新集体主义精神》，《浙江学刊》1994 年第 5 期；宋惠昌：《论新集体主义的社会经济关系基础》，《石油大学学报》（社会科学版）1999 年第 11 期；吴敏：《重释集体主义》，《广西社会科学》2005 年第 7 期；陈仕平：《论弘扬新集体主义条件的创设》，《求索》2008 年第 5 期。

② 李德顺：《从情感到理性——关于我国当前道德形势的再思考（续）》，《教学与研究》2001 年第 6 期。

③ 龙静云：《市场经济条件下坚持和弘扬集体主义的思考》，《广西大学学报》（社会科学版）2001 年第 3 期。

刚性特征，后者则表现为个体道德选择之弹性特征；前者具有显著的意识形态的教化痕迹，后者则可理解为个人心性体验之所得；前者可理解为规范伦理的范畴，后者可作为德性伦理的范畴。在传统的集体主义精神日益式微甚至出现"虚假的集体主义"精神的时代，倡导公益精神是集体主义精神复兴的一种有效途径。

其次，社会公德与公益精神。这是两个联系紧密的概念。当前学术界一般是从广义和狭义两个方面来界定社会公德。例如，罗国杰认为："关于社会公德，历来有广义和狭义两种理解。从广义上说，凡是个人私生活中处理爱情、婚姻、家庭问题的道德，以及与个人品德、作风相对的反映阶级和民族共同利益的道德，通称为公德。"而"从狭义上说，社会公德就是人类在长期社会生活实践中逐渐积累起来的最简单、最起码的公共生活规则"。① 本书在此讨论的是狭义的范畴。在日常使用中，我们常将"社会公德"等同为"公德"，这从本意上是没有问题的。但这两个词在类型气质上仍有一定差异，公德相对于私德而言，表明了一种道德的类型；而社会公德与家庭美德、职业道德相并列，体现了一种道德的领域。因而，不应简单将两者完全等同。作为调整人们在公共生活领域中的言谈举止的最低限度的道德规范，社会公德是社会道德的底线，是人们在长期的社会活动和社会交往中，适应共同生活的客观需要而逐步形成的，并具有共同性（为全体社会成员所共同认可和遵守）、群众性（为广大群众所熟悉和拥护）、继承性（是千百年来人们在共同生活中逐步积累完善的）、简易性（并不深奥和高不可攀，简单易行）等特征。②

事实上，社会公德和公益精神是两个具有内在相似性的概念。第一，它们都具有一般意义上的社会公共性质，即它们作为一种行为规范的社会普遍性质，是对大多数成员而言的一种道德要求；第二，它们都是从一般意义上对人们的公共生活提出基本的道德诉求，是人类社会公

① 罗国杰主编《伦理学》，人民出版社，1989，第217页。
② 许启贤：《道德文明新论》，河南人民出版社，2003，第86页。

共生活中共同相处、彼此交往的最一般的关系的反映；第三，它们都源自人类公共生活领域的客观要求，反映和维护人们日常生活中感受最直接最切近的利益，理解和执守某种族群或共同体至上的"公共善"，并与人们的情感、信念结合形成一种习惯性的精神力量。社会公德在何种程度上深入人心以及公民公益精神成熟与否，就看它们在何种程度上反映了人们公共生活的客观要求。

当然，社会公德和公益精神也存在一定的差异。一方面，从两者产生和发展的历史视角来看，社会公德是伴随着人类社会文明的进程逐渐积淀生成的，尽管每一时代都有各自的道德样式，但其本质和基本理念是相通的；而真正的公益精神则诞生于现代社会，是市场经济的发展和社会民主推进过程中人与人交往方式、范围等的变化而出现和呼求的新的精神样态，是以人的主体意识和独立人格的确立为前提的。另一方面，就两者的德性层次而言，公益精神较之社会公德具有更高的内在性。社会公德作为一种底线道德，是对公民最基本的道德要求，要想真正成为人们真心体认的道德原则和自觉恪守的道德信念，成为"国民的牢固的成见"①，必须经过一个漫长复杂的使社会公德理念植入人心的教化过程，并使社会基本的公德规范提升转化为人们普遍的价值诉求，上升为一种公德精神，也即公益精神。

再次，公共精神与公益精神。公共精神指的是孕育于公共生活之中的、以公共性为价值归依的、位于人类心灵深处的基本道德和政治秩序观念、态度和行为取向。它表现为社会成员对公共生活的热情融入和体验，对公共事务的积极关怀和参与，对政治社群的虔诚认同和归属，对"公共善"的澄明和践履。对此，刘鑫淼在博士学位论文《当代中国公共精神的培育研究》②中对公共精神做了系统研究。他对公共精神作为"人的现代化的品质诉求"，从政治学和伦理学的角度出发就"人类共

① 《马克思恩格斯选集》第3卷，人民出版社，1995，第448页。
② 刘鑫淼：《当代中国公共精神的培育研究》，博士学位论文，中山大学，2006。

同体的精神纽带""人类理性的公共运用""人'类'意识的伦理表征"等三个方面做了界定和阐释。应该说，公共精神与公益精神在本质上具有相契性。第一，它们都代表着一种公共意识，即独立自由的个体所具有的一种整体意识或整体观念，这种公共意识一方面是个人主体自由的体现，另一方面又意味着对一个超越个体自身的共同体的体认。第二，它们都表征着一种公共关怀的态度和行为模式，都有着一种对公共利益和价值、公共事务、公共秩序所表现出来的自觉关心和关注的态度，并表现着对他人的普遍性尊重和关怀。第三，它们都有着一种公共参与的行为取向，在对共同利益和价值的内在体认（公共意识）的基础上产生的对公共利益和价值的自觉关怀（公共关怀），即参与精神。无论是意识、态度上还是行为取向上都印证着这两个概念之间的紧密联系。我们经常将这两个概念并列等同起来。① 但是，作为本书研究对象的公益精神与公共精神存在差异。（1）公共精神和公益精神在汉语中是"公共"和"公益"与"精神"结合的复合词。"公共"一词解释为"公有的，公用的；犹指公众，共同之意"；而"公益"是指有关社会公众的福祉和利益，多指卫生、救济等群众福利事业，本书所定义的狭义公益有特指的领域，其主要的社会场域可呈现于慈善捐赠和义工服务（志愿者服务）等。因而，公益领域和活动范围较之公共领域要微观得多，在此基础上形成的公益精神比公共精神要更为细化，是对公共精神在公益领域的深化。（2）就学科研究而言，公共精神更多是作为政治学、行政学的范畴来加以研究，旨在说明其作为人"类"意识的觉醒和体认的一种政治精神。而公益精神孕育于公共领域中，社会成员心灵深处以利他方式互助关怀他人或社会发展所面临的共同问题，是一种价值观念、心理品质和行为取向，笔者认为，以马克思主义为指导，综合伦理学、社会学的视角是公益精神研究首先要着眼的。

---

① 如杨冠琼在《政府治理体系创新》中所谈论的公益精神，在笔者看来，指的就是公共精神。另外，"public spirit"国内多数译为"公共精神"，但也有译为"公益精神"的。

最后，志愿精神与公益精神。志愿精神（Volunteerism）是体现志愿者和志愿服务行动中的精神特质，"是一种在自愿的、不计报酬或收入的条件下，参与推动人类发展、促进社会进步和完善社区工作的精神"。它是公众参与社会生活的一种重要方式，是社会组织的精髓，是个人对生命价值、社会、人类和人生观的一种积极态度。在中国，志愿精神被描述为"奉献、友爱、互助、进步"，它是中国传统美德、时代精神和人类共同文明的有机结合。志愿精神一般而言具有这样几个重要特征：自愿性或非强制性、非营利目的性或公益性、亲身实践性或参与性。作为促进社区发展、社会进步和个人自身完善的价值观念和社会心理，志愿精神是一种具体化或日常化的人文精神，在日常生活层面实际呈现为各种志愿行动。在中国，较大规模的志愿行动始于20世纪90年代初期。① 志愿精神之"志"，意为"有心之士"；"愿"，是原心，代表着一种良知。受这种自觉良知激发的志愿行动被美国知名教育家杜威等同于强有力的公民权（Strong Citizenship），继而等同于强有力的民主（Strong Democracy）。② 无论是遥远的美国拓荒时期人们本着"合理建造义仓与马房"的道德精神（Barn-raising Ethic）对需要帮助的人伸出援手，还是古代中国"老吾老，以及人之老，幼吾幼，以及人之幼"的"乐善好施""助人为乐"的传统美德，志愿精神都缘起于富有道德情感的慈善博爱之心。现代公益事业呈现为慈善的财物捐助和志愿的时间支出，都说明了内含其中的公益精神包括闪烁着美德光芒的慈善意识和志愿精神，也即志愿精神是公益精神内涵的一部分。

---

① 沈杰：《中国现代化进程中志愿精神的兴起》，转引自北京奥运会志愿者工作协调小组办公室编《志愿北京：2005"志愿服务与人文奥运"国际论坛成果集》，人民出版社，2005，第257页。

② P. J. Ilsley，"The Voluntary Sector and Adult Education," in S. B. Merriam & P. M. Cunningham（eds.），*Handbook of Adult and Continuing Education*，San Francisco：Jossey-Bass，1989，pp. 99 - 111.

二 公益精神内涵阐述

（一）公益精神是现代公民人格健全的吁求

公民是公共生活中人的身份角色展现，是个人的历史地位及个人与国家权利义务关系的身份定位，指称着个体在公共生活中的角色归属，即对在公共生活领域中涉及的"我是谁""我应当做什么"等问题的回答。而公民人格则是"公民在某一政治社会中承载和体现社会价值规定的特定生存状态"[①]。马克思指出，"'特殊的人格'的本质不是人的胡子、血液、抽象的肉体的本性，而是人的社会特质"[②]，"人格脱离了人，自然就是一个抽象，但是人也只有在自己的类存在中，只有作为人们，才能是人格的现实的理念"[③]。可见，人格是由外在的社会环境赋予的，是社会价值精神在人身上的内化和人的"类"本质在个体性上的体现，是人作为活动主体的精神品质和性格气质特征。因而，公民人格是社会价值范式与精神生态在公民个体身上的内化与展示。

现代公民人格是随着社会发展到工业社会而历史地生成的，是在市场经济条件下生成的并与之配套的独立人格形态，内含着人在社会历史过程中依附性的消除与独立性的获得。所谓人格独立是指公民具有独立的能力、自主的状态、自律的意志和自由的性质，"人只有在成为他自身主人的时候，才能将自己作为独立的存在物，而且只有当他把自己的存在归之于他自身的时候，他才是自己的主人"[④]，现代公民人格形塑的"自觉预期的目的"[⑤]，是社会应然的价值诉求。"历史并不是把人当

---

① 余潇枫、盛晓蓉：《论公民人格》，《浙江大学学报》（社会科学版）1998 年第 6 期。
② 《马克思恩格斯全集》第 1 卷，人民出版社，1956，第 270 页。
③ 《马克思恩格斯全集》第 1 卷，人民出版社，1956，第 277 页。
④ 〔美〕弗洛姆：《人的呼唤：弗洛姆人道主义文集》，王泽应等译，三联书店，1991，第 64 页。
⑤ 《马克思恩格斯选集》第 4 卷，人民出版社，1995，第 248 页。

作达到自己目的的工具来利用的某种特殊的人格。历史不过是追求着自己目的的人的活动而已。"① 人格发展的历史就是人的主体性、独立性、能动性、创造性发扬的历史，是人的尊严、个性、自由、平等实现的过程。因此，现代公民人格的历史生成和发展与现代社会的变迁相互依存、相互制约。美国政治学者 D. 勒纳在《传统社会的消逝》一书中指出："现代化主要是——心灵的状态——进步的期望、成长的倾向及让自我适应变迁的准备……要走向现代化，必须在人格系统上有所调整，也即具有一种'心灵的流动'及'移情能力'。"② 现代化最终要表现为人的行为方式和生产方式的改变。英格尔斯说："人的现代化是国家现代化必不可少的因素。它并不是现代化过程结束后的副产品，而是现代化制度与经济赖以长期发展并取得成功的先决条件。"③ 在很大程度上，人的因素决定着现代化的进程，而人的精神状态决定了人的创造力和积极性。"如果一个国家的人民缺乏一种能赋予这些制度以真实生命力的广泛的现代心理基础，如果执行和运用着这些现代制度的人，自身还没有从心理、思想、态度和行为方式上都经历一个向现代化的转变，失败和畸形发展的悲剧结局是不可避免的。"④ "人们必须在精神上变得现代化起来，形成现代的态度、价值观、思想和行为方式，并把这些熔铸在他们的基本人格之中。"⑤所以，马克思断言，"整个历史也无非是人类本性的不断改变而已"⑥。现代化在改变传统社会的生产生活方式和社会组织方式的同时，也促进着现代人价值观念及精神文化的转型。

现代公民是在作为个体性与他性的相伴中表征着自我的健全人格。所谓他性即人与他者形成的相互依从的存在境遇，表现为人的存在的世

---

① 《马克思恩格斯全集》第 2 卷，人民出版社，1957，第 118～119 页。
② Daniel Lerner, *The Passing of Traditional Society*, *Modernizing the Middle East*, New York: the Free Press, 1958, p. 73.
③ 〔美〕英格尔斯：《人的现代化》，殷陆君编译，四川人民出版社，1985，第 8 页。
④ 〔美〕英格尔斯：《人的现代化》，殷陆君编译，四川人民出版社，1985，第 4 页。
⑤ 〔美〕英格尔斯：《人的现代化》，殷陆君编译，四川人民出版社，1985，第 6 页。
⑥ 《马克思恩格斯全集》第 4 卷，人民出版社，1958，第 174 页。

界性，一种展现人在生活中为构成世界的他者承担着某种纯粹地摆脱了利益的计算或工具性手段的责任，这种他者精神具有道德的内涵。正如美国近现代社会心理学大师米德所言："每一个人类个体，要合乎道德地行动，就必须把他自己同有组织社会行为形式结合起来，这种形式反映在他的自我的结构中，为他的自我所理解，使他成为一个有自我意识的人。"① 公民人格的价值实现在于作为单数的公民与其他公民及社会之间的互动与相互满足。因此，为共同生活的福祉并通过人的积极行动而与他人、他物和谐相处的公共生活秩序维持，需要一种为他者、为公共生活的品质，它构成人们为"共同生活担当价值承负的基础"，这就是公民人格之中的一种他者精神，一种为提高社会福祉的公益精神。

在物质生活条件得到改善的基础上，人们有了新的需求与选择。凯恩斯曾指出：人类自从诞生以来，现在第一次将面对他的真正的、永久的问题——如何不受紧迫的经济担忧之苦、如何度过闲暇……现在就要明智的、合理的、美好的生活。② 一个人的生活具有两重性，是私人生活和公共生活的统一，生活世界中的行动主体表现着人对自我及相关事物的照看和关怀。从这个意义上说，生活本身是对美好事物期许的一种政治实践③，其中对公共福祉的追求和公共利益的维护是公民进入公共生活领域的必要的价值承诺。它不是公民个体为当下生活而筹划的一次性社会化活动，而是为公共生活领域的建构所面向的一种永恒性，因为任何一次性的社会化对于作为"社会人"个性的形成和发展而言其内涵都是极其单薄的。所以，一个现代公民健全人格的形成，在公共生活领域中为自我展示公共的思想、言说和积极行动④，为自我"建立一个人自身的现实性、自身的身份以及周围世界的

---

① 〔美〕乔治·H. 米德：《心灵、自我与社会》，赵月瑟译，上海译文出版社，1992，第 280 页。
② 郑永廷等：《人的现代化理论与实践》，人民出版社，2006，第 13 页。
③ 金生鈜：《规训与教化》，教育科学出版社，2004，第 112 页。
④ 公共的言说意味着对公共领域中共同关心的重大问题公共地讨论和发表自己的见解。积极的行动指为了公共福祉的合价值的实践。

现实性"① 所展示的公共空间，这种自我展示并不是自发意义上的在场，而是精神追求的实现，一种德性上的卓越和优秀的个人品质的自我教化和生成。公益精神就是人类道德精神力量的时代体现和公共生活关怀，它唤起的是人们内心向善的力量，使人们从物质利益的精神枷锁中解脱，并健全和完善现代公民人格。安东尼·罗宾说："生活的秘诀就在于给予。"美国的小罗斯福总统也曾把"四大自由"改为新"四大自由"——言论、信仰、摆脱匮乏、摆脱恐惧，而作为这四大自由加固底座的第五大自由——"给予的自由"几乎成为一种权利而不仅是义务。给予和付出让人类收获仁爱的力量。在自主自愿而无强制力的公益活动中，公益慈善让"人人可以成为伟人，因为人人都能为他人服务"，人们行善积德、扶贫助残、救死扶伤、乐善好施，一个共享机遇、共担责任、休戚与共的共同体吁求人们"对公共问题和公益的普遍、明智和各式各样的关心"②，这是公民基于现实社会生存境遇中的时代精神与价值理念在主体精神品格与气质上的内化。

（二）公益精神的本质是一种道德精神

我们已经开始明确地意识到我们生活在这样一个时代："世界正在经历一场极大的变化，以往几千年中的任何巨大变化都无法与之相比。"③ 从海森堡提出"不确定性"这一世界不可回避的性质到贝克论述风险社会的到来，都印证着我们在时代变革的锋镝所及之情绪紧张、茫然迷失、恐惧烦虑等心理危机和收入悬殊、人际关系疏远、伦理道德失范、生态环境破坏等社会危机发生的事实。④ 因而，面临风险，孤独、无能与渺小的我们都不愿"像生活在广漠的沙漠中那样生活在一

① 〔美〕汉娜·阿伦特：《人的条件》，竺乾威等译，上海人民出版社，1999，第207页。

② 转引自〔以〕艾森斯塔德《现代化：抗拒与变迁》，张旅平等译，中国人民大学出版社，1988，第15页。

③ 〔德〕卡尔·雅斯贝斯：《时代的精神状况》，王德峰译，上海译文出版社，2003，第12页。

④ 卓高生：《论不确定性思维的思想政治教育价值》，《求实》2007年第8期。

个无人关心或问候的社会之中"①。并非"孤岛的人"只能"生存于社会之中，天性使人适应他由以生长的那种环境。人类社会的所有成员，都处在一种需要相互帮助的状况之中……在出于热爱、感激、友谊和尊敬而相互提供了这种必要帮助的地方，社会兴旺发达并令人愉快。所有不同的社会成员通过爱和感情这种令人愉快的纽带联结在一起，好像被带到一个互相行善的公共中心"②。公益精神正是一种爱的召唤，它使人们从心灵深处升华出慈爱的崇高情感和动情于内在心灵的幸福追求，并使人们体验和收获了人性的纯真与奉献的快乐。公益精神又是一种善的关怀，它倡导人们以善良和仁慈的神圣态度对待他人与社会，以自身的善行反馈社会。现代公益事业以"爱"和"善"的崇高神圣来关怀引领人与人、人与社会、人与自然的关系，弘扬公益精神，就是要关怀每个人的自由全面发展，要对人类的同伴充满同情心，要尊重人、关心人、帮助人，将自身的个体存在与人类的发展进步联系在一起，把个人的幸福与他人的快乐联系在一起，体验和体现"助人为乐"的崇高道德精神。

道德精神是人们在道德领域的精神，是渗透在一切道德原则、道德规范和道德活动、道德行为中包含着特定意向的意识，其核心是内在包含着的意向，即其指向、目标。③ 公益行动是指向利他的追求公共利益和福祉的活动，利他主义价值观是公益精神的核心。当现代公益活动从过往的单纯帮困救济发展到人类整体福祉的追求的时候，这种利他行为不仅"能够实际增加自身消费效用而非减少这种消费，而且能够增加自我生存的机会"④。正如西塞罗所言："好心为迷路者带路的人，就像用自己的火把点燃别人的火把，他的火把不会因为点亮了朋友的火把而

① 〔英〕亚当·斯密：《道德情操论》，蒋自强等译，商务印书馆，1997，第101页。
② 〔英〕亚当·斯密：《道德情操论》，蒋自强等译，商务印书馆，1997，第105页。
③ 曾广乐：《试论道德精神及其现实意义》，《山西大学学报》（哲学社会科学版）2002年第6期。
④ 〔美〕加里·贝克尔：《人类行为的经济分析》，王业宇等译，三联书店，1995，第297页。

变得昏暗。"① 这种内含公益利他精神的行为是社会发展的动力，也体现出人道精神、博爱情怀、奉献境界以及人文化成的价值内涵。道德，是选择也是示范，是社会追求也是社会契约。一个在道德精神上无所傍依、无所寄宿的民族是无法生存、无法走向文明的。作为一种道德精神的呈现形式，公益精神蕴含的善的力量，是一种质感极强、内涵丰富的道德精神，是一种能为被感染者所直观感受到的道德精神的闪光，是从个体内部析出的道德本质的结晶化存在。在物质利益的重重羁绊中挣脱出来的精神价值具有无形的情感力量，无私忘我、自我牺牲，则是这种道德精神的最高境界。

（三）公益精神的指向在于公共关怀

女性主义者诺丁斯认为："关怀就是对某事或某人抱有担心和牵挂感。意味着对某事或某人负责、保护其利益、促进其发展。"② 公益精神表现的正是公民对公共价值的追求和人文关怀，它意味着一种对公共事务及公共生活的关注、理解和承担的心理倾向性，表现着个体对他人或他物的积极的道德情感和行为，也即公共关怀。公益精神不仅是一种爱的意向性的心理态度，是"对于所爱的人的幸福的一种欲望和对他的苦难的一种厌恶"③，同时也是对他人生存和发展中所遇到的各种问题的关注、探索和解答，具体表现为对人的生存状况的关注，对人的尊严和符合人性的生活条件的肯定，对人类解放和自由的追求的实践精神④，作为公益精神精髓的公共关怀可以是对身边事的主动的知情和热心的参与，也可以是关于文明和发展、知识与文化等大的问题的省思。特朗托（Tronto）把能够维持、延续和修复这个世界的实践活动定义为关怀，指出："在最一般的层次，我们建议视关怀为一种活动，其包含

---

① 〔古罗马〕西塞罗：《西塞罗三论》，徐奕春译，商务印书馆，1998，第113~114页。
② Noddings. N. *Caring, A Femine Approach to Ethics &Moral Education*, California: University of California Press, 1984, pp. 23–24, 80.
③ 〔英〕休谟：《人性论》（下册），关文运译，商务印书馆，1980，第419~420页。
④ 俞吾金：《人文关怀：马克思哲学的另一个维度》，《光明日报》2001年2月6日。

我们所做的每件事，以保持、继续和补充我们的世界，如此我们可以尽量过好日子，这世界包括我们的身体、自我和环境以及我们在一个复杂的维生网络中寻求去交织这全部。"① 具体来说，它具有以下特征：关怀不仅是人际交往的情感表达方式，也可以是人对周遭世界人或物或事的关注和领悟；关怀不一定是基于自我主体的情感好恶来进行，更重要的是一种在公共维生网络世界中彼此交织的主体存在或者身份所担当的公共责任；关怀不仅是一种显存的人格情操，更是一种对自身生存和发展所维系的公共空间关切的一种行动。因此，具有公益精神的个体表现为对他人及他物的普遍关注和尊重；自觉关心公共生活秩序和维护公共空间的纯洁与正义；对公共价值和公共利益的积极认同和支持，以及对偏离公共价值和公共利益的忧虑与批判；对公共生活的良善追求并努力实现个人的幸福与公共福祉的有机结合；对现实公共场景的灵敏认知和理解；等等。

总之，公益精神是现代公民健全人格建构的吁求，是基于对特定社会群体或人类发展问题的社会责任与公共关怀而做出积极行动的精神现象，是团结互助的利他意识作用于公益主体的一种心理态度、价值观念和行为取向，是公民在长期的历史发展和公共生活领域中展现的一种文化精神和道德精神，并深刻地影响着人类社会文明的进步。

三　公益精神价值厘析

作为一个关系范畴，价值反映的是主客体之间的需要与满足需要的关系。"'价值'这个普遍的概念是从人们对待满足他们需要的外界物的关系中产生的。"② 价值 "最初无非是表示物对于人的使用价值，表示物对人有用或使人愉快等等的属性"③，因此，确切地说，价值是客

---

① Joan C. Tronto, *Moral Boundaries: A Political Argument for an Ethic of Care*, N. Y. &London: Routledge, p. 103.
② 《马克思恩格斯全集》第 19 卷，人民出版社，1963，第 406 页。
③ 《马克思恩格斯全集》第 26 卷（Ⅲ），人民出版社，1974，第 326 页。

体的存在及其属性对主体需要的满足。公益精神的价值反映的也是一种主客体之间的关系，是公益精神对一定主体需要的满足，与主体的生存和发展相一致的效用和意义的关系，这种关系是公益精神合乎促进人的发展与社会的全面进步目的而呈现的一种肯定的意义关系，因而它具有重要的价值。

（一）公益精神的个体价值

公益精神的个体价值是公益精神基本价值的重要体现。公益精神的个体价值在于，能有效满足个人的全面发展与成长的基本需要。具体包括以下几点。

1. 有助于获得内在驱动力量

公益精神是个人对生命价值、社会、人类和人生观的一种积极态度，是人内在的、自觉的精神品质，对人的发展具有内在的驱动价值。作为一种非权力性的社会意识和自觉良知，公益精神表现为对个人自身和谐、人与人和谐、人与自然和谐的一种理解和把握，并以一种高尚的价值选择、价值判断来提升人类自我的心智。无论是从动机还是从结果来看，表现公益精神的公益行动都是公益主体的一种利他主义行为，它"组织和动员公民的爱心为最需要者做好事"，诉求和依赖着人类所拥有的同情心、爱心、责任、利他等美德和崇高的人生理想与价值观。德国思想家洪堡特说："精神力量具有内在、深刻和富足的源流，它参与了世界事件的进程。在人类隐蔽的、仿佛带有神秘色彩的发展过程中，精神力量是真正进行创造的原则。"[1] 因此，统摄公益精神的道德所绽放的精神力量是国家发展、社会和谐、人民幸福的重要因素，是一个民族优秀品质的重要体现，这种品质所拥有的深刻和富足的力量是社会变革、历史车轮前进的动力，也是公益主体实现自身发展的内在需要。善行无疆，公益主体用自己平凡的举动帮助贫病幼弱者，让他们感受到社

---

① 〔德〕威廉·冯·洪堡特：《论人类语言结构的差异及其对人类精神发展的影响》，姚小平译，商务印书馆，1999，第28页。

会大家庭的温暖；或用包容世界的同情心，显示了人类作为意义生命的价值所在，并让爱与付出成为社会和谐的主旋律。这种利他精神能充分满足公益主体对自我公益行为动力源的内在化、主体化的需要，并推动公益主体从自身内部出发将公益潜能外化为自觉行动，以投入公共生活和对他人尤其是社会弱势群体的关注和互助中，形成一种团结、和谐、共荣的"美美与共"局面。概而言之，公益精神形成的精神力量化成个体的内在驱动力越强，为人的公益行为自觉性和精神需要的满足所带来的内在驱动价值就越大。

人与动物的根本区别在于人有意识，人有精神。因此，人的生存发展状态，与其精神的存在状态分不开。一个人的精神有所寄托，一个人有强大的精神支柱，就会热爱生活，就会朝气蓬勃，就会勇往直前，从而创造生命的奇迹，使人生变得绚丽多彩。反之，一个人如果精神空虚，无所寄托，缺乏强大的精神支柱，就会厌恶生活，就会游戏人生，践踏生命。因而，精神支柱是人的真实生命，是人的力量源泉。[①] 一个人最可怕的，不是他的贫贱状况，而是他的精神委顿；一个民族最悲惨的，不是它的贫弱状态，而是它的精神疲软。公益精神是人的强大精神支柱之一，它使人懂得人生的意义、生命的价值，使人了解自身行为的深层底蕴，使人明白如何面对自然、社会和人生。一个"健全的、完整的人"离不开优良的公益精神的支撑，它所具有的精神内驱力和精神支柱的作用，是公益行动增强方向性、目的性、稳定性和持续性的重要源泉。因此，公益行动者想让自己的生命活动放射出不平凡的光芒，需要内在的、自觉的公益精神的驱动。

2. 有助于对社会成员的道德教化

现代意义上的公益行动及公益精神不是"传统意义上的个人美德的单纯体现，而是个人美德在公共生活中的升华和展示"[②]，这是在个人美德（私德）与公德之间形成的一种精神特质。作为道德教化的

---

① 吴灿新：《伦理精神的本质及其价值》，《现代哲学》2001 年第 4 期。

② 任剑涛：《道德理想·组织力量与志愿行动》，《开放时代》2001 年第 11 期。

资源，公益精神蕴含着的个体道德社会化过程不应是公益行动者的单向投注，而应是"一种同为信宿、同为信源的双向信息交流和情感互动过程"①。因此，公益精神道德教化的价值是在个体道德认知获得、道德情感和意志培养以及道德行为驱动的、内外合一的过程中得以体现的。

在长期的公益实践中所培育起来的公益精神，一旦形成，便成为一个民族时代精神价值体系的重要内容，并以积极的姿态塑造和影响着人们的良善道德素质，发挥着"生活教科书""精神教科书"的作用，感染和教育着广大社会成员。曼斯布拉奇（Jane Mansbridge）认为："首先，公益精神并不仅仅是一种为了应付紧急情况而必须储存或节俭使用的固定与稀缺的资源，相反，在某些情况下，公益精神的存在，无论是在行为者身上还是在旁观者身上都可创造更多的公益精神。"② 2005 年"感动中国"十大人物之一丛飞说过，"只要我活着，就要搞公益"，这句话令无数人动容。如今丛飞已逝，但"丛飞精神"却感召着更多的人和社会团体投入志愿行动和公益事业当中，这就是公益精神所具有的教化示范功能，它激发着社会各界自觉地关心和参与社会公共事务，并成为一种时代精神。《文化模式》的作者鲁思·本尼迪克特说得好，"生长于任何社会的绝大部分个人，不管其制度的特异性如何，总是毫无疑问地认定了社会所制定的行为"，"大多数人由于其天赋的巨大可塑性，而被塑造成了他们文化所要求的那种形式。在社会塑造力量的作用下，他们完全可以得到改造。不管是（美国）西北岸所要求的自我参照的幻想，还是我们文明中所推崇的财产积累，都可以塑造人的天性，无论如何，芸芸大众都十分轻易地接受了呈现在他们面前的形式"③。在此，公益精神不管是"自我参照的

---

① 张耀灿等：《现代思想政治教育学》，人民出版社，2006，第 182 页。
② 转引自王学栋、杨跃峰《西方政府再造的政治理论》，《长春市委党校学报》2003 年第 3 期。
③ 〔美〕鲁思·本尼迪克特：《文化模式》，傅铿译，浙江人民出版社，1987，第 241 页。

幻想"，还是"我们文明中所推崇的财产积累"，都可以起教育作用，"塑造人的天性"，而人民群众也"都十分轻易地接受了呈现在他们面前的形式"——与公益精神深刻内涵相适应的公益行动这一生活方式。

3. 有助于提升主体生活品质

"人的需要是人的意识活动的重要心理基础，是人的行为产生的原动力。"[1] 美国威斯康星大学博士赵长宁在《献身与参与的背后——美国成人义工服务动机的探讨》一文中列举了义工的八大动机：利他、受意识形态引导、利己、获取有形报酬、提升社会地位、建立社交关系、打发时间以及追求个人成长。[2] 其中六种动机趋向自利利他。对此，我们认为无论是纯粹利他还是互惠利他都在客观上产生了促进社会发展的积极公益效应，有助于主体生活品质的提升。也就是说，公益精神和公益行动是人的生活品质提升的重要内容。所谓生活品质是指关于人们满足生存和发展需要而进行的全部活动的各种特征的概括和总结，是反映人类生活发展的一个综合概念，是社会发展包括人类自身发展的一种标志。幸福的生活不仅应有物质的充足，更应有精神世界的丰盈。随着物质生产的发展，人们的精神需求也会发生新的变化，从而把生活品质推向更新、更高的层次。自然法则是弱肉强食、适者生存，但人类则是相互关爱的，因为"爱是人类的本能，我们需要爱就像我们需要碘和维生素 C 一样"[3]。由此，帮助生活中的弱势群体与遭遇挫折者，共同分享人之为人的体面和光荣，共同分享现实条件提供的基本生活资源，这是对人的价值的重视和尊重。因为"我们生活在一个相互依存的世界上，无法回避彼此面临的问题"。即使在富庶的美国，仍然"有人在挨饿、无家可归、失业、生病、有身心缺陷、生活无望、与

---

① 张云：《思想政治教育心理学》，上海人民出版社，2001，第70页。
② 赵长宁：《献身与参与的背后——美国成人义工服务动机的探讨》，《台湾香光尼众佛学院图书馆馆讯》1996 年第 7 期。
③ 〔美〕弗兰克·G. 戈布尔：《第三思潮——马斯洛心理学》，吕明等译，上海译文出版社，2001，第5页。

世隔绝、备受冷遇，仍然有满怀梦想的孩子因为无人相助而丧生"。所以，美国前总统比尔·克林顿在《付出：我们可以改变世界》（*Giving：How Each of Us Can Change the World*）一书中呼吁："整个世界都需要你，无论是在大街对面还是在大洋彼岸，请付出吧。"① 公益利他、爱心奉献、给予和付出反映的都是"一种健康的、感情的爱的关系，是双方深深的理解和接受"。现代公益精神及公益行动是将过往主导人们的"生活的道德"向"道德的生活"② 转移，提升生活品质的重要方式。

当然，公益精神和公益行动对于服务对象（往往是社会中身陷困境、需要帮助的弱势群体）而言，一方面，它能够在一定程度上有针对性并有效地解决其遭遇的实际困难，提高其生活水平；另一方面，公益精神和公益行动将社会的关爱与鼓励传递给服务对象，从而拉近其与他人的心灵距离，增强其对人、对社会的信心及社会归属感。③ 同时，透过公益行动者亲切、真诚的关怀及平等、友善的交流，能够有效地减轻服务对象的自卑感与疏离感，促进其自尊心和自信心的建立，增强其面对社会的勇气和信心。

（二）公益精神的社会价值

社会的发展体现在政治、经济、文化、生态等诸多方面，公益精神在这些方面能满足其发展的需要。作为个体价值延伸和综合的公益精神，具有经济、政治、文化、生态等多方面的社会价值。

1. 公益精神的政治价值

政治是社会发展的重要领域。公益精神能推动社会的政治发展。因此，公益精神具有重要的政治价值。

第一，有助于推动民主政治的发展。党的十七大报告指出："加强

---

① 〔美〕比尔·克林顿：《付出：我们可以改变世界》，于少薇等译，中信出版社，2008，第3页。
② 任剑涛：《道德理想·组织力量与志愿行动》，《开放时代》2001年第11期。
③ 冯英等编著《外国的志愿者》，中国社会出版社，2008，第5页。

公民意识教育，树立社会主义民主法治、自由平等、公平正义理念。"发展社会主义民主政治，总体上需要从两个方面推进：一是社会主义民主政治制度建设；二是社会主义民主政治观念培养。制度和观念，在发展进程中相互影响、不可或缺。社会主义民主政治观念对于社会主义民主政治制度建设，具有至关重要的意义。内含参与意识、互助意识的公益精神是现代公民意识的重要内容。作为社会政治体的一员，公民基于现代公益精神的理念有积极参与公权力运行和社会公共事务管理的要求并诉诸广泛参与政治活动的公益实践，"不仅仅需要民主形式的代表机构，而且需要建立由群众自己从下面来全面管理国家的制度，让群众有效地参加各方面的生活，让群众在管理国家中起积极的作用"[1]。新时期，作为各类公益组织追求的价值理念，公益精神彰显的是一种公民自主、自立和自治的精神，它强调的是在公民互助和公共事务中德行的有用和正当而非一味地侧重优美和崇高，通过热心支持和参与公益事业表达不同利益群体融合个人利益、公共利益、国家利益的志愿与要求，在促进政府与民间社会的互动，扩大群众的政治参与，推动政府决策的科学化、民主化，保障人民群众政治、经济、文化、社会等方面的权益中发挥着重要作用。

第二，有助于维持社会秩序的稳定。公益精神是公益事业发展过程中形成的合理内核与精神积淀，是一个民族文化体系中的重要因子。它有利于提升社会成员的向心力和凝聚力。从发生学的角度看，公益精神作用于社会个体的途径是对其思想和意识产生影响。社会个体接受公益精神后，就会将之内化为自身所具有的自觉信念、理想追求。于是，在公共生活中个体意识的相互作用导致"孤立意识中从未产生的观念和情感"[2]，即源于公共生活中的价值认同和共同规范，这成为公益精神传播的重要条件。在实践行动层面，公益是一种普遍互助的价值观念：救助不是以个人恩赐的方式直接给予他人，而是通过

---

① 《列宁全集》第24卷，人民出版社，1986，第153～154页。

② E. Durkeim, *Moral Education: A Study in the Theory and Application of the Sociology of Education*, New York: Free Press, 1951, p. 61.

一定的社会公益机制（如各类基金会或慈善组织）间接地传达给他人，而接受帮助则是现代社会中困难群体"应得"的权利。因此，这里没有人身依附的约束，也没有私人间感恩图报的负担，其产生的社会效应是对社会共同体的认同，社会成员尤其是受助对象对社会大家庭的温暖、安全和爱心体验，有助于缓解因社会转型、利益主体的多元化而引发的个人存在的"原子化"，以及由此所滋生的冷漠与自私的现象，增强个体对社会共同体的忠诚度，从而使得社会更加稳定和富有生机。[①]

第三，有助于政府善治理念的实现。"善治即是使公共利益最大化的社会管理过程和管理活动"[②]，它的本质特征在于摒弃了政府是唯一主体的认知，强调政府与公民对公共生活的合作管理，是国家与社会组织的良性互动，是两者的最佳状态。"社会管理主体多元化"的现代社会发展现状有理由让我们相信"人们自己来满足自己的需要往往会做得更好"，"人们不再坚持认为团结仅是国家事务的理念"。[③] 以个体的独立性为前提的公益精神内含着的自治精神揭示了"我们不能仅仅消极地去服务社会，而应当去保存以及建构社会"[④] 的道理。所以，公益事业从自在走上自为阶段，使人民自觉自愿地集结为实现当下任务和长远的目标而团结奋斗，需要动员每一个社会个体的力量，因为"在民主国家中……市民是独立的和无力的，他们几乎不能做任何事，没有人能要求他的伙伴帮助他们。因此，如果他们不学会志愿性的相互帮助，他们将没有力量"[⑤]。只有协助同胞才能得到同胞的支援，个人利益是与社会公益一致的。正如休谟所说："人类的幸福和繁荣起源于仁爱这一社会性的德性及其分支，就好比城垣筑于众人之手，一砖一石的堆砌

---

① 刘京：《公益是和谐社会的新动力》，《学会》2005 年第 6 期。

② 俞可平：《治理与善治》，社会科学文献出版社，2000，第 8 页。

③ 〔法〕吉尔·利波维茨基：《责任的落寞：新民主时期的无痛伦理观》，倪复生等译，中国人民大学出版社，2007，第 150 页。

④ 〔美〕布洛维：《公共社会学》，沈原译，社会科学文献出版社，2007，第 72 页。

⑤ 〔法〕托克维尔：《论美国的民主》上卷，董果良译，商务印书馆，1988，第 11 页。

使它不断增高。"① 所以，作为社会资本②的一项重要内容，公民志愿精神与自治意识赋予公民个人自由和利益诉求的合法性和正当性，同时又要求公民确立相应的责任感、规则意识和义务意识，从而凝聚成公民政治知识成长的动力和纽带③，并促使社会组织的兴起。现代社会兴起的"社团革命"使人们在"私人和公共生活中思考、判断、选择和根据不同可能的行动路线行动的能力"④，这种能力的获得离不开公益精神在公民公共生活中的推动。因此，公益精神是社会资本网络动员和善治理念实现的动力。

2. 公益精神的经济价值

现代资本主义的起源与繁荣可做"贪婪的攫取性（acquisitiveness）与禁欲苦行主义（asceticism）"⑤ 的解读。市场化中冲动贪婪的"经济冲动力"带来的商品化浪潮似乎淹没了禁欲苦行主义的"宗教冲动力"。然而，马克斯·韦伯认为新教的教义和伦理思想实际上是西方资本主义经济行为的决定性因素，并主张"宗教观念是经济行为的决定因素，因而也是社会经济改变的原因之一"⑥。韦伯认为新教的一个重要特点在于它对禁欲主义的赞扬。财富本身始终是一个严重的危险，它

① 〔英〕休谟：《道德原则研究》，曾晓平译，商务印书馆，2001，第156页。
② 1980年，法国社会学家皮埃尔·布迪厄首次提出"社会资本"概念，并界定为"实际或潜在资源的集合，这些资源与由相互默认的关系所组成的持久网络有关，而且这些关系或多或少是制度化的"。1988年，社会学家詹姆斯·科尔曼把社会资本定义为"许多具有两个共同之处的主体：它们都由社会结构的某些方面组成，而且它们都有利于行为者的特定行为——不论它们是结构中的个人还是法人"。而真正使社会资本概念引起广泛关注的则是罗伯特·D. 普特南，他认为社会资本即是"能够通过推动协调的行动来提高社会效率的信任、规范和网络"。笔者赞同国内学者卜长莉教授的概述：社会资本是以一定的社会关系为基础的，以一定的文化如信任、互惠、合作作为内在的行为规范，以一定群众或组织的共同收益为目的，通过人与人之间的互动所形成的社会关系网络。
③ 梁莹：《公民自治精神与现代政治知识的成长》，《南京社会科学》2008年第7期。
④ 〔英〕戴维·赫尔德：《民主的模式》，燕继荣等译，中央编译出版社，1998，第380页。
⑤ 〔美〕丹尼尔·贝尔：《资本主义文化矛盾》，赵一凡等译，三联书店，1989，第27页。
⑥ 孙亦平主编《西方宗教学名著提要》，江西人民出版社，2002，第111页。

代表着永无止境的诱惑，和天国的重要性比较起来，追求财富不但毫无意义，而且在道德上是可疑的。清教徒之所以在道德上责备财富，是着眼于财富带来的安逸、享乐以及使人游惰、沉溺于肉欲乃至放弃"圣生活"的努力等可能的后果。但是，倘若财富意味着人履行其职业责任，则它不仅在道德上是正当的，而且是应该的、必需的。新教反对无聊闲谈，放纵享乐，从而虚度时光。它主张人们要恒常不懈地践行艰苦的体力或智力劳动，认为劳动是历来就被推崇的禁欲手段，是对一切诱惑特别有效的抵御办法，是维持个人与社会存在必要的自然条件，是人生的最终目的。借鉴马克斯·韦伯的新教伦理这一观点我们不难看出，孕育于市场经济中的公益精神作为一种"宗教冲动力"，通过利他慈善、志愿服务等活动"增加了上帝的荣耀，明白了神意"。没有愿景的行动，没有方向；没有行动的愿景，只是空谈。公益精神表征的正是将责任、奉献、行动、反思、博爱、包容等进行有效整合，将行动和愿景结合的文明表达形式。在当前市场经济发展的过程中，现代公民对公益精神的追求无疑对社会经济的发展有着重要的贡献。

第一，具有推动生产力发展的精神动力价值。现代社会的发展不仅需要强大的物质动力，而且还需要强大的精神动力，甚至在一定条件下，精神动力对社会发展所起到的作用更大。因为人类社会发展的根本动力是社会生产力，而在社会生产力中起主导作用的是人不是物。人是物质与精神的统一体，并且是以精神为主导的物质体，精神力量对社会生产力乃至整个社会的发展有着重大价值。尽管公益精神的界定和公益精神的价值测量在公益理论研究中还是个难点和争论点，但不可否认的是，公益精神对社会精神、道德、文化产生的积极影响不是物质报偿所能计量的。公益精神推动人与人之间建立起了互助、互爱、互信、互利的和谐社会关系，这种和谐关系与公益精神本身都是难以估量的社会资本，并转化为现实的物质生产实践活动中需要的一种积极性、自觉性、创造性等聚合着的精神动力；通过企业文化与社区文化作用于企业的生产、经营、管理实践，为企业带来经济价值，并推动社会经济建设。

第二，具有促进经济发展的环境营造价值。今天，公益正在逐渐渗透到每一个人的日常生活中。一位孩子会为远在千里之外的灾民捐出自己的零花钱；一位生活贫困的老人会收养在路边发现的孤儿；一位家庭妇女为了保护环境，会将洗菜的水用来擦地；一位残疾人会开设心理健康热线帮助其他需要帮助的人；一位旅游者会在自己的行囊中"多背一公斤"，捐助给当地的贫困儿童……无论捐助钱物的多少，重要的是有一颗真诚的爱心；无论付出力量的大小，重要的是身体力行。① 公益行动和公益精神正通过形成先进健康的舆论环境、互助友爱的道德环境和安定祥和的社会心理环境，营造有利于经济快速、协调、持续、健康发展的环境。我们献出的每一份爱，可能是微不足道的，但它们都分享了人道精神，体现了对生命和人的价值的敬畏。"虽然在这样的秩序下并不是一切事物全部尽善尽美，但社会至少具备使事物变得善美的一切条件"②，公益行动者在公益精神的鼓舞和信仰激励下，其付出的财物、时间、知识、技能、态度等朴实的具体行动都在见证和浓缩人类文明的成就，体现了人类自身的杰出。因此我们可以自豪地说：公益精神是人类经济和社会发展中一朵绚丽多姿的精神文明之花，它使我们看到了残酷竞争的环境和处处理性盘算的市场经济条件下人类温情的扩散和弥漫。

3. 公益精神的文化价值

毫无疑问，任何一种社会追求，如果不是社会中每个个体追求的简单叠加，而是该社会文化产生的精神追求的体现，那么这种追求必然具有旺盛的生命力；如果这种追求同时又与历史的进程并行不悖，那么它必然会取得应有的历史地位。如前所述，公益精神是一种文化精神，渗透着浓厚的文化内涵。它可以有效地满足文化发展的动力需要，促进社会文化发展。因此，公益精神具有重要的文化价值。

第一，精神支撑的作用。一个拥有良好风气的社会，离不开良好的

---

① 王高利：《公益在行动》，五洲传播出版社，2006，序言第 5 页。
② 〔法〕托克维尔：《论美国的民主》上卷，董果良译，商务印书馆，1988，第 12 页。

道德心理，更离不开公益精神在人与人的交往中价值选择上的规导。公益精神影响着人们在参与社会公共生活中的道德规范、评价和教育功能发挥，从而引导优良社会风气的形成。因而，人类的生存状态与其精神的存在状态是分不开的。作为公益事业发展历程中积淀下来的合理内核和文化精神样态，公益精神一直支撑并丰富着人们的精神家园和利他、奉献的实践活动，它对社会成员的作用在于"指示给他看其所能奋斗追求的目标"[①]，支撑着社会成员为共同的社会福祉和对他人的人文关怀自觉地做出行动。从古代中国民间力量组织的义仓、义庄等公益行动到现代对公共生活如教育、法律、宗教、科研、环保等领域的关注，这些都映现着"仁慈""善良""博爱"的理念，渗透着"恩被于物、慈爱于人""老其老、慈其幼、长其孤"等传统美德，其公益精神的理念正是慈善公益事业绵延发展的精神支柱。

第二，社会主义核心价值体系建构的重要内容。作为民族精神的时代表征、国家文明发展水平的表现，公益精神在微观领域自下而上地反映了社会主义核心价值体系的构建过程。公益行动者对"自我的超越，真善美的融合，为他人献身，智慧，诚实，自然，对自私及个人动机的超越，为了'较高的'欲望而放弃'较低的'欲望，……减少仇恨，残暴及破坏性，增加友谊、仁慈，等等"[②]。他们都奉守公益服务和团结互助的理想，共同使这个世界变得更加美好的信念；自觉自愿地关怀他人和社会生存环境，增强自我内心向善的力量；扶助弱者、互助自助的精神，施助过程中非纯粹"自我牺牲"的双赢互利；"希望工程""圆梦行动""西部志愿者行动""奥运志愿者"等自发性、社会性的公益行动都在诠释着公益精神受到当今中国公民的高度认同。所有这一切都具有爱国主义和集体主义的特征，都是中华民族精神和昂扬向上的时代精神在社会生活各领域、各层面的渗透，是社会主义荣辱观在当下

---

① 〔英〕马林诺夫斯基：《文化论》，费孝通等译，中国民间文艺出版社，1987，第91页。

② 〔美〕弗兰克·G.戈布尔：《第三思潮——马斯洛心理学》，吕明等译，上海译文出版社，2001，第32页。

的深化理解和贯彻。因此，公益精神是当今我国社会主义核心价值体系构建的重要内容，是激励和推动人类追求长远发展的一种人文精神。

4. 公益精神的生态价值

公益精神作为一种价值观念和行为取向，不仅关注人与人、人与社会的生存状况，并且将观照的对象延伸至与人类生存休戚相关的自然界。因此，公益精神具有一种生态价值，即其倡导的人与自然的和谐发展，引导人们关注生态伦理，培养生态道德，形成生态责任，也就是近年来国内兴起的环境保护、生态伦理探讨中的"新的公益精神，是指最具社会责任感、最有能力表达诉求、最会行使权利的高层次参与方式"[①]。

第一，有助于生态道德和生态责任感的形成。当前，一系列国际性环境保护机构和组织的成立及国际性环境保护运动的风起云涌，国内"自然之友""北京地球村""阿拉善治沙基金会"等公益组织所开展的一系列公益行动都唤起公民（含企业公民）实践生态道德和责任的一种新的价值观念——新的公益精神。公益精神的生态价值就在于实现了事实认识与价值认识、行动与观念、生态道德与生态责任的统一，实现了一种"人际道德向尊重生命共同体的道德的格式转换"[②]。人类文明的可持续发展，呼唤建立一种公正平等的全人类伙伴关系、尊重生命和自然的生态伦理关系。环境伦理学家罗尔斯顿指出："旧伦理学仅强调一个物种的福利；新伦理学必须关注构成地球进化着的几百万物种的福利。"[③] 过去，人类是唯一得到道德待遇的物种，只依照自己的利益行动，并以自身的利益对待其他事物。在这种人类中心主义框架中生活的人们拥有的只是一种现实"道德的天真"。由此，生态道德必须作为一种全新的道德进入人们的视界和生活。所谓生态道德即对人与自然关系的伦理知识和行为。它是当代人类素质以及人类深层能力的一种发展，是人类科学素养、精神价值和道德水平提高的体现和要求。这种对

---

① 林培：《我国进入"新公益精神"时代》，《中国建设报》2007 年 4 月 5 日。
② 李明华等：《人在原野——当代生态文明观》，广东人民出版社，2003，第 324 页。
③ 转引自余正荣《生态智慧论》，中国社会科学出版社，1996，第 121 页。

人类美好生存环境的愿景和积极的行动的统一，是公益精神作为一种人文教化资源所具备的在生态领域的道德拓展，有助于提升人类对生态公益的道德觉悟、责任认同与行动力，有助于人们树立正确的生态道德和生态责任感。

第二，有助于生态意识和生态思想的普及。世界文学大师雨果说："大自然既是善良的慈母，同时也是冷酷的屠夫。"人类在过去 200 多年的工业发展历程中，奉守的"向大自然宣战""征服大自然""人定胜天"信念在为我们带来丰裕物品的同时，也带来了满目疮痍、伤痕累累：滥伐林木，滥建厂房，森林退化，沙尘暴扬，水土流失，洪水肆虐，噪声刺耳，臭气熏天，酸雨赤潮，臭氧空洞……难道"人类已经失去了预见和自制的能力，它将随着毁灭地球而完结"吗？1962 年，美国生物学家莱切尔·卡逊的《寂静的春天》一书告诫我们，如果环境问题不解决，人类将"生活在幸福的坟墓之中"；1972 年，罗马俱乐部提出的第一个研究报告——《增长的极限》，对陶醉于高增长、高消费的"黄金时代"的西方世界发出了"人类困境""全球性问题"的天才预言；1987 年，联合国世界环境与发展委员会提交的一份《我们共同的未来》的报告中提出了"可持续发展"这一崭新的理念。毋庸置疑，我们都不愿生活在一个"枯萎了湖上的蒲草，销匿了鸟儿的歌声"的"寂静春天"里，因而，人类对生命和自然的深刻体悟、对美丽荒野的细致描述、对家园毁损和生存危机的忧患意识、对现代生活观念的历史性反思都显示着当代人生态意识的觉醒并走向成熟，都意味着公益精神扎根的公共生活领域中的人们对自我生态环境的关注。显然，公益精神的培育应该要实现对人类中心主义的批判、超越，帮助人们形成生态意识和生态思维，了解人类只是自然大家庭中的一名成员，应与其他成员和睦共处，增强人与自然界之间的和谐意识、平等意识和未来意识，唯有这样，人类的自我实现和幸福才能得到绵延和可靠保障。因此，批判地吸取中国传统文化中的"天人合一"思想和西方社会"人定胜天"的理念，形成科学的生态意识和生态思想，避免"人类中心论"观念的负面影响，理应成为公益精神培育过程中必须直面的现实境遇。

　　总之，公益精神是主体在其生存交织网络中的行动和愿景的文明表达形式，对于个体的全面而自由发展和社会文明进步具有重要价值。这种文明表达形式的生成不仅是当代社会发展实践的需要，也是人类历史进程中文明积淀的延续。

第二章 | 公益精神的历史演变及现代转型

常言道：凡学不考其源流，莫能通古今之变；不别其得失，无以获从入之途。公益事业有着悠久的历史传统和思想渊源，它是一个民族从古至今文明发展过程的标志性因素。这个过程"不是单纯事件的过程而是行动的过程，它有一个由思想的过程所构成的内在方面"①。作为内在于公益事业发展进程中的精神主脉，公益精神在古今中外的发展同样也经历了转折和变奏。本章内容主要探讨中西公益精神的思想演变和现代转型。

一 中国传统文化中的公益精神

历史是不能割断的，正确地认识和评价现在，就必须了解过去。从历史的进程来看，现代公益精神的发展和绵延，所依赖的正是不同时代以儒家、道家、墨家、佛教等为主体的中国传统文化中积淀着的对公益事业关注的思想资源。因此，研究当代中国公益精神有必要回顾其在传统文化中的嬗变情况。

（一）儒家"仁爱大同"的公益观

儒家思想内核在于"仁"，"仁者爱人"，由仁而趋善，"仁爱"精神构成中国传统公益精神的价值源泉，并在此基础上构筑了包括大同思

---

① 〔英〕R.G.柯林伍德：《历史的观念》，何兆武等译，商务印书馆，1997，第302页。

想、民本思想在内的公益思想体系，深刻地影响着中国后世的公益慈善事业发展。

1. 仁爱利他的公益情怀

作为儒家思想的创始人，孔子在春秋礼坏乐崩的情况下，以继承和发扬礼乐文化传统为己任，意识到礼乐制度、等级规范背后"仁爱"思想的重要性，并建构起以仁爱为核心的思想体系。何谓"仁"？《说文》作解："仁，亲也，从人从二。"① 人与人相"亲"，必有爱的维系。"樊迟问'仁'。子曰：'爱人。'"② 孔子以"爱人"来释"仁"，提出"仁者爱人"之说，这可视为原始的人道主义观念的阐发③，也为儒家公益观的形成奠定了理论基础。

"仁"在儒家看来是一个兼具道德感情和伦理规范的范畴。为实现"仁者爱人"，孔子认为应从"孝悌""忠恕"开始。"子曰：'弟子入则孝，出则弟，谨而信，泛爱众，而亲仁。行有余力，则以学文。'""君子务本，本立而道生。孝弟也者，其为仁之本与！"④ 在孝顺父母、敬重兄长的人伦道德中展开爱民守礼的善念与品质，能行"恭、宽、信、敏、惠""五者于天下，为仁矣"⑤，这是实现儒家"为仁"之本。由此，虽然在孔子看来"仁"要"亲亲为大"，但他并没有画地为牢，而是将血亲之爱不断向外扩展，"四海之皆兄弟也"，由"亲亲"推广到"泛爱众""爱华夏""爱天下"，这种由亲而疏、由近及远层层推进的特点，使得孔子的仁爱思想能够突破血缘、民族、地域的限制而有着强大的扩展力和生命力。"忠恕之道"是个人"为仁成圣"之法，是出自人的本心，从内心反省来处理人际关系，达致人与人、人与社会之间的和谐统一。"夫仁者，己欲立而立人，己欲达而达人。能近取譬，

---

① 许慎：《说文解字》，中华书局，1963，第161页。
② 《论语·颜渊》。
③ 周秋光等：《中国慈善简史》，人民出版社，2006，第29页。
④ 《论语·学而》。
⑤ 《论语·阳货》。

可谓仁之方也已"①，"己所不欲，勿施于人"②。作为儒家千年古训，"仁"可谓一种责任和义务，更是一种推己及人的利他风尚和助人为善的精神。后世儒士多以此仁心慈善关怀同胞的疾苦，乐行善举。

孟子在"性善论"的基础上，通过对人性的深刻反思，继承并发展了儒家的仁爱公益观。在他看来，人性固有四种善端：恻隐、羞恶、辞让、是非。这四种善端是引导人们扬善抑恶、布善祛恶的力量之源。其中，"恻隐之心，仁之端也"③。"恻隐之心"即人类情感中的同情心、怜悯心和爱心，是仁之端、仁之根本，是人的本性之中固有的一种内在情感，它是人们相互爱护、尊老慈幼，从事各种社会公益慈善活动的动机所在。孟子倡导"仁"与"爱人"是从"亲亲"推及"仁民"的，"君子之于物也，爱之而弗仁；于民也，仁之而弗。亲亲而仁民，仁民而爱物"④。这是善心慈爱的萌发源头，它不再拘泥于血缘亲情之间的赡养扶助，亦要求陌生人之间的相助相睦。"老吾老以及人之老，幼吾幼以及人之幼。"⑤ 这种人与人之间的和谐关系使恻隐之心的道德感情直接发展成道德行为的"仁爱之行"并赋予趋善的道德价值，促进人与人之间的融洽。"爱人者，人恒爱之；敬人者，人恒敬之。"⑥

从孔子"仁者爱人"的仁爱思想到孟子"恻隐之心"的深化，儒家思想中内含的慈善理论逐渐获得丰盈，并为后世公益慈善事业的发展提供了丰富的思想渊源，也为现代公益精神积淀了大量的思想素材。而民间社会正是通过这种仁爱利他的公益（慈善）观衍生出孝慈为怀、济人危难等中华民族优秀的道德品质，进而形成中华民族乐善好施的风习和乐于助人的奉献精神。汉代"独尊儒术"后，儒家思想成为中国封建社会的统治思想，孔孟之道得以继承与发扬。从唐代韩愈以"博爱为仁"代替传统意义上的"爱有等差"到宋代思想家张载的"长其

---

① 《论语·雍也》。
② 《论语·颜渊》。
③ 《孟子·离娄下》。
④ 《孟子·尽心上》。
⑤ 《孟子·梁惠王上》。
⑥ 《孟子·离娄下》。

长""幼其幼"原则的"民胞物与""乾坤父母"思想,儒家仁爱思想始终一脉相承,并发扬光大,这些思想对中国传统社会的公益伦理构建和慈善事业发展产生了重大影响。

2. 民本思想的公益实践

将"仁者爱人"的道德情愫推演到政治领域的"仁政",这是历代贤君明主倡导民本思想、实践公益慈善事业的思想源泉。孔子认为"修己以安百姓"①,提倡统治者要以民为本,要有"仁爱之心",施行仁政,关心和体恤百姓。孟子有"民为贵,社稷次之,君为轻"② 的理论概括,荀子有"水则载舟,水则覆舟"的思想,这些话语标志着春秋战国时期儒家民本主义思想已具备丰富的内涵,并深刻地影响着后世的公益慈善事业发展。"以保息六养万民:一曰慈幼,二曰养老,三曰振穷,四曰恤贫,五曰宽疾,六曰安富。"③ 基于"保民、养民、惠民"的理念,统治者予民众以福利,这样,"民之归仁也,犹水之就下"④。儒家的这种民本思想是官办慈善事业发展的文化基础,每有巨灾奇祲发生,统治者都通过施粥、赈谷、调粟等多种慈善救济措施来赈恤众多灾民和流民,以期达到"博施于民而能济众"⑤ 的目的。唐宋明清诸朝的官办慈善事业都受这些思想的影响,各类慈善机构如慈幼局、养济院、普济堂等都在特定时代发挥着惠民的作用。

除了官办慈善事业外,民间慈善活动也产生。早在宋朝年间,就出现了完全由民间乃至个人兴办的慈善事业,最著名的是范仲淹设的"义田"和刘宰开办的"粥局",前者是以庇护和造福宗族为意旨的"家庭扩大化"模式的慈善事业,后者则以社区居民为对象,以社区组织的方式进行慈善活动。到明朝年间,更出现了最早的民间互助慈善社团——同善会。明末清初,各类民间社团主持的慈善活动趋于兴

① 《论语·宪问》。
② 《孟子·梁惠王上》。
③ 《周礼·地官·大司徒》。
④ 《孟子·离娄上》。
⑤ 《论语·雍也》。

盛，慈善活动内容丰富，公益慈善实践进入了官办慈善与民间救助并行的新阶段。

3. 大同社会的公益理想

大同社会的理想是儒家学说体系中一个重要的组成部分，它对后世慈善事业的发展产生了深远影响。儒家大同思想的形成与社会财富分配的不均存在一定的联系。"闻有国有家者，不患寡而患不均，不患贫而患不安。盖均无贫，和无寡，安无倾。"① 在孔子看来，一个安定和谐的社会应是不存在贫富差别的，只有这样才能使"老者安之，朋友信之，少者怀之"②，彼此融洽相处。基于此，他又描绘了一个理想的大同世界："大道之行也，天下为公。选贤与能，讲信修睦，故人不独亲其亲，不独子其子，使老有所终，壮有所用，幼有所长，矜寡孤独废疾者皆有所养……是谓大同。"③ 孟子也提出"出入相友，守望相助，疾病相扶持，则百姓亲睦"④ 的理想社会，这些观点都是儒家"天下为公"大同思想体系中的精华。历代贤明帝王和仁人志士为实现这一美好的理想社会而进行不懈的努力和追求，通过官办慈善事业和乐善好施的仁者致力于济贫弱、助危困的社会慈善活动，以期实现天下成为一家的理想。19 世纪末 20 世纪初，革命家与思想家如洪秀全、康有为、谭嗣同、孙中山等为实现"人们共享的公民特质与共有的公益理想"⑤ 都有相应的公益慈善实践活动。

除了仁爱、民本和大同思想以外，义利观也是儒家文化中公益慈善思想的重要方面。孔子认为，"君子喻于义，小人喻于利"⑥，"君子义以为上"⑦。在儒家"不义而富且贵，于我如浮云"⑧"重义轻利"思想

---

① 《论语·季氏》。
② 《论语·公冶长》。
③ 《礼记·礼运》。
④ 《孟子·滕文公上》。
⑤ 〔美〕J. D. 亨特：《文化战争：定义美国的一场奋斗》，安荻等译，中国社会科学出版社，2000，第 59 页。
⑥ 《论语·里仁》。
⑦ 《论语·阳货》。
⑧ 《论语·述而》。

熏陶下，后世儒家的追随者在面临义利抉择时，无不舍利而取仁义。如古代社会的商人，明清时期著名的徽商、晋商、宁绍商帮等秉行"为富而仁"理念并成为乐善好施之士，他们"散财种德，市义以归"①，他们舍财捐资创办会馆、行会为贫病的同乡进行慈善救济，或报效社会，积极参与灾荒赈济，从而推动民间慈善事业的发展。

（二）道家和道教"尊道贵德，修仙利他"的公益观

道家和道教文化是中国传统文化中的重要一脉，其文化典籍中都蕴含着丰富的伦理思想，诸如"清静无为"的人生哲理及"赏善罚恶，善恶报应"等道德观念，成为古代中国传统慈善事业发展进程中一个重要的思想源头。

1. 尊道贵德的公益思想

道家最核心的观点是"尊道贵德"。何谓"道"和"德"？道家思想创始人老子认为，"道可道，非常道。名可名，非常名。无名天地之始；有名万物之母"②。在老子看来，"道"是天地万物之源，是包括人类社会在内的天地万物运动变化的内在规律及其法则。"德"是指"生而不有，为而不恃，长而不宰"③的物之自性——各个具体事物从"道"那里所获得的存在和发展的根据，是从万物的总原理中所分出的具体的特殊的"理"。形而上之"道"落实到物质界，作用于人生，便可称它为"德"，即"德"是"道"的体现或功用。另外，老子基于"反"的逻辑线索将"德"分为"上德"和"下德"，"上德无为而无以为，下德为之而有以为"。④"上德"同于"玄德"，也就是同于"道"，"下德"则不然，它只是"道"的特性。因而，要实现"下德"到"上德"的升华，靠"修"或"积"来完成返归于"道"。"修之于

---

① 龚汝富：《中国古代商人的善德观与慈善事业》，《江西财经大学学报》2001 年第 4 期。

② 《老子·第 1 章》。

③ 《老子·第 51 章》。

④ 《老子·第 38 章》。

身，其德乃真；修之于家，其德乃余；修之于乡，其德乃长；修之于国，其德乃丰；修之于天下，其德乃普。"① 老子主张"尊道""贵德"就是提倡由"德"至"道"这样一个返回的过程。"道生之，德蓄之。物形之，势成之。是以万物莫不尊道而贵德。道之尊，德之贵，夫莫之命而常自然。"② 因而，老子鼓动人们向善，做到效法天道，顺应自然，不偏私、不占有，多予少取，"天道无亲，常与善人"③，做到"为善无近名"，就"可以保身，可以全生，可以养亲，可以尽年"④，这是道家劝导广行善事，特别是矜老恤孤、怜悯贫病的重要思想基础。因此，日常生活中应行"天之道，损有余而补不足"⑤，"富而使人分之"⑥。道家的这种思想促使人们在社会中，广积德行，济物救世，且要"万物作焉而不辞，生而不有，为而不侍，功成而不居"⑦，只有这样才能"无为而无不为"，才能在体道和入道的身心训练过程中完成行善积德，最终达到个体自我的"长生之本"。

2. 修仙利他的世俗救助公益思想

道教相信神仙存在而且人可以通过修行成仙而长生不老。在修仙或修行的过程中，道教蕴含丰富的济世助人的公益思想。

作为土生土长的民族宗教，道教非常强调积功累德，认为人要长生成仙，必须积德行善。"积阴功"是说，做了救助或拯救他人的好人好事秘而不宣，尽量不让受助者或被救者知道，如此所积善功方为真善功。东晋著名道士葛洪认为行善的多少与成仙的品位有直接的关系，人如果要成为"地仙"，必须完成三百件善事；要想成为"天仙"，则必须成就一千二百善，"若有千一百九十九善，而忽复中行一恶，则尽失

① 《老子·第 54 章》。
② 《老子·第 51 章》。
③ 《老子·第 17 章》。
④ 《庄子·养生主》。
⑤ 《老子·第 75 章》。
⑥ 《庄子·在宥》。
⑦ 《老子·第 2 章》。

前善"①。长生成仙不仅要内炼丹术，更要外修善德。"欲求长生者，必
欲积善立功，慈心于物，恕己及人，仁逮昆虫，乐人之吉，愍人之苦，
赈人之急，救人之穷……如此乃为有德，受福于天，所作必成，求仙可
冀也。"② 北宋末年的《太上感应篇》虽只有千余字，但它作为道教著
名的"劝人行善"之书，倡导以仁爱恻隐之心利物济人的慈善行为，
劝导富者"矜孤恤寡，敬老怀幼"，"济人之急，救人之危"。③

道教在善恶报应方面还主张"承负说"，认为任何人的善恶行为
不仅会对自身祸福产生影响，而且会对后世子孙的祸福有连带影响，
祖先的善恶不仅要自受其咎，而且子孙也要承受其善恶报应。这种学
说与中国传统封建社会以血缘宗法关系为纽带的社会结构形态有着密
切关系。社会民众的行善活动中还有一个极为重要的"神明监管者"，
它会根据人们的善功而给予相应的福报，相反也根据人们的罪恶决定其
所受的刑罚灾祸。道教善恶报应的"承负说"不仅促使道教信众抑制
恶念恶行、力行善事义举，通过修持"功过格"④ 最终上升天庭，位列
仙班，完成生命升华的目标，这极大地推动了社会其他成员参与救急救
穷的慈善活动。

道教的修行修仙并非脱离社会，而必须在红尘中通过对他人的救助
才能实现。天师张道陵在米价高涨时，或以原价出售，或救济贫民，分
毫不取；许真君合药治病，救死扶伤，建立大功；葛仙翁行祭炼法，拔
度幽冥，一切有情，皆度超升。《晋真人语录》有云："若要真行，须
要修仁蕴德。济贫拔苦，见人患难，常怀拯救之心，或化诱善人入道修
行；所为之事，先人后己，与万物无私，乃真行也。"⑤ 静明派强调
"凡得明净法者，务在济物，见他人之父，见他人之母，如我父母"，
矜老恤孤，怜贫悯病，造福他人，"或行一善事，以济人之困穷；或

---

① 王名撰：《抱朴子内篇校译》，中华书局，1985，第 53 页。
② 王名撰：《抱朴子内篇校译》，中华书局，1985，第 126 页。
③ 戚小村：《公益伦理略论》，博士学位论文，湖北师范大学，2005，第 86~87 页。
④ 道门伦理修行的一种记录或检验形式。
⑤ 《晋真人语录》，见吴枫等《中国道学通典》，南海出版公司，1994，第 1182 页。

出一善言，以解人之冤结；或施一臂力，以扶人之阽危"。① 因此，博施普济、方便他人、援溺救焚、扶危济困者，"人皆敬之，天道佑之，福禄随之，众邪远之，神灵卫之"②。

（三）佛教"慈悲、因果报应"的行善公益观

在中外公益史上，宗教对公益事业的发展起的作用可谓讳莫大焉。在中国，影响最大的当属佛教。西汉末年，佛教始由西域传入我国。在与传统伦理的碰撞融合中，已本土化的佛教发挥着劝善化俗的社会功能。应时而起的寺院慈善活动作为民间慈善事业的载体至唐代达至兴盛。在佛教的慈悲观和因果报应等思想中，我们可以发现它蕴含丰富而深刻的公益思想资源。

1. 慈悲观念

慈悲观是佛教教义的核心内容，也是佛教慈善渊源中最为重要的内容。《观无量寿经》上称"佛心者大慈悲是"，是说佛教以慈悲为本。梵文中的"慈"含有友情和纯粹的友爱之情，"悲"为哀怜、同情之意。《大乘义章》中说："爱怜曰慈，隐恻曰悲。"一切佛法无不以慈悲为大。《大度智论》云："大慈与一切众生乐，大悲拔一切众生苦。大慈以喜乐因缘与众生，大悲以离苦因缘与众生。"又言，"同体大慈无缘大悲"。在佛教看来，要成圣佛，即须励行慈、悲、喜、舍"四无量心"，胸怀慈悲，以慈爱之心给人幸福，以怜悯之心消除人的痛苦，这是最崇高的最宽泛的慈爱与悲悯。

佛教深厚的慈悲不仅是"众生度尽方证菩提，地狱未空誓不成佛"菩萨人格的心性训练和培养，更是心怀慈悲精神、为一切众生造福田、实行"与乐、拔苦"的义举。《大宝积经》云："能为众生作大利益，心无疲倦"，"普为众生，等行大悲"。佛法这种不舍众生的利他精神的具体实践主要通过布施得以体现。布施可分为财布施、法布施和无畏布

① 《吕祖全书》卷二十八。
② 《太上感应篇》，参见王宗昱等编著《中国宗教名著导读：佛道教卷》，北京大学出版社，2004，第210页。

施。财布施即施舍财物，济人贫匮之苦；法布施是讲授正法，破迷开悟；无畏布施是帮助他人免除畏惧，使之身心安乐。① 因而，众多佛教信徒都将赈济、养老、育婴、医疗等救济事业看作慈悲之心的外化表现。这种布施的行为完全出于怜悯心、同情心和利他心，而不带有任何功利目的，具有纯粹利他的性质。这与道教的修仙利他的功利主义取向有一定的差别。总之，慈悲观表达了佛教对人生的深切关怀，显示了佛教救苦救难的宏大誓愿。佛教的这种慈善伦理情怀与儒家仁爱之心、仁义之道有相通之处，并在后世发展中实现了儒佛的交融。民国有慈善家这样评论："儒学盛兴之极，乃由佛教，儒、释、道相互传衍，数千年来深入人心，成为风俗。"② 明清时期的劝善书、功过格往往是儒道佛诸家慈善思想的融汇，它对民众宣讲积德行善，劝募劝捐，形成仁风善俗有着重要的作用。

2. 因果业报的行善积德说

佛教要实现劝善化俗的伦理目的，除了主体的一种悲天悯人的博大襟怀和道德自觉外，还需一种外在的力量对众生进行约束。于是，中国佛教提出了"因果业报说"，这也是佛教慈善思想的重要内容之一。所谓"业"，梵文为 Karma，意为行为、造作，泛指众生一切有意识的活动。佛教认为，"业有三报：一现报，现做善恶，现受苦乐。二生报，今生作业，来生受果。三后报，或今生受业，过百千生方受业"③。善恶行为的力量在时空中承续相沿并生成一种业力，它将带来或善或恶或苦或乐的因果报应，由前世引发至今生，并延伸至来世，形成"善有善报、恶有恶报"的业报轮回。它给信众的伦理启示在于：今生修善德，来世升入天界；今生造恶行，来世堕入地狱。这种"因果业报说"与道教的"承负说"最大的区别在于前者指向一个人的前世、今生和来世的业力轮回，"父作不善，自不代受；自作不善，父亦不受。善自

---

① 周秋光等：《中国慈善简史》，人民出版社，2006，第47页。
② 周秋光编《熊希龄集》下册，湖南出版社，1996，第2003页。
③ 尚海等：《四大宗教箴言录》，中国广播电视出版社，1993，第316页。

获福，恶自受殃"①，而后者则是"一人作恶，殃及子孙；一人行善，惠及子孙，其范围为前后五世"，相比而言，前者更具理论的圆通性，也更为底层民众所接受。

佛教的这种因果业报论从心理学上说，是采用了一种奖惩机制以鼓励人们行善而禁止其作恶。② 佛教的这种因果报应渗透到社会的伦理生活中，唤醒了众多人的道德自觉与自律，使人们意识到"善恶报应也，悉我自业焉"③，并且认识到"思前因与后果，必修德行仁"④，告诫我们要敬畏和善待一切生命，延伸拓展至生态环境和大自然，它可以指导社会大众的生态伦理实践。因此，审视这种"善恶感应"，源于对来世受苦受难的恐惧，人们注重对自身的修养，广结善缘，积善行德，在佛教劝善理论的熏染中，众多善男信女踊跃参加各种公益慈善活动。

（四）其他各家文化中的公益思想

先秦诸子百家中，除了儒、道之外，管子以及墨子也有丰富的慈善思想，它们构成了中国社会慈善思想宝库中最早、最完善的思想体系。

管子的慈善思想涉及面较为宽泛，"九惠之教"是其慈善思想最集中的体现。管子认为，国君在临民之初应发政施仁，"行九惠之教"。所谓九惠之教，"一曰老老；二曰慈幼；三曰恤孤；四曰养疾；五曰合独；六曰问病；七曰通穷；八曰振困；九曰接绝"⑤。从这"九惠"的内容来看，它基本上包括对老人、儿童、穷人、病者等所有弱势群体的慈善救济，并提出如何施行这些慈善之举。

墨子是墨家学派的创始人，他提出了"兼爱"的学说，即"兼相爱，交相利"。这是墨家思想文化的核心和精华，也是墨家济世救人的

---

① 郗超：《奉法要》引《泥洹经》。
② 戚小村：《公益伦理略论》，博士学位论文，湖北师范大学，2005，第83页。
③ 智圆：《闲居编》之《四十二章序》，见石峻主编《中国佛教思想资料选编》第3卷，中华书局，1987。
④ 智圆：《闲居编》之《四十二章序》，见石峻主编《中国佛教思想资料选编》第3卷，中华书局，1987。
⑤ 《管子·入国》。

良方，其慈善思想在中国古代慈善史中也有着广泛的影响。为"除去天下之害""结束纷乱之世"，墨子认为应不分人与我，爱人如己，人们互惠互利。他相信"天下兼相爱则治，交相恶则乱"，并提倡"视人之国，若视其国；视人之家，若视其家；视人之身，若视其身"。① 他设想说："若使天下兼相爱，国与国不相攻，家与家不相乱，盗贼无有，君臣父子皆能孝慈，若此则天下治。"② 墨子所言之"爱"与儒家有所不同。儒家主张"爱有差等"，即根据亲疏贵贱来施予不同程度的爱。而墨子所讲的"兼爱"，是"兼爱天下之人"。③ 他强调爱不分亲疏贵贱，要做到"爱无差等"，即人与人之间普遍地、平等地互相关爱，坚持此种"兼爱"之士为"兼士""兼君"，而坚持儒家差等之爱——别爱——之士为"别士""别君"。

墨子认为，"仁之事者，必务求兴天下之利，除天下之害，将以为法乎天下，利人乎即为，不利人乎即止"④。墨子认为爱人必须利人，利人就是爱人，从而将"爱"和"利"统一起来，认为"兼而爱之"就是"从而利之"，"兼相爱"等同于"交相利"，即墨子不同于儒家的重义轻利，主张"尚利与贵义"，"有力者疾以助人，有财者勉以分人，有道者劝以教人"，"财多，财以分贫也"。⑤ 换言之，每人应竭尽其能，从体力、财力、智力等各方面帮助他人，实践"兼爱"理念。可见，墨子兼爱思想充满着乐善好施、广济天下的精神。

综上所述，在中国传统文化中蕴含的关于慈善和公益的思想素材催生着中华慈善事业的产生与发展。尽管各思想流派主张各具特色，但关于慈善的思想存在诸多相同之处。

第一，以"爱"为利他助人、赈穷济困、乐善好施的慈善事业提供情感基础。无论是孔孟儒家所言之"仁爱"、老庄讲求之"积德"，

---

① 《墨子·兼爱中》。
② 《墨子·兼爱上》。
③ 《墨子·天志下》。
④ 《墨子·兼爱下》。
⑤ 《墨子·尚贤下》。

还是佛教尊崇之"慈悲"、墨家主张之"兼爱",尽管其表述不同,但都包含仁慈友爱、济世救人等理念,它们是中国社会慈善事业兴起、发展的人性自然情感的具体表达。

第二,视人若己与推己及人的平等理念为"爱"人的慈善思想展开提供理论基础。"己欲立而立人,己欲达而达人""己所不欲,勿施于人",儒家"仁者"推己及人的利他风尚和助人为善的精神;"厚不外己,爱无厚薄",墨家"兼爱"思想除去"爱之亲疏礼序",从而走向人与人之间的彼此平等和相互关爱;"天之道,损有余而补不足"之"道"归一本、公平无私的精神;佛教强调众生皆有佛性、人人皆能成佛的众生平等说都为中国古代慈善活动的逐渐展开提供了理论支撑。

第三,将慈善视为道德修养与践行的过程。儒家之"内圣外王"与"经世致用"的理念,号召人们以积极的入世救世精神践行自己的理想人格;墨家追求"摩顶放踵利天下",将个人的人格完善与其对社会的价值实现结合在一起;劝人积极行为、修善积德的道家及道教教义主张"无为而无不为"的道德实践;以"修三福""持五戒"① 为要求的佛家也指引着信徒修福田、布施等慈心向善的实践。

第四,借助外在力量的监督,确保个体的慈善行为可行。儒家"天人合一"的天命观、道教之"承负说"、佛教之"善有善报、恶有恶报"的业报轮回说、墨家"顺天意者,兼相爱,交相利,必得赏;反天意者,别相恶,交相贼,必得罚"的"天志"论,都以一种外在的力量来监督个体从善止恶。

这些思想对于中国慈善事业的承续不衰、提高古代人民群众的生活水平有着巨大的现实意义。但同时我们也必须看到,中国传统慈善思想本身也存在一定的问题和不足,如民间慈善救济的宗族行为和乡梓行为极难与现代公益精神倡导的社会化、开放性、世界性接轨;行为主体多在一定外在思想力量的监督下完成某种道德自觉性不足的道德实践,且

---

① 三福:一奉事师长,慈心不杀,修善业;二受持众戒,不犯众仪;三发菩提心,深信因果,读颂大乘,劝行善事。五戒:戒杀生,戒偷盗,戒邪淫,戒饮酒,戒妄语。这与十善颇有相通之处。

存在一定的封建迷信因素；民间慈善发展不足；等等。因此，我们要本着"扬弃"的原则积极汲取中国传统文化中慈善思想的精华，并对其糟粕进行反思批判。

二　西方公益精神的历史嬗变

现代公益事业源起于西方国家的宗教慈善活动。英语世界中的"慈善"可译为"Charity"和"Philanthropy"，因爱心而帮助需要的人。前者原意多指宗教意义上的基督之爱，行动上表现为以宽厚仁慈之心乐善好施。后一词意为"爱人类"，引申为促进人类的福祉，较之前者社会性更强，覆盖面更广，更侧重长远效果[①]，和前述之"Public Welfare"有内涵上的一致性。本书也正是在此意义上兼用这两词来说明现代语汇世界中"公益事业"（Philanthropy & Public Welfare）。在西方，各种思想从不同角度为公益事业的发展做了理论辩护和合理性证明。其中，关于公益精神的理论建构比较系统且有较大社会影响的流派有中世纪的宗教公益伦理，近代人文主义公益观和基于正义理论、社群主义、女性主义、生态主义的现代公益观。

（一）中世纪宗教公益伦理

所谓公益伦理是指公益活动中调节公益行为主体和客体各方面关系的道德原则与规范的总和，是公益活动中各种道德意识、道德行为、道德心理的综合体现，是依据一定社会伦理道德的基本价值观念对公益活动的客观要求所进行的理性认识和价值升华。[②] 西方中世纪宗教公益伦理为以教会为中心的慈善事业做着"神道"的伦理辩护或道德合理性证明。它通过神性的规定来论证人性扶危济困、乐善好施、慈善、爱的必然性、普遍性，并对人们提出了相应的道德要求。

---

① 资中筠：《财富的归宿：美国现代公益基金会述评》，上海人民出版社，2006，第10页。
② 彭柏林：《公益伦理的界定》，《云梦学刊》2007年第6期。

慈善在《圣经》中首先是一种价值观念，它与"善"和"恶"的价值判断紧密相连。遵照上帝的旨意救济并扶助他人的行为被称为"善"，反之则为"恶"。所有善的品德归结为一点即为"爱"。基督教的"爱"不同于儒家的"等差之爱"，也不是墨家的"兼爱"，更不是后来西方学者所言之以"自爱"为中心和出发点的"爱他人"，而是广施于世间万事万物的"博爱"（Fraternity），它包括上帝之爱、基督之爱、人之爱①，是一种发自内心、出自灵魂、具有主动给予性质的"神爱"。

1. 上帝之爱与公益精神

"上帝即是爱"，这是基督教的核心理念。因此，基督教也被称为"爱的宗教"。爱的本质和根源是上帝的存在和上帝的品德，没有上帝至高无上的权威和恩赐，就没有人与人之间的爱。上帝对人的爱具体表现在三种形式上：一是在上帝创造人与万物过程中的爱；二是在上帝与其选民订立盟约中的爱；三是通过牺牲自己儿子耶稣对人类表现出来的爱。②

作为造物主，上帝通过崇高的、无限的爱给人类带来秩序、规律与光明，并确保着他的创造物是善的。善、爱与创造在上帝的恩赐中是统一的：生命是在爱中创造出来的；所有的生命存在都是善的，因为他们是上帝所创造出来的；生命存在之所以得到上帝的垂怜，是因为他们都是善的。在此，爱与善的交融成为上帝神恩的最基本特性。③ 在《旧约》中，我们可以看到上帝以一种博大的无私之爱一次又一次地宽容和原谅着盟约缔结方以色列人的失信，即使在惩罚中也依旧用爱来眷顾其子民，使以色列人不断悔过自新，走向诚实，这是上帝圣爱在盟约之中展示的对人类的感召力。作为牺牲（拯救）之爱，上帝因不忍看到

---

① 汪志真：《慈善伦理及其在当代中国的重要价值》，硕士学位论文，上海师范大学，2008，第20页。
② 姚新中：《儒教与基督教——仁与爱的比较研究》，中国社会科学出版社，2002，第147页。
③ 姚新中：《儒教与基督教——仁与爱的比较研究》，中国社会科学出版社，2002，第147页。

人类所遭受的苦难和因人类原罪而带来的惩罚，派遣他的儿子耶稣为人类赎罪。《圣经》中写道："神爱世人，甚至将他的独生子赐给他们，叫一切信他的，不至灭亡，反得永生。"① 耶稣自愿接受痛苦的拯救精神给世人强大的震撼，他坚信上帝支配一切的智慧和爱可以拯救人类。这种爱是无差别的超越国家、民族和血缘界限的给予，因为每个人是按照上帝的样式造的，人的灵魂中有上帝的形象，所以"神的恩典是不加区别地赐给全人类的"②。

上帝之爱的这些表现并不意味着上帝之爱是外在的抽象，而是内在地与上帝之存在不可分离。上帝是神圣爱欲的典范，是爱的源泉。"爱是从神来的。凡有爱心的，都是由神而生，并且认识神……神爱我们，差他的儿子为我们的罪作了挽回祭，这就是爱了。亲爱的弟兄啊，神既是这样爱我们，我们也当彼此相爱。从来没有人见过神，我们若彼此相爱，神就住在我们里面，爱他的心在我们里面得以完全了。"③ 因此，作为上帝创造物的人应该扶危济困、同情他人，应该具有关怀他人、乐善好施、奉献利他的精神，这是人具备公益精神的神性规定，也是西方国家公益慈善事业持续发展的动力。

2. 基督之爱与公益精神

在基督教看来，人是上帝的儿女，上帝爱自己的儿女。同时，人有原罪（Doctrine of Original Sin），无法靠自己得到解脱，必须依靠耶稣的伟大牺牲——将其肉身钉在十字架上，才得以救赎。这种爱与牺牲使基督信徒虔诚地信仰和服从上帝，实现着上帝之爱对人之爱的灌注。这种人之爱表现为两种形式：一是对上帝的敬爱，二是爱他人。这两者在基督教看来是不可分割地联系在一起的，爱上帝与爱人都是人之爱的内容，都是人类对上帝爱的使命的回应。因而，"你要尽心、尽性、尽意，爱主你的神。这是诫命中的第一，且是最

① 《圣经·约翰福音》。
② 加尔文：《基督教要义》上册，基督教辅侨出版社，1957，第343页。
③ 《圣经·约翰一书》。

大的。其次也相仿，就是要爱人如己。这两条诫命是律法和先知一切道理的总纲"①。

基督教对"爱上帝"的理解具体包括如下内容。第一，爱上帝是人类最基本的美德。《新约》劝导人们力求德性上的进步，以自己的美德荣耀上帝、接近上帝。而人类应当具备的美德中最核心的当属"爱、信、从"，它们被称为"三主德"。在"三主德"中，对上帝的爱是首要的，有了敬爱之心，才能有对上帝发自内心的虔诚信仰，而敬爱和信仰又成为服从的基础。人类的其他美德如同情、热情、谦卑、慷慨、慈善等都是对"三主德"的肯定与扩展。第二，爱上帝要有外在效果与内在精神。"小子们哪，我们相爱，不要只在言语和舌头上，总要在行为和诚实上。"② 对上主的爱用实际行动去遵从天主的旨意，并且竭尽全力和所能地为其实现而奋争。"每天在履行数以百计的微不足道的义务时，即使是最普通的，我们都应当怀有一颗高贵心灵的宽宏大量，怀有对上主之更大荣耀和基督之美好喜悦强烈的和永不止息的关切。"③ 真诚的爱不仅要靠感情和言语来表达，更要付诸行动，不仅如此，这种行动还必须是出自内在精神的。否则，如果一个由追求名誉和荣耀的个人欲求所激发的外在的善行，不能表达对上帝或邻人的爱，则是不恰当的自爱。所以，"我若将所有的周济穷人，又舍己身叫人焚烧，却没有爱，仍然与我无益"④。第三，爱上帝还意味着爱他人。所谓"他人"在基督教中最一般的用法是"邻人"。人对于神的恩典的响应，习惯上被称为"邻人之爱"。《圣经》说："我赐给你们一条新命令，乃是叫你们彼此相爱；我怎样爱你们，你们也要怎样相爱。"⑤ "无论何人，不要求自己的益处，乃要求别人的益处。"⑥

---

① 《圣经·马太福音》。

② 《圣经·约翰一书》。

③ 〔德〕卡尔·白舍客：《基督宗教伦理学》第 2 卷，静也等译，上海三联书店，2002，第 118 页。

④ 《圣经·哥林多前书》。

⑤ 《圣经·约翰福音》。

⑥ 《圣经·哥林多前书》。

总之，人类自身只有全身心地爱上帝并得到上帝的宽恕，才能被赦免原罪而得到幸福的生活。它启示人们要救他人于苦难，爱人如己之奉献，知晓自我牺牲的道德价值，这与公益精神讲求利他、奉献具有内涵上的历史延承性。

3. 邻人之爱与公益精神

"邻人"指的是一种个体间以及群体间的开放式关系。但在基督教信仰中，"邻人"之爱的范围与我们通常的用法有很大的差别。在《旧约》中，邻人之爱特指具有伙伴关系的盟约成员之间的爱；《新约》则将"邻人"一词的范围扩大，其一是基督教信仰的兄弟关系，其二是突破家庭成员或血缘亲戚的教友之爱，其三是指任何与我们相迎的人，这是一种包括所有人的人类共同体的普遍的爱。所以，邻人之爱的定义应当是：对他人的物质和精神财富的真诚尊重以及按照上主的召唤而保护和促进这些财富。①

基督教"邻人之爱"的伦理原则是利他的，这是扩大了的父子之爱、兄弟之爱。"爱神的，也当爱弟兄，这是我们从神所受的命令。"②因为基督教认为，人死后的归宿有天堂、地狱和炼狱，大德之人升入天堂，罪恶之人打入地狱，而芸芸众生则要在炼狱中经受苦难煎熬，以洗清原罪。在依靠上帝的恩典被拯救之后，个人要获得永生还要有"善行"（Good Work）与"善功"（Merit）。邻人之爱的最终指向是上帝，但人类全心全意爱上帝是通过爱他人体现出来的，"爱人如己"③，"人在今生不单是为自己活着，仿佛只为今生一己工作，他仍是为世上一切人活着，不但如此，他乃是全为别人活着，不是为自己活着"④，"爱他人，不是因为邻人是善的，美好的或适合我们去帮助他，而是为了使他成为善的"。因此，"本着自动的慈悲心肠，拿来服事（侍）帮

① 〔德〕卡尔·白舍客：《基督宗教伦理学》第2卷，静也等译，上海三联书店，2002，第234页。
② 《圣经·约翰一书》。
③ 《圣经·马太福音》。
④ 马丁·路德著作翻译小组：《马丁·路德文选》，中国社会科学出版社，2003，第22页。

助他的邻居"①，"谁提供救济（给穷人），谁就能得到（上帝的）祝福"。这是基督教"邻人之爱"思想对人们施行劝善的道德要求。"爱"使基督徒组织起来，形成共同生活和信仰的教会，并展开各种济贫救世的慈善活动，如13世纪创立的圣方济各会常常把信徒捐给教会用来赎罪的钱用于社会公共事业和为穷苦人民或病人服务，这成为基督教徒圣洁的典范。② 基督教的"邻人之爱"不仅劝导人们行善，还表现在它对物质财富的态度上。它并不要求富人抛弃自己的物质财富，但它要求人们抛弃对财富的贪欲和病态情感。正如"五月花"号的清教徒领袖温斯罗普所言："神创造了富人，不是为了让他们自己享福，而是为了体现造物主的光荣，并为了人类的共同福祉。"③ 财富无所谓善恶，它既可以服务于慈善，也能成为错误的帮手，在乎的是使用财富的灵魂；要以智慧、虔敬和节制来面对财富，必须学会正确地使用财富并获得永生。

以对他人与世界的服务为内在性目标、以实现"上帝之国"为超越性目标的"邻人之爱"是"上帝之爱"在世俗生活世界中的驱使，它将化为（基督教）教会及其成员对世界与他人的主动、积极的关怀，让正在受苦难的众生获得解脱。这一时期的教会兴办慈善事业的动员能力是相当强大的。它们规模庞大，数量众多，拥有雄厚的经济实力，如教会领地、庄园、教会税收收入（什一税制），在经济、政治、文化上都比世俗政权占有更大的优势，如英国教会慈善基金总额占到全国公共财富的40%。④ 这种"邻人之爱"的救世济贫思想深刻地影响着中世纪的慈善事业，并为现代公益事业的发展提供了重要的思想资源和精神动力，为现代公益精神的开发提供了

---

① 马丁·路德著作翻译小组：《马丁·路德文选》，中国社会科学出版社，2003，第23页。

② 〔美〕C. W. 霍莱斯特：《欧洲中世纪简史》，陶松寿译，商务印书馆，1988，第200~206页。

③ Robert H. Bremner, *American Philanphropy*, University of Chicago Press, 1988, p. 8.

④ 秦晖：《政府与企业以外的现代化——中西公益事业比较研究》，浙江人民出版社，1999，第128页。

宝贵的理论资源。时至今日，教会慈善已经成为西方日常生活的习惯。

（二）近代人文主义公益观

人文主义（Humanism）是关于人性、人的使命、地位、价值和个性发展等的思想态度和理论；强调以人为本位、肯定人的价值、维护人的权利，并用人的本性作为考察历史的尺度。随着文艺复兴运动的兴起，神道的公益观在不断的"祛魅"过程中隐退，而人道的公益观逐渐成为社会公益事业发展的精神主线。在西方近代以来整个公益事业发展的历程中，诸如近代道德情感论、功利主义、义务论、互助进化论等关于公益的思想各有自己的视角和理论特色。但是，一个基本的特征是思想家们为公益事业的发展注入了强烈的时代精神和人文气质，人文主义作为贯穿近代西方公益事业发展整个历史的主流核心价值而成为西方公益观的又一重要传统。

1. 道德情感论公益观

道德情感论亦称"情感直觉主义"，出现于 17 世纪末 18 世纪初的英国。它是一种主张道德起源于人的情感的伦理学理论，主要代表有沙甫慈伯利、哈奇逊、克拉克、巴特勒、休谟、亚当·斯密等。沙甫慈伯利反对洛克的道德源于外在经验的学说，认为人有一种能产生怜悯、仁慈、感激和与之相反的情感的内感官——"道德感"（Moral Sense），它可以辨别行为善恶和进行道德判断，这为近代公益事业发展提供了"情感"的社会性论证。那么，这种道德感何以支配人们的道德判断呢？哈奇逊承接了这一命题并发展和深化了道德感的理论，提出了六种内感官的思想，即意识、美感、公益感、荣誉感、嘲笑感、道德感。他认为内感官与外感官一样是自然的，"一想到仁爱，就是想到无利害计较和为他人之善而着想的"[①]，道德感与利害无关，它自然地趋善去恶。此后，这种理论在 18 世纪有了克拉克的道德直觉论和巴特勒的道德良

---

① 周辅成编《西方伦理学名著选辑》上卷，商务印书馆，1964，第792页。

心论两种新的表现形态。

休谟和亚当·斯密当属近代道德情感论发展中两位重要的代表性人物。在休谟看来，人对他人的慈善动机和道德感来自人的天性和天性中既有的同情心、怜悯心和爱等情感。"很显然，在任何情况下，人类行动的最终目的都决不能通过理性来说明，而完全诉诸人类的情感和感情，毫不依赖于智性能力。"[1] 休谟认为，理性不是道德善恶的源泉，引发人们行动的是人们的情感、同情而不是理性或推理。那么作为道德基础的情感有什么特性呢？休谟认为，它既不是自爱的利己心，也不是仁爱的利他心，而是人的同情心。"人性中任何性质在它的本身和它的结果两方面都最为引人注目的，就是我们所有的同情别人的那种倾向。"[2] 人性中这种对他人同情的倾向即为同情心：一种共同的苦乐感。对于其发生过程，休谟吸取心理学上的研究成果，用心理联想来解释"乐他人之所乐，哀他人之所哀"的同情与慈善发生的心理道德动机。"爱（或柔情）永远和怜悯混杂在一起"[3]，"慈善（也就是伴随着爱的那种欲望）是对于所爱的人的幸福的一种欲望和对他的苦难的一种厌恶"[4]，而"怜悯与慈善关联……慈善借一种自然的和原始的性质与爱发生联系"[5]。据此，休谟提出了关于人能够产生扶危救困、慈善利他、公益奉献行为的同情说。这种同情心的维系在《道德原则研究》中又得到了"为社会带来幸福的有用性"的补证。"没有什么能比卓越程度的仁爱情感赋予任何一个人类被造物以更多的价值，仁爱情感的价值至少一部分来自其促进人类利益和造福人类社会的趋向"[6]。在此，休谟为道德判断的同情说寻求到了"社会效用、公共利益"的客观根基，使个体的慈善怜悯之情作为一种人类赞美的优良品行与社会幸福和效用实现了统一。

① 〔英〕休谟：《道德原则研究》，曾晓平译，商务印书馆，2001，第145页。
② 〔英〕休谟：《人性论》，关文运译，商务印书馆，1980，第352页。
③ 〔英〕休谟：《人性论》，关文运译，商务印书馆，1980，第419页。
④ 〔英〕休谟：《人性论》，关文运译，商务印书馆，1980，第419~420页。
⑤ 〔英〕休谟：《人性论》，关文运译，商务印书馆，1980，第420页。
⑥ 〔英〕休谟：《道德原则研究》，曾晓平译，商务印书馆，2001，第34页。

　　亚当·斯密继承和发展了休谟的"同情说"，一方面他认为同情是人的本性。"无论人们会认为某人怎样自私，这个人的天赋中总是明显地存在着这样一些本性，这些本性使他关心别人的命运，把别人的幸福看成是自己的事情，虽然他除了看到别人幸福而感到高兴以外，一无所得。这种本性就是怜悯或同情，就是当我们看到或逼真地想象到他人的不幸遭遇时所产生的感情……这种情感同人性中所有其他的原始感情一样，决（绝）不只是品行高尚的人才具备。"① 另一方面，在同情的怜悯之意基础上，他又提出了情感共鸣即同感的概念，它不仅包括对他人不幸的情绪反映，也包括对他人福乐的同感。对于同感或感情共鸣的发生机理，斯密运用心理学流行的"联想"方法以及哲学上的经验主义方法阐释同感发生的过程。斯密认为同情可"通过想象，我们设身处地地想到自己忍受着所有同样的痛苦，我们似乎进入了他的躯体，在一定程度上同他像是一个人，因而形成关于他的感觉的某些想法，甚至体会到一些虽然程度较轻，但不是完全不同的感受"②。除了"想象感觉"以外，情感共鸣也来自对具体情景的观感——基于观察、经验、想象的境遇实感③——不是一味顺从行为当事人的感觉，而是站在"公正旁观者"的角度来进行客观、公正的想象。情感共鸣是影响和决定人们仁慈行为的主要力量，正是这种抑制自私、乐善好施的仁慈美德促成人们之间的同情、理解、关心、友爱，它不仅加强了社会成员间的联结，也增强了社会的凝聚力。就此，斯密指出："在出于热爱、感激、友谊和尊敬而相互提供了这种必要帮助的地方，社会兴旺发达并令人愉快。所有不同的社会成员通过爱和感情这种令人愉快的纽带联结在一起，好像被带到一个互相行善的公共中心。"④

　　质言之，道德情感论者将人性中自然而有的仁爱、同情、怜悯看作

---

① 〔英〕亚当·斯密：《道德情操论》，蒋自强等译，商务印书馆，1998，第5页。
② 〔英〕亚当·斯密：《道德情操论》，蒋自强等译，商务印书馆，1998，第6页。
③ 宋希仁主编《西方伦理思想史》，中国人民大学出版社，2004，第240页。
④ 〔英〕亚当·斯密：《道德情操论》，蒋自强等译，商务印书馆，1998，第25页。

慈善的根源，为近代公益事业的发展提供了情感基础，但它又存在"否定理性的主导作用，易走向相对主义"[1] 的弊端。义务论者康德排斥情感在道德中的价值，提出只有出于责任的行为才真正有道德价值，并认为救助困苦中的人是对他人的不完全责任。

2. 义务论公益观

所谓义务论，亦称道义论，是指以道义、义务和责任作为行动依据，以行为的正当性、应当性作为道德评价标准的伦理学理论。康德从行为动机来评价行为的道德价值，把公益看作出于善良意志的善的举动，因而是有益的和可嘉的。善良意志是至高的善，"在世界之中，一般地，甚至在世界之外，除了善良意志，不可能设想一个无条件善的东西"[2]。在康德伦理学中，善良意志是一切品质和行为具有道德价值的必要条件，它"并不因它所促成的事物而善，并不因它期望的事物而善，也不因它善于达到预定的目标而善，而仅是由于意愿而善，它是自在的善"[3]。善良意志之所以为善，就在于它与理性结合在一起，它们构成实践理性的两个方面，是理性本身的善，是遵循普遍法则的善，因而也是具有内在价值的善。由于善良意志是理性的，而且还是普遍有效的，因此，它又是自由的。自由意志意味着人能够自我立法。于是，善良意志实际上就是理性和自由。它是理性的，意味着扶危济困、同情、仁慈、慈善是自然的，不受任何人性中的因素阻碍；它是自由的，意味着扶危济困、同情、仁慈、慈善是自愿的，不被任何外在的因素左右。

为了进一步说明善良意志如何引导人们的慈善利他行为的实现，康德又引入一个"责任"（Pflicht）的概念，也有译为"义务、职责"（Obligation，Duty）的。责任是普通人的理性，"尽自己之所能对人做

---

① 沈朝霞：《慈善事业的人性基础与现实发展——论西方几个派别的慈善思想》，《社会科学》1998 年第 4 期。

② 〔德〕康德：《道德形而上学原理》，苗力田译，上海人民出版社，2002，第 8 页。

③ 〔德〕康德：《道德形而上学原理》，苗力田译，上海人民出版社，2002，第 9 页。

好事，是每个人的责任"①。在康德看来，责任是善良意志概念的体现，是一切道德价值的源泉，是由于尊重规律而产生的行为必要性。按照责任的对象和约束程度，康德又将责任分为对自己的责任与对他人的责任、完全的责任与不完全的责任。其中扶危济困就是个体对他人的不完全责任。人们扶危救困、慈善、同情或者行善的动力在于"尊重"。于是，人的道德行为就应该是出于责任的行为。在康德看来，"一个出于责任的行为，意志应该完全摆脱一切所受的影响，摆脱意志的对象，所以，客观上只有规律，主观上只有对这种实践规律的纯粹尊重，也就是准则，才能规定意志，才能使我服从这种规律，抑制自己的全部爱好"②。据此，康德认为许多人富于同情心，若他们全无虚荣和利己的动机，那么这种扶危济困、慈善和同情行为就具有道德价值。相反，出于爱好、荣誉等而有益于公众的合乎责任的利他行为无论多么值得称赞，它们都不具有真正的道德价值。

总之，康德的义务论公益观强调了主体的"自由""责任""行为""规则"之间的关系，突出了人的主体性和"理性"的作用，但夸大了"爱好""责任"之间的对立，模糊了一种道德行为之动机于现实经验世界的衡量，割裂了个人幸福和社会整体幸福、物质生活和精神生活之间的联系。而功利主义则抛弃了行为动机，从效果论出发，把公益看作实现"最大多数人的最大幸福"的途径。

3. 功利论公益观

功利论又称功利主义或功用主义，通常指以实际功效或者利益作为道德标准的伦理学说，其代表人物是英国的边沁和穆勒。边沁认为："功利原则指的就是：当我们对任何一种行为予以赞成或不赞成的时候，我们是看该行为是增多还是减少当事者的幸福。"③ 穆勒言称："承认功利为道德基础的信条，换言之，最大幸福主义，主张

① 〔德〕康德：《道德形而上学原理》，苗力田译，上海人民出版社，2002，第13页。
② 〔德〕康德：《道德形而上学原理》，苗力田译，上海人民出版社，2002，第16页。
③ 周辅成编《西方伦理学名著选辑》下卷，商务印书馆，1987，第211页。

行为的是与它增进幸福的倾向为比例；行为的非与它产生不幸福的倾向为比例。"① 二者都将幸福的多少作为评价行为的道德标准，并且从他们的论述中，幸福具有以下特点。第一，避苦趋乐。边沁总结功利为"一种外物给当事者求福避祸的那种特性"②；穆勒说："幸福是指快乐与免除痛苦；不幸福是指痛苦和丧失掉快乐。"③ 可见，功利论把避苦求乐作为幸福的标准。第二，快乐有量的差别，也有质的不同。边沁只承认快乐有量的差异，而穆勒认为快乐不仅有量的不同，更有质的差异。他把快乐分为低级和高级两种，低级快乐是肉体感官欲望的满足，高级快乐则是精神上的满足。如为他人幸福做出牺牲，牺牲者则得到精神的满足和幸福。第三，功利论的幸福是最大多数人的最大幸福。按照边沁的快乐计算方法，一种行为带来的快乐成分占优势，它就是善的，一种行为带来的完全是快乐而没有痛苦，就是最大幸福。不过，功利论并不赞成所有的自我牺牲，也不承认所有的自我牺牲都是好的，只有那些给最大多数人带来最大幸福的自我牺牲才是可取的。为此，穆勒说，"功用主义的道德观确认人类有为别人福利而牺牲自己福利的能力"④，并声明"功用主义所认为行为上是非标准的幸福并不是行为者一己的幸福，乃是一切与这行为有关的人的幸福"⑤。从功利主义幸福的几个特点可以看出，功利不只关心个人利益，还关心他人福利，为他人幸福而牺牲自己的利益才能真正实现"最大多数人的最大幸福"，慈善是实现"最大多数人的最大幸福"的重要途径。那么，个人何以为他人幸福而牺牲自己呢？穆勒认为是人类的社会情感——"要同人类成为一体的欲望"⑥ ——使人把他人利益和自我利益平等地看待，并甘于为他人利益和幸福的增加而做出自我牺牲。功利论的这种思想是

① 〔英〕约翰·穆勒：《功用主义》，唐钺译，商务印书馆，1936，第7页。
② 周辅成编《西方伦理学名著选辑》下卷，商务印书馆，1987，第212页。
③ 〔英〕约翰·穆勒：《功用主义》，唐钺译，商务印书馆，1936，第7页。
④ 〔英〕约翰·穆勒：《功用主义》，唐钺译，商务印书馆，1936，第18页。
⑤ 〔英〕约翰·穆勒：《功用主义》，唐钺译，商务印书馆，1936，第18页。
⑥ 〔英〕约翰·穆勒：《功用主义》，唐钺译，商务印书馆，1936，第33页。

西方公益事业发展的重要理论支点。

功利论将"最大多数人的最大幸福"作为评价行为的标准，但是对"幸福"的界定是不确定的。进化论者对功利论加以批驳，认为人们对他人的慈善出于人的同情互助本能，也是人类发展的动力。

4. 互助进化论公益观

从达尔文开始，中经赫胥黎、斯宾塞、海克尔，直到克鲁泡特金，进化论者从生物进化中存有的同情、互助现象得出人的进化发展也依赖于人本能中的同情心、互助原则和仁爱的结论。达尔文提出，动物具有一种天然合群的社会性本能，这种特性使动物间形成某种低级的互助、同情、自我牺牲的道德情感和道德行为。作为高级动物，人类的合群性、同情心、互助性更为突出，这是人类道德的起源。斯宾塞在此基础上提出，判断人类行为进化的标准在于它是否有利于个体保存、种族延续和他人完善。后两者目的源于人自身的同情心的利他主义倾向，而仁慈是利他主义的具体表现。斯宾塞将仁慈分为消极的善行和积极的善行。消极的善行即为不侵犯彼此的活动范围，不为他人造成痛苦的情感；积极的善行即"在每个人都能得到完全幸福而不减少其余人的幸福这个第一位的要求之外，我们现在必须加上每个人都能由其余人的幸福中得到幸福这个第二位的要求"[①]。这种利他或自我牺牲的善行，在斯宾塞看来，"无一不是顺应利己而产生的派生物或结果"[②]。由此，他通过"和解"利己与利他，实现对功利主义者所谓"最大多数人的最大幸福"原则的批判，认为这一原则忽略了个人，轻视了社会成员的利己行为；他也反对宗教所宣扬的绝对利他主义式的"自我牺牲"。因此，最大幸福必须间接地去寻求，即为自己和别人活着，通过社会成员之间的合作，使社会达成和谐一致的完满和幸福。

---

① 〔英〕赫伯特·斯宾塞：《社会静力学》，张雄武译，商务印书馆，1996，第32页。
② 宋希仁主编《西方伦理思想史》，中国人民大学出版社，2004，第416页。

克鲁泡特金是从互助的视角来论证人的扶危济困等慈善行为的。他反对优胜劣汰和物竞天择，认为"互助法则"是一切生物包括人类在内的进化法则。通过对人类社会不同历史时期的考察，他认为互助本能即人与人之互助互卫、患难相扶的本能是深深植根于人性之中的，并贯穿于整个人类社会的发展。所以，他说："团结起来吧——实行互助吧！这是给个体和全体以最大的安全，给他们以生存、体力、智力、道德和进步的最有保证的最可靠办法。"① "以互助倾向为基础的制度获得最大发展的时期，也就是艺术、工业和科学获得最大进步的时期。"② 当同情、怜悯、仁慈感情逐渐随着互助生活而发展时，部族、村落公社、行会和中世纪城市等自由联合、协作的组织如各种友谊团体、互济社团、乡村和城镇的医疗互助会都推动人类社会及其制度的进化以及人们道德水平的提升，并表明人类有永恒的互助和互援倾向。

应该说，互助进化论为近现代兴起的慈善和志愿服务等公益事业做了深刻的理论注释，它倡导了一种彼此关心、相互信任的情感纽带和"出入相友、守望相助"的新型人际关系，它不再限于邻里熟人间的互助互爱，而且在参与公益事业的活动中有助于弘扬社会的公益精神和奉献精神。

（三）现代公益观

现代公益源于传统社会的慈善。慈善是人类美德的源泉，无论是西方宗教还是东方文化，无论是耶稣的"爱人如己"还是中国传统道德中的"推己及人"，都有"善心""善行""博爱"的意思。然而，随着现代社会的进步和市场经济的发展，人与人、人与社会之间的关系发生着深刻的变革，传统的慈善事业作为一种社会价值观的直接反映和实践载体，作为"官方社会保障制度的重要补充和公益事业民营化的典

---

① 〔俄〕克鲁泡特金：《互助论》，李平沤译，商务印书馆，1984，第77页。
② 〔俄〕克鲁泡特金：《互助论》，李平沤译，商务印书馆，1984，第262页。

型代表"①，蕴含其背后的慈善文化已由传统的仁爱观、伦理观向以责任意识、人权意识等为特征的现代公益文明转换。在众多理论中，社会正义理论、社群主义、女性主义、生态主义思想对现代西方公益事业发展和公益精神的现代转型有着直接影响，我们称为现代公益精神的"直接理论来源"。

1. 社会正义理论：关注最少受惠者利益的理论与公益精神

面对现代资本主义发展伴随的社会矛盾和社会问题日益凸显的现象，众多富有远见卓识的理论家都从社会正义的视角来探索、修正社会不平等等问题。作为修复社会公平重要路径的公益事业，它和社会正义问题密切关联。在众多研究中，美国政治哲学家、伦理学家罗尔斯的理论被公认为对现代公益事业的发展和公益精神的倡导有着深刻的影响。罗尔斯的社会正义理论集中体现在他的一般正义观（作为公平的正义）、两个正义原则（平等的自由原则、面对社会的和经济的不平等的差别原则与机会的公平平等原则）以及对这两个原则的优先性次序的规定上。

第一，平等的社会理想。在罗尔斯看来，正义的社会制度就是能够最大限度地实现平等的制度。这种平等既包括政治权利上的平等，也包括经济利益和自尊上的平等。"合乎正义要求的平等"有两个层次。其一，基本权利完全平等。当他强调自由原则优先性时，就是在强调一种一般意义上的公民平等，这是每个公民作为"人"以及作为人类社会的组成部分所应当享有的基本权利。其二，非基本权利机会平等。罗尔斯承认人们在自然天赋和社会文化条件方面的差别，但认为应当使那些拥有相似天赋和动机的人在修养和成就方面有同样的前景，因而政府必须在教育、经济活动以及职业选择中保证机会均等。同时，他也特别强调妇女和儿童在家庭中应当享有平等的地位和待遇。他说妻子作为"与她们的丈夫一样平等的公

---

① 郑功成：《社会保障学——理念、制度、实践与思辨》，商务印书馆，2003，第28页。

民，她们就拥有与她们丈夫相同的所有基本权利、自由和公平的机会"，"而儿童是社会的未来公民并拥有相应的权利"。① 这种平等的社会理想是现代公益事业发展崛起的重要动力，是公益精神的重要内容。

第二，关注最少受惠者利益的公平观念。罗尔斯认为，只有一种不平等是合乎正义的或者说是公平的，那就是他的差别原则所表述的"要使最少受惠者获得最大利益"的思想："一种不够平等的自由必须可以为那些拥有较少自由的公民所接受"，"一种机会的不平等必须扩展那些机会较少者的机会"。一方面，"最少受惠者"之所以受惠最少往往是一些个人无法选择和应对的偶然性因素造成的，包括"他们所出身的社会阶级——社会偶然性，他们的自然天赋——自然偶然性，他们在人生过程中的幸与不幸、好运与坏运——幸运偶然性"②。而这些偶然性因素是一个正义的社会制度必须消除的"交易优势"。因而，"为了平等地对待所有人，提供真正的同等的机会，社会必须更多的注意那些天赋较低和出生于较不利社会地位的人们"③。这是对社会弱势群体的一种人文关怀。另一方面，正义原则向"最少受惠者"提供补偿，也是建立社会合作体系的需要。"每个人的幸福都依靠着一个社会合作体系，没有它，任何人都不可能有一个满意的生活。"④ 所以，差别原则本质上是一种"互惠性"原则。"天赋更好的人……被鼓励去获得更多的利益——他们已经从这种分配的幸运位置中受益了，但条件是他们应以有利于天赋更差的人……善的方式来培养和使用他们的自然天赋。一边是利他主义的公正无私，另一边是相互利用，而互惠性是介于

---

① 〔美〕约翰·罗尔斯：《作为公平的正义——正义新论》，姚大志译，三联书店，2002，第 271~272 页。

② 〔美〕约翰·罗尔斯：《作为公平的正义——正义新论》，姚大志译，三联书店，2002，第 89 页。

③ 〔美〕约翰·罗尔斯：《正义论》，何怀宏等译，中国社会科学出版社，1988，第 101 页。

④ 〔美〕约翰·罗尔斯：《正义论》，何怀宏等译，中国社会科学出版社，1988，第 103 页。

两者之间的道德观念。"① 正如何怀宏先生所言：罗尔斯的理论"反映了一种对最少受惠者的偏爱，一种尽力想通过某种补偿或再分配使一个社会的所有成员都处于平等地位的愿望"②。作为社会第三次分配的社会公益事业，其公益精神倡导的对于特定社会群体（弱势群体）和人类社会发展共同面临的问题（如环境保护、艾滋病防治等）的关注正是这一原则的践行。

2. 社群主义：共同的善与公益精神

社群主义（Communitarianism）是 20 世纪 80 年代后在反思和批判以罗尔斯为代表的新自由主义的过程中逐渐成熟起来的思想，并成为西方政治哲学的流派之一。它与新自由主义之间的争论主要围绕着"个人与社群""权利与公益"等问题展开，其基本观点可概括为以下三点。第一，社群优于个体。在社群主义者看来，社群是一种善，即公共利益，而且还是一种最高的善，个人只有通过社群，其生命才有意义和价值。"作为我的实体的一部分，它们至少是部分地，有时甚至是完全地确定了我的职责和义务。每个个体都在相互连接的社会关系中继承了某个独特的位置；没有这个位置，他就什么也不是，或者至多是一个陌生人或被放逐者。"③ 社群主义者认为任何个人必定生活于一定的社群中，而且社群对于个人而言也是一种需要。第二，社群的善优先于自我权利及正义。自我首先是由社群决定的，然后才有自我在社群环境中个性特征的发展。也就是说，每个人首先要按社群发展的价值目标去维护社群的发展，然后在社群正常发展的条件下去实现自己的价值目标和维护自己的权利，即社群的目的和价值优先于自我权利。所以，社群主义者认为，权利以及界定权利的正义原则都必须建立在社群共同善之上。第三，"强

---

① 〔美〕约翰·罗尔斯：《作为公平的正义——正义新论》，姚大志译，三联书店，2002，第123 页。

② 〔美〕约翰·罗尔斯：《正义论》，何怀宏等译，中国社会科学出版社，1988，译者前言第 18 页。

③ 〔美〕麦金太尔：《追寻美德》，宋继金译，译林出版社，2003，第 34 页。

国家"立场。所谓"强国家"指的是国家职能的强弱。社群主义者反对新自由主义的"国家中立"原则，强调国家的作用。他们认为，公民的美德和善行是促进公共利益的基础，但公民的美德不是与生俱来的，它需要通过教育而获得，而唯有国家才能引导公民确立正确的价值观和承担美德教育的责任，才能激发公民对国家事务的关心和对政治生活的积极参与，这既是公民的应有职责，也是公民的美德。[1]

基于以上的思想我们就不难理解新出现的"社群运动"（Communitarian Movement）在西方发达国家的影响力。社群运动是居民自愿发起的互助互爱运动，它提倡"为社区服务""为他人做好事""使所有人感到社区的温暖"，口号是"和睦的邻里关系对预防犯罪和互补余缺起着重要作用""友善的人际关系能促进本单位、本街区的同舟共济"等，其精神实质与桑德尔、麦金太尔等倡导的社群主义是基本吻合的。[2] 在一个"互相依存的社会存在中"，个人的自我利益"是同社会的利益不可分割地联结在一起的"，社群中的个体应该有权利来获得社群的福利给予。"一个社群主义的社会，是一个诚信（Trust）的社会，社会成员之间容易信任和合作。"[3] 因此，在利他主义的引导下，众多非政府组织（NGO）通过公民自发结社的力量来建立共同体成员之间的信赖关系，并培养了公民的社群意识和散发着公共关怀，增进了社会公共利益。[4] 总体看来，社群主义倡导的是一种社会自治的理念，是一种社会参与的公益精神，它为社群生活的丰富、社区居民间的自助和互助、对公共生活环境的关注与自觉行动提供了一种精神动力，为现代西方公益募捐和志愿行动等公益事业的发展提供了重要的理论支撑。

---

① 俞可平：《社群主义》，中国社会科学出版社，1998，第 106～108 页。
② 俞可平：《社群主义》，中国社会科学出版社，1998，第 124 页。
③ 许纪霖：《从非典反思国家、社群和公民意识》，转引自周桂发等《复旦大讲堂》（第一辑），复旦大学出版社，2004，第 217 页。
④ 李艳芳：《公众参与环境影响评价制度研究》，中国人民大学出版社，2004，第 12 页。

3. 女性主义：关怀伦理与公益精神

女性主义（Feminism）始于 18 世纪法国资产阶级大革命，它的兴起标志着人类社会发展从母系时代的母权制度到父系时代的父权制度后，进入了全面向父权制度挑战以实现人类男女平等的"平权时代"。①经历了 19 世纪至 20 世纪四五十年代在反封建、反奴隶制方面的斗争，女性主义随着社会自由解放的革命运动一起成长。众多女性主义者在"生而平等"的口号下以追求男性和女性平等的政治权利为目标，为摆脱"妇女的屈从地位"（处于无知和奴隶式依附状态）和为获得在政治、经济和法律等领域的一切女权辩护。这可以说是女性主义发展的第一阶段。20 世纪 70 年代，随着女性自我意识的强化，众多女性主义者认识到影响社会的女性并非要以男性作为道德标准，他们试图打破两性二元对立的格局，强调男女双方都有各自的主体性、自主性，有各自的权利，具有互利的、非等级制的精神实质，即通过"两性差异"来建立自己的伦理学说。其中，关怀伦理学是第二阶段女性主义的产物，也是它的主要代表。关怀伦理学的代表人物有吉利根、诺丁斯、特朗托、拉迪克等。尽管他们从不同的视角来论述其关怀思想，但对于"关怀"的表达都具有如下特征。首先，它是一种实践活动，没有行动的关怀不是真正的关怀。其次，关怀方和被关怀方合二为一、彼此不分，这一点和传统的关怀是不一样的，传统的关怀是对弱者的怜悯，双方是分离的，容易形成等级观念。再次，它来自人的自然母性本能的情感，在自己最亲近的人中间形成并发展。最后，被关怀方的态度决定着关怀的质量。总之，"关怀伦理学是以关怀、情感为核心，注重人们之间的相互依赖，相互联系和相互关怀的理论。它以关注、责任、能力和反应为特征，不注重道德判断和推理"②。

女性主义关怀伦理学承认和关怀女性的日常生活，关心女性健康的实践、科学和服务。在西方，妇女争取政治、经济、文化领域的独立地

① 〔美〕克瑞斯汀·丝维斯特：《女性主义与后现代国际关系》，余潇枫等译，浙江人民出版社，2003，第 1~2 页。
② 肖巍：《女性主义关怀伦理学》，北京出版社，1999，第 25 页。

位是第一次女性主义运动发起的主旨，"社会性别"的概念是在第二次女性主义运动中提出的，是女性对自我意识的反思，是女权主义运动更加成熟的表现。因此，在传统男权社会统治下的这种运动是作为社会弱势群体的女性寻求自我解放、提升自我保护能力、参与社会建设的重要行动。西方国家通过非政府组织的各种女性主义运动，本着关怀伦理在心理咨询、法律服务、社会服务、培训服务等方面为现代公益事业的发展做出了重要贡献。这种服务活动一方面是对关怀伦理的认同，另一方面也是对关怀伦理的传播，它是公益精神传播和实践的过程。"关怀伦理基于女性道德经验，而又不仅仅是为了女性的道德哲学"[1]，它主张把关怀推广到社会生活的各个领域乃至人与自然的生态环境领域，遵循、增进、维持人与人之间的关怀"关系"，"把关怀、爱、友谊、诚实和互惠作为自己的价值核心"[2]，注重和平，避免伤害，缩小或消除人与人之间的距离，以重建人类的美好生活，这些都与公益精神具有内在意义上的相通性。

4. 生态主义：基层民主与公益精神

生态主义是 20 世纪 60 年代末 70 年代初形成于欧美发达资本主义国家的一种新兴政治思潮，也是西方社会中绿色运动的意识形态。生态主义以生态学、社会责任感、基层民主和非暴力为原则，以环保、和平、女权为基本目标，用整体系统、关联和平衡的思维方法及其手段来对待、处理人类与自然之间的关系，通过对工业主义、技术和以消费为起点的生活方式的批判，初步形成了自身的范式与核心价值观。科尔曼认为现存社会在改造成生态社会的"转变过程"中，"基层民主可视为生态社会的根本特征和转变运动得以成功的中心环节"[3]。生态主义主张未来民主制度的理想形式，是一种非集中的、以社区为权力中心的、以内部团结合作和直接民主控制为主要手段的基层民主政治。他们主张

---

[1] 杨凤：《关怀伦理在构建和谐社会中的价值》，《道德与文明》2007 年第 3 期。

[2] 肖巍：《女性主义伦理学》，四川人民出版社，2000，第 184 页。

[3] 〔美〕丹尼尔·A. 科尔曼：《生态政治：建设一个绿色社会》，梅俊杰译，上海译文出版社，2002，第 113 页。

"以参与制约权力"，通过民众的直接参与，制约政治精英的权力，减少来自权力中心的压抑，人民才能变成自我的主人。"基层民主要把公共政策领域通常自上而下的方法颠倒过来，让民众和社群有权决定自己的生态命运和社会命运，也让民众有权探寻一种对环境和社会负责任的生活方式。基层民主是诸项关键价值观的基石，也是实现生态社会这一宏大构想的有力杠杆。"① 这种基层民主是诉求一种在不摧毁现有代议民主体制基础上的公民直接参与性，即为现有代议民主注入更多的直接民主因素，带有决策重心转移的新意蕴，具有"广泛的参与性与协商性、主体的多元性与平等性、过程的程序性与合法性、目的的合理性与责任性"② 等特征，它对"矫正代议民主的不足、政治过程的参与以促进决策合法化、控制行政权力膨胀、培养公民精神、促进草根民主建设"都有着积极的价值。

保护大自然，追求环境质量以及一种生态主义的生活方式正在进入公共辩论的视野，当前这种观念不再"停留在几个占统治地位的国家的被启蒙的精英的头脑当中"③，动员地方共同体来保卫自己的空间，以一种直接参与的方式践行自我对当前生态危机的观照已赢得了众多社会人群的认同。"草根民主（Grass-roots Democracy）是大多数生态运动所暗含的政治模式。"④ 20 世纪后半期民间兴起的生态主义运动在面对生态危机的困境中做出了它们的努力，世界自然保护联盟（IUCN）、绿色和平组织（Green Peace）、野生动物保护组织（WCS）、世界自然基金会（WWF）、国际爱护动物基金会（IFAW）等一系列国际性公益组织在各国展开的针对环境保护的公益项目都给现代公民以公益精神的教

---

① 〔美〕丹尼尔·A. 科尔曼：《生态政治：建设一个绿色社会》，梅俊杰译，上海译文出版社，2002，第 133 页。

② 金纬亘：《代议民主与直接民主相结合的新民主诉求——西方生态主义基层民主观探析》，《社会科学家》2006 年第 5 期。

③ 〔美〕曼纽尔·卡斯特：《认同的力量》（第二版），曹荣湘译，社会科学文献出版社，2006，第 183 页。

④ 〔美〕曼纽尔·卡斯特：《认同的力量》（第二版），曹荣湘译，社会科学文献出版社，2006，第 185 页。

育，倡导公益文明和公益实践，传播和建立绿色公益文化，促进全球公益事业的发展。在环境保护的运动中，正是基于公益精神才有了更为积极的基层民主参与，而基层民主参与又是公益精神培育的重要途径。它能够培养出健康民主所必需的公民美德，如共同体成员间的相互理解、尊重，能够形成集体责任感。生态主义强调的全球责任要求从基层做起，共同体中的每一个人是社会中的一部分，也是自然的一部分，因而需要承担有利于促进共同体的可持续发展和繁荣的任务。同时，在社会多元化的发展过程中，基层民主通过公开对话、交流和协商能够促进不同文化间的沟通与理解，从而建立参与持续性合作行为所需的社会信任，并构建多元文化国家的关爱人类与自然的政治合法性，这是公益精神在内涵上应有的包容性和实践性。因而，尽管生态主义基层民主涂染着"生态乌托邦"的色彩，但是它代表了社会发展的一种可取方向和对人类精神世界丰满的努力构建和完善，是当前公益事业发展中将生态保护作为自我努力的一个重要领域，也是现代公益精神在内容指向上区别于传统社会的一个重要领域。

对中外传统文化中的公益思想和现代公益理念转变的勾勒，使我们能清楚地发现现代公益与传统慈善之间的区别。这主要表现在以下几个方面：一是在观念形态上，传统慈善过分依赖宗教意识，看作富人对穷人的"赐予"，而现代公益行为一般被看作社会必须提供的"公共产品"；二是在组织层面上，早期慈善主要局限于教会、行会、村社等共同体，在施舍者与受施者之间形成一种人身依附关系，而现代人超越了共同体的束缚，以"公民"身份"志愿"参与慈善行为，两大主体是平等关系；三是在行动主体上，传统慈善活动一般由宗教团体或单独个人开展，但现代公益事业越来越依靠众多的专业化公益组织尤其是基金会组织进行；四是在活动领域方面，由于"理性主义的福音"拒绝救助所谓"自己弄穷的人"，而对并非"自己弄穷"的真正的不幸者（如残疾人、孤弃儿等）的救助又被认为是国家的责任，因而慈善基金便逐渐退出传统慈善领域即对特殊不幸者的施舍，转向对公共生活的关注，如教育、法律、宗教、科研、环保等领域。这直接导致了"慈善"

与"公益"界限的模糊。①

在西方不同学派关于公益慈善的理论观点中，我们可以清楚地看到，慈善虽然是发自人性的自然情感，但必然逐步发展成社会化的人类行为。尤其在竞争社会中，人类的不平等和贫富差异之社会矛盾，是任何自发的个人的慈善情感所无法胜任调节的，这种善良情感只有上升为社会化的事业，才可能体现人类善良情感在不平等社会现实中的积极作用。国内外的经验告诉我们，发展公益事业须有良好的"人文关怀"的社会环境，需要培养基于责任的公民自觉利他的公益精神。人类社会发展的进程有公益事业文化传统的积淀，更有现代性生成中诸多经济、政治、文化、社会多层面因子的激发。因而从传统慈善文化到现代公益文明的转型，从扶危济困的传统救助型慈善向多元开放的公益转变，从传统社会向现代社会的转型，有必要为中国公益事业的发展实现"历史"与"现实"的实质性联结。

三 马克思恩格斯的公益观评析

（一）马克思主义研究领域中的公益慈善

当前，国内学者们主要从社会学、管理学、心理学、政治学等学科来挖掘和分析公益慈善事业发展的理论基础，而很少从马克思主义理论视角来进行公益慈善事业相关问题的研究。厘析其背后的原因对于我们拓展公益慈善理论研究具有重要的作用。

1. 公益慈善领域中的当代中国马克思主义研究集体失语现象

公益慈善活动是现代社会利益再分配的重要途径，也是社会主义和谐社会建设的必要条件和手段，理应成为马克思主义研究的重要内容。但遗憾的是，当代中国马克思主义研究在公益慈善问题研究中出现了集

---

① 文军、施文：《从帮困救济到人类福祉的追求：全球化背景下国际非政府组织的发展及其慈善理念的培育》，转引自上海市慈善基金会等编《慈善理念与社会责任》，上海社会科学院出版社，2008，第346页。

体失语现象，这是笔者经多方反复检索查找后得出的结论①。

其一，马克思主义研究领域对某一主题的重视往往会推动马克思恩格斯相关专题论述的整理和出版。笔者以"马克思恩格斯论"为关键词对"中国国家图书馆""浙江图书馆""百万册数字图书库"等大型图书馆或电子书库的藏书进行了检索，找到了 27 种诸如《马克思恩格斯论教育》之类的马克思恩格斯的专题论述选编，但没有找到马克思恩格斯关于公益慈善及相近专题的论述选编。

其二，马克思主义研究领域对某一主题的重视及大量研究一般会形成以"马克思主义"冠名的专项理论。笔者以"马克思主义"为关键词对上述书库进行检索。虽然找到了 1138 种以"马克思主义"冠名的研究著作，其中包括马克思主义法理学、马克思主义社会学和马克思主义伦理学等，但没有一本马克思主义公益慈善理论方面的著作。

其三，马克思主义研究领域对某一主题的重视和研究一定会产生大量相关的研究论文。笔者分别以"马克思恩格斯"并含"公益""慈善"，或"马克思主义"并含"公益""慈善"为关键词，对"中国博士学位论文全文数据库""中国优秀硕士学位论文全文数据库""中国期刊全文数据库"的所有论文进行检索。虽然发现了以马克思恩格斯理论为研究内容的学术论文 27947 篇，但其中没有一篇涉及公益、慈善问题；虽然发现了以慈善活动为主要内容的文章 4539 篇，但其中没有一篇属于马克思主义研究领域。

其四，《马克思主义研究》是中国马克思主义研究领域的权威刊物，它所刊登的论文是当代中国马克思主义领域研究方向和成果的集中体现。因此，笔者对《马克思主义研究》自创刊以来的 1490 篇论文进行了认真阅读，但没有发现一篇关于马克思恩格斯公益慈善观的研究论文。

上述现象表明，当代中国的马克思主义研究在公益慈善问题研究中

---

① 笔者对资料的检索时间为 2008 年 7 月。

基本上处于集体失语或空白状态。在公益慈善行为越来越受到人们尊崇、公益慈善事业快速发展的今天，上述集体失语现象显然值得我们关注和探讨。

2. 当代中国马克思主义研究领域在公益慈善研究中集体失语的原因

第一，马克思恩格斯关于慈善的否定性论述是失语的深层原因。顾名思义，马克思主义就是以马克思恩格斯及其后继者的基本理论和观点为核心的理论体系。显然，作为马克思主义理论的奠基人，马克思恩格斯对公益慈善问题的论述会从根本上影响马克思主义研究者对公益慈善问题的研究态度。我们从《马克思恩格斯全集》《马克思恩格斯文集》来看，情况不容乐观。马克思恩格斯关于公益慈善问题的论述数量很少，他们没有就公益慈善问题写过专门论著，论述中直接用到"慈善""慈善组织"等词的地方也不过 20 多处。不仅如此，在马克思恩格斯涉及公益慈善的论述中，绝大多数还是否定性、批判性的。他们的相关观点可以简单归结为以下几个方面。

首先，马克思恩格斯将资产阶级的"公道、正义、权利平等、利益普遍协调"等称作"虚伪的空话"。恩格斯说："在历史上各个时期中，绝大多数的人民都不过是以各种不同的形式充当了一小撮特权者发财致富的工具。但是所有过去的时代，实行这种吸血的制度，都是以各种各样的道德、宗教和政治的谬论来加以粉饰的。"[1] "文明时代越是向前进展，它就越是不得不给它所必然产生的种种坏事披上爱的外衣，不得不粉饰它们，或者否认它们。"[2] 马克思曾以法国六月革命为例指出，资产阶级的博爱是"一方剥削另一方的那些互相对立的阶级之间的那种博爱……这种博爱就是内战，就是最可怕的国内战争——劳动与资本间的战争"[3]。恩格斯则以英国工人的生活状况为例揭露资产阶级慈善组织的虚伪面貌："是的，慈善机关！你们吸干了无产者最后一滴血，然后再对他们虚伪地施以小恩小惠，以使自己感到满足，并在世人面前

① 《马克思恩格斯全集》第 7 卷，人民出版社，1959，第 269～270 页。
② 《马克思恩格斯文集》第 4 卷，人民出版社，2009，第 197 页。
③ 《马克思恩格斯文集》第 2 卷，人民出版社，2009，第 102 页。

摆出一副人类大慈善家的姿态，而你们归还给被剥削者的只是他们应得的百分之一，似乎这样做就是造福于无产者！这种善行使施者比受者更加人格扫地；这种善行使得被蹂躏的人受到更大的欺凌，它要求那些失去人的尊严、受到社会排挤的贱民放弃他最后的一点东西，放弃对人的尊严的要求；这种善行在大发慈悲用施舍物给不幸的人打上被唾弃的烙印以前，还要不幸的人去乞求它的恩赐！"①

其次，马克思恩格斯反复告诫工人，自由、平等、博爱"这些美好的空话"常常是资产阶级欺骗无产阶级、维护资产阶级统治的精神武器。他们指出，"用国家保证工作的办法"，"各种慈善救济的措施"都是民主主义小资产阶级"以虚假的小恩小惠来收买工人，用暂时改善工人生活条件的方法来挫折工人的革命力量"。如果采用慈善家们"保证固定平均工资额的方法"，"大不列颠和全欧洲的工人阶级就会成为精神萎靡、智力落后、内心空虚、任人宰割的群众，这样的群众是不可能用自己的力量取得解放的"。② 慈善机构的目的"都是教人俯首帖耳地顺从占统治地位的政治和宗教"，"唯唯诺诺，任人摆布和听天由命"③。马克思恩格斯还将"博爱主义者、人道主义者、劳动阶级状况改善派、慈善事业组织者"明确划归为"资产阶级中的一部分人"，并且指出他们的目的就是"消除社会的弊病，以便保障资产阶级社会的生存"。④ 马克思还指出，"博爱论者愿意保存那些表现资产阶级关系的范畴，而不要那种构成这些范畴并且同这些范畴分不开的对抗。博爱论者以为，他们是在严肃地反对资产者的实践，其实，他们自己比任何人都更像资产者"⑤。

最后，马克思恩格斯还认为，未来社会的扶弱济困职能应当由社会共同体自觉承担。马克思恩格斯在他们的经典著作《哥达纲领批判》

---

① 《马克思恩格斯文集》第1卷，人民出版社，2009，第478页。
② 《马克思恩格斯全集》第9卷，人民出版社，1961，第190~191页。
③ 《马克思恩格斯文集》第1卷，人民出版社，2009，第474页。
④ 《马克思恩格斯文集》第2卷，人民出版社，2009，第60页。
⑤ 《马克思恩格斯文集》第1卷，人民出版社，2009，第616页。

一书中讨论了未来社会的分配原则。他们认为，未来社会在消费资料分配时必须做以下扣除：其一，"同生产没有直接关系的一般管理费用"；其二，"用来满足共同需要的部分，如学校，保健设施等"；其三，"为丧失劳动能力的人等等设立的基金"等。① 由于马克思恩格斯所讲的"为丧失劳动能力的人等等设立的基金"，是指社会共同体在向个人分配消费资料前的一种自觉扣除，而不是指在初次分配之后因公众的自发捐赠而形成的、属于再分配性质的慈善基金，这意味着，在马克思恩格斯看来，在社会主义和共产主义社会，慈善活动的扶弱济困功能应当由社会共同体自觉承担。

总之，马克思恩格斯对公益、慈善的论述不仅数量少，而且主要论述都是否定性、批判性的，这给马克思主义研究者进行公益慈善问题研究带来了极大的困难。西方马克思主义者克罗齐曾坦言：马克思恩格斯"从来都不是道德哲学家，而他们的伟大智力花费在这一问题上的也不多。……事实上，按照马克思的见解来写认识论是完全可能的，按照马克思的见解来写伦理学的原则，依我看却是一件绝对没有希望的事"②。正是因为害怕自己的研究与马克思恩格斯的有关论述相悖，许多当代中国马克思主义研究者对马克思恩格斯的公益慈善观念研究采取了回避态度，从而导致马克思主义研究领域公益慈善问题研究的集体失语现象。

第二，对马克思恩格斯公益慈善论述缺乏科学解读是失语的直接原因。

对马克思恩格斯关于公益慈善问题的否定性论述仅仅停留于直接字面含义理解，而没有采用马克思主义的分析方法加以科学解读，也是造成上述集体失语现象的直接原因。这种误读主要发生于以下几种情况。

其一，马克思恩格斯关于慈善的否定性论述都有特定所指，没有厘

① 《马克思恩格斯文集》第19卷，人民出版社，2009，第433页。
② 转引自张文喜《自我的建构与解构》，上海人民出版社，2002，第365～366页。

清他们的具体所指就会造成误读。作为自然语言系统中的词语，"慈善"是多义的，马克思恩格斯在使用这一词时也都有他们的特指对象和特定角度。我们在阅读时必须厘清他们的具体所指，特别需要注意以下两点。

一是马克思恩格斯否定批判的只是资产阶级的虚伪慈善行为。笔者在阅读时发现，马克思恩格斯从来没有否定过一般人的慈善行为，他们对无产阶级的仁慈之心曾予以充分褒扬。恩格斯在《英国工人阶级状况》一书中多次指出，工人阶级的"仁慈"是无私的：工人阶级虽然"他们自己就是命途多舛的，所以能同情那些境况不好的人。在他们看来，每一个人都是人"①。马克思恩格斯还充分肯定无产阶级的宽广胸怀："过去的一切运动都是少数人的，或者为少数人谋利益的运动。无产阶级的运动是绝大多数人的，为绝大多数人谋利益的独立的运动。"②但马克思恩格斯对资产阶级慈善行为的看法不同。他们认为，虽然某些资本家的个人人品不错，但由于资本家本质上"只是人格化的资本。他的灵魂就是资本的灵魂。而资本只有一种生活本能，这就是增殖自身，创造剩余价值，用自己的不变部分即生产资料吮吸尽可能多的剩余劳动"③。因此，资产阶级的慈善行为本质上只是"吸干了无产者最后的一滴血，然后再对他们施以小恩小惠"的虚伪行为，是"为了使自己自满的伪善的心灵得到快慰"的沽名钓誉行为。由此我们可以认为，马克思恩格斯批判的只是这种施小惠以求大利的虚伪慈善行为而不是一般的慈善行为。

二是马克思恩格斯对慈善活动的否定只是局限于其"维护资产阶级统治"这一特定功能。马克思恩格斯从来没有否定慈善活动扶贫济困、救孤助残这些基本社会功能，相反，他们有多处关于慈善、博爱的肯定性论述。如马克思曾说，如果"人同世界的关系是一种

① 《马克思恩格斯文集》第1卷，人民出版社，2009，第438页。
② 《马克思恩格斯文集》第2卷，人民出版社，2009，第42页。
③ 《马克思恩格斯文集》第5卷，人民出版社，2009，第269页。

人的关系","那么，你就只能用爱来交换爱，只能用信任来交换信任"。① 即使对于资本主义慈善活动，他们也承认它能使工人"吃穿好一些，待遇高一些，特有财产多一些"②。但是马克思恩格斯认为，资本主义的社会制度"使文明社会越来越分裂，一方面是一小撮路特希尔德们和万德比尔特们，他们是全部生产资料和消费资料的所有者，另一方面是广大的雇佣工人，他们除了自己的劳动力之外一无所有"③。而慈善活动不仅不能从根本上变革资本主义制度，实现无产阶级的彻底解放，相反，却能使工人"俯首帖耳地顺从统治阶级的政治和宗教"，缓和工人阶级对资产阶级的"对抗"。因此，它是"保障资产阶级社会的生存"的工具。由此我们可以认为，马克思恩格斯否定的只是慈善活动的这一特定功能，而不是其扶贫济困的基本社会功能。

总之，马克思恩格斯关于慈善的否定性论述都是有具体所指的。他们批判的不是所有慈善活动，而只是资产阶级沽名钓誉的虚伪慈善活动；他们否定的不是慈善活动扶贫济困的基本社会功能，而只是慈善活动维护资本主义剥削制度这一特殊功能。因此，我们必须采取具体问题具体分析的方法，厘清他们的具体所指。如果人们在阅读中没有厘清马克思恩格斯所特指的对象和角度，单纯从字面上理解他们的论述，就会产生"马克思恩格斯认为慈善活动都是虚伪的""马克思恩格斯认为慈善活动是为剥削阶级服务的"等误读，这是导致当今中国马克思主义研究者回避慈善问题研究的重要原因。

其二，马克思恩格斯关于慈善的论述都是在特定历史背景下发表的，我们在阅读时必须注意这些历史背景，否则就容易造成误读。

首先是必须注意结合社会经济的发展背景进行阅读。马克思恩格斯所处的社会阶段是已经完成工业革命，大工业生产蓬勃发展的时期；是

---

① 《马克思恩格斯文集》第1卷，人民出版社，2009，第247页。
② 《马克思恩格斯文集》第5卷，人民出版社，2009，第714页。
③ 《马克思恩格斯文集》第1卷，人民出版社，2009，第368页。

资本主义生产资料私有制、市场经济相对成熟的时期；也是经历过文艺复兴、启蒙运动和资产阶级革命，"天赋人权""自由、平等、博爱"等资本主义意识形态已经深入人心，成为当时欧洲主流意识形态的时期；还是资本主义社会内在矛盾日益暴露，社会化大生产和资本主义生产资料私有制间的矛盾引发越来越严重经济危机的时期。可以说，正是因为身处资本主义高度发展的这一特定社会阶段，作为革命理论家，马克思恩格斯一方面不再需要反复论证博爱、人权等资产阶级观念的进步性及积极意义，另一方面则面对揭露资本主义社会的根本矛盾，论证进行无产阶级革命、推翻资本主义制度的必要性和可能性的社会要求，他们对慈善活动少有肯定性论述，多为否定性论述。

其次是必须注意结合社会历史观的发展背景进行阅读。在马克思恩格斯之前，人们都认为，"一切历史变动的最终原因，应当到人们变动着的思想中去寻求……可是，人的思想是从哪里来的，政治变动的动因是什么——关于这一点，没有人发问过"①。是马克思和恩格斯通过自己的努力揭示了历史变动的真正秘密："物质生活的生产方式制约着整个社会生活、政治生活和精神生活的过程……社会的物质生产力发展到一定阶段，便同它们一直在其中运动的现存生产关系或财产关系（这只是生产关系的法律用语）发生矛盾。于是这些关系便由生产力的发展形式变成生产力的桎梏。那时社会革命的时代就到来了。"② 因此，"以'自由、平等、博爱'这一旧口号为根据的片面的法国看法"，在唯物史观产生之前，"作为一定的发展阶段在当时当地曾经是正确的"，但是，在唯物史观产生之后，由于这种观点"只能引起思想混乱"而"应当被克服"。③ 可以认为，正是因为唯物史观的产生，马克思恩格斯不再需要用"仁慈""博爱"等抽象人性来说明社会变革，相反还要批判那些坚持抽象人性论的唯心史观，从而出现马克思恩格斯对慈善活动少有肯定性论述，多为否定性论述的现象。

---

① 《马克思恩格斯文集》第 3 卷，人民出版社，2009，第 457～458 页。
② 《马克思恩格斯文集》第 2 卷，人民出版社，2009，第 591～592 页。
③ 《马克思恩格斯全集》第 19 卷，人民出版社，1963，第 8 页。

总之，马克思恩格斯对慈善问题少有肯定性论述与他们身处的特定社会发展阶段、历史观的演变进程等有密切关系。因此，我们只有采用历史主义方法，结合他们当时所处的特定历史背景，才能正确理解马克思恩格斯关于慈善的论述。如果在忽略这些历史背景的情况下，单纯将马克思恩格斯关于慈善的肯定性论述和否定性论述进行数量比较，就很容易形成"马克思恩格斯不重视慈善活动"的错觉。我们认为，这也是造成当今中国马克思主义研究者回避慈善问题研究的重要原因。

其三，马克思恩格斯关于慈善的否定性论述都是在当时激烈的阶级斗争氛围和环境中出现的，脱离这种环境和氛围就会造成误读。马克思恩格斯不仅仅是创建马克思主义的理论家，更是无产阶级革命运动的直接领导者。马克思恩格斯所领导的无产阶级革命运动始终面临着两条战线的斗争。

一条战线是无产阶级与资产阶级的生死搏斗。虽然在某些情况下资产阶级会对无产阶级等社会贫弱群体予以救助，但他们一旦发现无产阶级的斗争有可能危及他们的统治及根本利益，立刻就会露出狰狞面目。从 18 世纪末开始，欧洲特别是法国的无产阶级独立发动或参与了多次革命，并且都提出了"消灭资本家和工人间的阶级对立"的要求，但这些运动都遭到了掌握国家权力的资产者的残酷镇压。马克思恩格斯无比愤慨资产阶级迫害无产阶级的暴行："资产阶级所关心的是伪善地打着和平甚至博爱的幌子来进行这场战争"，因此，"只有揭露事实的真相，只有撕破这个伪善的假面具，才能对工人有利"。①

另一条战线是马克思主义者与拉萨尔（Ferdinand Lassalle）、浦鲁东（Pierre Joseph Proudhon）、杜林（Eugen Karl Kuhring）和施蒂纳（Max Stimen）等小资产阶级代表的斗争。当时风起云涌的工人运动中充斥着形形色色的小资产阶级分子。他们从"爱""善良"等抽象人性出发论证社会主义，主张对资本主义社会进行局部改良而不是彻底革命。为了维护无产阶级解放事业的纯洁性，马克思恩格斯需要反复批判

---

① 《马克思恩格斯文集》第 1 卷，人民出版社，2009，第 449 页。

那些被小资产阶级当作理论基础的抽象人性论，揭露小资产阶级维护资本主义制度的真实目的。马克思曾尖锐地指出："在德国，我们党内流行着一种腐败的风气，在群众中有，在领导上（上等阶级出身的分子和'工人'）中尤为强烈……这些人想使社会主义有一个'更高的、理想的'转变，就是说，想用关于正义、自由、平等和博爱的女神的现代神话来代替它的唯物主义的基础。"①

正是因为这种你死我活的阶级斗争需要以及这种激烈的阶级斗争氛围，马克思恩格斯在《神圣家族》《英国工人阶级状况》《1848～1850年的法兰西阶级斗争》《法兰西内战》《六月革命》《反杜林论》等批判性论著中发表了许多关于慈善、博爱的否定性论述。显然，我们只有采用阶级分析的方法，结合当时无产阶级与资产阶级的残酷阶级斗争氛围，才能正确理解马克思恩格斯为何对慈善活动会采用如此尖利的批判用词。如果脱离了这一阶级斗争的需要及氛围，则很容易对马克思恩格斯的慈善论述产生误读。我们认为，这是造成当代中国马克思主义研究者回避慈善问题研究的又一重要原因。

（二）马克思恩格斯的博爱思想

"博爱"是指人们超越自爱、泛爱他人的一种情感倾向和伦理精神。在马克思恩格斯研究中，他们的博爱思想研究遭到了罕见的冷遇。我们曾于2008年底以"马克思恩格斯""博爱""慈善"为关键词，对"中国国家图书馆""浙江图书馆""百万册数字图书库"等大型图书馆或电子书库的所有藏书，以及"中国博士学位论文全文数据库""中国优秀硕士学位论文全文数据库""中国期刊全文数据库"的所有论文进行相关检索，结果未找到一份马克思恩格斯博爱思想的专门研究文献。这意味着，马克思恩格斯的博爱思想在当今马克思主义研究中处在被人遗忘的角落。

我们认为，马克思恩格斯的博爱思想既是他们人格特征的重要体

---

① 《马克思恩格斯文集》第10卷，人民出版社，2009，第420页。

现，是他们所建立的唯物主义历史观不可或缺的组成部分，也是我国社会主义和谐社会建设的理论指南。因此，马克思恩格斯的博爱思想是开展公益慈善研究的重要理论渊源。

1. 博爱精神——马克思恩格斯的重要人格特征

在很多人的印象中，马克思恩格斯只是两个重视阶级斗争和暴力革命的好斗狠勇的革命家和理论家。对马克思恩格斯一生的行为、追求进行深入分析后发现，上述印象完全是对马克思恩格斯的一种误解。富有博爱精神是马克思恩格斯的重要人格特征。

第一，马克思恩格斯的博爱人格特征突出表现为他们对劳苦大众始终怀有深切同情。所谓同情就是指人们将自身投射到他人的心理活动中去分享其情感，或受他人情感活动引导产生相应的情感体验。同情并因此救助弱者是博爱精神最通常的表现，马克思恩格斯就对劳苦大众始终怀有深切同情。《马克思传》的作者梅林评价马克思说："上帝赋予他灵魂，使他对每一种痛苦比别人感受得更强烈，对每一种忧患比别人感受得更深切。"马克思自己则说，他的"皮肤不够厚"，无法把背向着"苦难的人间"。[1] 马克思恩格斯对劳苦大众的这种深切同情贯穿在他们一生的行动中。

首先，在社会矛盾中，马克思恩格斯总是坚定地站在被压迫者一边，谴责那些剥削压迫者。早在担任《莱茵报》主编时期，马克思就为维护捡拾枯枝的农民以及摩塞尔河谷酿酒农民的利益而与当局进行激烈抗辩。在法兰西内战中，马克思强烈谴责统治阶级对工人的镇压："在统治阶级与威胁着他们的特权的生产阶级进行的战斗中，总是充满着这类暴行，但没有一次象在这次战斗中那样，被压迫者显示了这样过分的人道，而他们的敌人表现得如此卑鄙无耻……"[2] 在英国对中国"极端不义"的鸦片战争中，马克思抨击英帝国主义："广州城的无辜居民和安居乐业的商人惨遭屠杀，他们的住宅被炮火夷为平地，人权横

---

① 〔德〕弗·梅林：《马克思传》，樊集译，人民出版社，1973，第 22 页。
② 《马克思恩格斯全集》第 17 卷，人民出版社，1963，第 640 页。

遭侵犯，这一切都是在'中国人的挑衅行为危及英国人的生命和财产'这种站不住脚的借口下发生的！"① 在社会生活中，他们同情妇女和儿童，"丈夫在家中也掌握了权柄，而妻子则被贬低，被奴役，变成丈夫淫欲的奴隶，变成单纯的生孩子的工具了"②。"迫使儿童在现在这种条件下从事劳动，那是太骇人听闻了。"③ 当然，马克思恩格斯最关注的还是无产阶级的生存困境。马克思揭露道："资本由于无限度地盲目追逐剩余劳动，像狼一般地贪求剩余劳动，不仅突破了工作日的道德极限，而且突破了工作日的纯粹身体的极限。它侵占人体的成长、发育和维持健康所需要的时间。它掠夺工人呼吸新鲜空气和接触阳光所需要的时间。它克扣吃饭时间，尽量把吃饭时间并入生产过程本身，因此对待工人就像对待单纯的生产资料那样，给他饭吃，就如同给锅炉加煤、给机器上油一样。"④ 他因此厌恶地说："资本来到世间，从头到脚，每个毛孔都滴着血和肮脏的东西。"⑤ 恩格斯在调查英国工人阶级的生存状况后也谴责说："资产阶级的这种令人厌恶的贪婪造成了这样一大串疾病！妇女不能生育，孩子畸形发育，男人虚弱无力，四肢残缺不全，整代整代的人都毁灭了，疲惫而且衰弱，——而所有这些都不过是为了要填满资产阶级的钱袋！"⑥

其次，马克思恩格斯还从理论研究和社会活动两方面直接参加无产阶级反抗剥削压迫的革命斗争。作为理论家，马克思恩格斯对无产阶级革命事业的最大贡献是他们创建了历史唯物论和剩余价值理论。历史唯物论和剩余价值理论第一次揭开了人类社会的神秘面纱，揭露了剩余价值的真正来源，从而使无产阶级认识到自己苦难深重的真实原因，认识到共产主义取代资本主义的人类社会发展的历史必然性，从而为无产阶级革命事业提供了最为有力的理论依据和思想武器。而马克思恩格斯对

① 《马克思恩格斯文集》第 2 卷，人民出版社，2009，第 620 页。
② 《马克思恩格斯文集》第 4 卷，人民出版社，2009，第 68 页。
③ 《马克思恩格斯全集》第 16 卷，人民出版社，1964，第 641 页。
④ 《马克思恩格斯文集》第 5 卷，人民出版社，2009，第 306 页。
⑤ 《马克思恩格斯文集》第 5 卷，人民出版社，2009，第 871 页。
⑥ 《马克思恩格斯全集》第 2 卷，人民出版社，1957，第 453 页。

劳苦大众的同情之心就是推动他们去创建历史唯物论和剩余价值理论的重要情感动力。马克思恩格斯还直接参加并且领导了无产阶级反对资产阶级的革命。为了揭露资产阶级伪善的真面目，提高工人阶级的觉悟，马克思恩格斯曾创办了《莱茵报》《前进报》《德法年鉴》《新莱茵报》《纽约每日论坛报》等多种报刊，并且编写了许多富有战斗力的小册子。为了真实反映资产阶级对工人阶级的压迫和剥削，恩格斯长期"放弃了资产阶级的社交活动和宴会、波尔图酒和香槟酒，把自己的空闲时间几乎全部用来和普通工人交往"①，在此基础上撰写了被列宁誉为"不论在 1845 年以前或以后，都没有出现过一本书把工人阶级的穷苦状况描述得这么鲜明、逼真"的工人运动史重要文献——《英国工人阶级状况》。为了增强无产阶级的战斗力，马克思恩格斯直接或间接参与了巴黎、布鲁塞尔和伦敦等地工人组织的筹建和领导，马克思在 1864 年创立了"国际工人协会"，并在整整 10 年中领导了这个协会。恩格斯在 1849 年前后甚至直接参加了爱北斐特的人民武装起义，作为维利希志愿军团的副官在三次战役中亲临前线为自由而战。

第二，马克思恩格斯的博爱人格特征还表现为他们始终关怀全人类的自由幸福。博爱一定是超越自爱、泛爱他人，但这种泛爱的范围有大小，而超越血缘纽带、民族界限和阶级对立而无差等地关爱全人类是博爱的最高境界。马克思恩格斯始终关怀全人类的幸福。马克思在青年时代就表示："在选择职业时，我们应该遵循的主要指针是人类的幸福和我们自身的完美……如果我们选择了最能为人类福利而劳动的职业，那么，重担就不能把我们压倒，因为这是为大家而献身；那时我们所感到的就不是可怜的、有限的、自私的乐趣，我们的幸福将属于千百万人。"②

正因为关怀全人类的幸福，马克思恩格斯将人的自由解放作为自己

---

① 《马克思恩格斯文集》第 1 卷，人民出版社，2009，第 382 页。
② 《马克思恩格斯全集》第 40 卷，人民出版社，1982，第 7 页。

奋斗的根本目标。人们都知道，马克思恩格斯是共产主义者，他们为共产主义事业奋斗了终生。但在马克思恩格斯的理解中，共产主义只是一种外在的社会形式，其实质内容就是人的自由发展。马克思曾明确指出，"共产主义并不是人类发展的目标"①，相反，"自由的人就是共产主义者"②。恩格斯也说："我们的目的是要建立社会主义制度，这种制度将给所有的人提供健康而有益的工作，给所有的人提供充足的物质生活和闲暇时间，给所有的人提供真正的充分的自由。"③

正因为关怀全人类的幸福，马克思恩格斯不仅追求无产阶级的解放，也追求包括资产阶级在内的所有人的解放。马克思恩格斯指出，资产阶级不过是"现存的社会制度以及和这个制度联系在一起的各种偏见的奴隶"④，"有产阶级和无产阶级同是人的自我异化"。他们强调，无产阶级"只有消灭自己本身和自己的对立面才能获得胜利"⑤。马克思说："社会从私有制中、从奴役制中的解放在劳动者的解放这个政治形式中表达了自己，但这并不是说问题就只在于劳动者的解放，反而在劳动者的解放中包含着普遍的人类的解放。"⑥ 恩格斯也说："共产主义不是一种单纯的工人阶级的党派性学说，而是一种目的在于把连同资本家阶级在内的整个社会从现存关系的狭小范围中解放出来的理论。"⑦

也正因为关怀全人类的幸福，马克思恩格斯还努力探索实现社会进步的人道途径。马克思恩格斯曾设想通过和平选举方式实现社会变革。马克思说："必须考虑到各国的制度、风俗和传统……有些国家，像美国、英国……也许还可以加上荷兰，——工人可能用和平手段达到自己的目的。"⑧ 恩格斯则明确提出，"无产阶级为了夺取政权也需要民主的

---

① 《马克思恩格斯文集》第1卷，人民出版社，2009，第197页。
② 《马克思恩格斯全集》第1卷，人民出版社，1956，第409页。
③ 《马克思恩格斯全集》第21卷，人民出版社，1965，第570页。
④ 《马克思恩格斯全集》第2卷，人民出版社，1957，第528页。
⑤ 《马克思恩格斯全集》第2卷，人民出版社，1957，第44页。
⑥ 《马克思恩格斯全集》第42卷，人民出版社，1979，第64页。
⑦ 《马克思恩格斯全集》第21卷，人民出版社，1965，第297页。
⑧ 《马克思恩格斯全集》第18卷，人民出版社，1964，第179页。

形式"①。特别值得指出的是，马克思晚年还专门探讨了不同于西方的社会变革路径。他在 1881 年写给查苏里奇的复信草稿中指出，西欧诸国由于它们的历史条件，走了一条资本主义道路，这条道路在神奇地发展了生产力的同时，也给人类带来了对抗、危机、冲突和灾难。而俄国以农村公社为基础的社会发展，有可能"不通过资本主义制度的卡夫丁峡谷"，就以更人道的方式进入共产主义所有制，从而"不经受资本主义生产的可怕的波折而占有它的一切积极的成果"。② "为了能够对当代俄国的经济发展做出准确的判断"，以评价这种新的社会变革模式是否可行，已经年近 60 的马克思还专门去"学习了俄文"，并且"在许多年内研究了和这个问题有关的官方发表的和其他方面发表的资料"。③

总之，通过马克思恩格斯的上述言论及他们一生的行动，我们可以清楚地看出，马克思恩格斯始终崇尚并践行着博爱精神。他们就像他们自身所推崇的普罗米修斯，为无产阶级和全人类的幸福解放历尽无数艰辛，做出了巨大牺牲，是至善至爱之人。显然，只有充分揭示他们的博爱精神，研究他们的博爱思想，才能真正反映他们的人格特征，彰显他们的人格魅力。在此意义上，研究马克思恩格斯的博爱思想是如实反映马克思恩格斯人格特征的要求。

2. 作为马克思主义唯物史观重要内容的博爱观

恩格斯晚年在致约·布洛赫的信中曾说："青年们有时过分看重经济方面，这有一部分是马克思和我应当负责的。我们在反驳我们的论敌时，常常不得不强调被他们否认的主要原则，并且不是始终都有时间、地点和机会来给其他参与相互作用的因素以应有的重视。"④ 恩格斯的这段话蕴含的两层意思有必要引起我们的重视：其一，马克思恩格斯有关经济因素和其他社会因素的论述或多或少存在某种程度的不均衡，有

① 《马克思恩格斯文集》第 10 卷，人民出版社，2009，第 514 页。
② 《马克思恩格斯选集》第 3 卷，人民出版社，1995，第 762 页。
③ 《马克思恩格斯选集》第 3 卷，人民出版社，1995，第 340 页。
④ 《马克思恩格斯文集》第 10 卷，人民出版社，2009，第 593 页。

些得到了充分强调而有些则被过分地忽略；其二，马克思恩格斯许多反复强调的我们耳熟能详的论述并没有完整全面地反映他们的历史观，还有一些思想隐含在他们数量极少的间接的有时甚至是批判性的论述之中，需要我们去深入发掘和分析。

马克思恩格斯在博爱问题上的论述就明显存在这种轻重不均的现象。在论及道德情感的属性时，马克思恩格斯强调道德情感阶级性的论述很多，而关于人类也存在博爱这类超阶级道德情感的论述则极少；在论及作为道德情感的社会基础——人们交往关系时，马克思恩格斯强调人们的利益对立和矛盾，很少谈及人们之间的合作互利及共同利益；而在论及社会发展动力时，马克思恩格斯突出的是阶级斗争和暴力革命的历史推动作用，而忽略了博爱、仁慈等道德情感的历史作用。比如他们说，"由于文明时代的基础是一个阶级对另一个阶级的剥削，所以它的全部发展都是在经常的矛盾中进行的"[1]，"没有对抗就没有进步。这是文明直到今天所遵循的规律。到目前为止，生产力就是由于这种阶级对抗的规律而发展起来的"[2]。他们强调，"社会直到现在还是在阶级对立中运动的，所以道德始终是阶级的道德，它或者为统治阶级的统治和利益辩护，或者当被压迫阶级变得足够强大时，代表被压迫者对这个统治的反抗和他们的未来利益"[3]，"共和党人的良心不同于保皇党人的良心，有产者的良心不同于无产者的良心……特权者的'良心'也就是特权化了的良心"[4]。他们称那些博爱论者、慈善活动家的行为是"吸干了无产者最后的一滴血，然后再对他们施以小恩小惠"的虚伪行为，是"为了使自己自满的伪善的心灵得到快慰"的沽名钓誉行为。恩格斯甚至还将共产主义者的宗旨明确规定为：①维护同资产者利益相反的无产者的利益；②用消灭私有制而代之以财产公有的手段来实现这一点；③除了进行暴力的民主的革命以外，不承认有实现这一目的的其他

---

① 《马克思恩格斯选集》第 4 卷，人民出版社，1995，第 177~178 页。
② 《马克思恩格斯全集》第 4 卷，人民出版社，1958，第 104 页。
③ 《马克思恩格斯全集》第 20 卷，人民出版社，1971，第 103 页。
④ 《马克思恩格斯全集》第 6 卷，人民出版社，1961，第 152 页。

手段。①

马克思恩格斯在博爱问题上的论述轻重不均,后人对马克思恩格斯相关论述的理解仅囿于数量多少和字面含义,由此产生了对马克思恩格斯历史观的某种误读。在斯大林所主持编写被我国沿用至今的历史唯物论理论体系中,唯物史观也几乎成了社会基本矛盾、阶级和阶级斗争理论的代名词,而共同利益、道德情感和博爱等在历史唯物论理论体系的视野中近乎消失。

虽然马克思恩格斯在博爱问题上有大量的批判否定之词,但他们并未否定博爱、慈善等这类超亲缘、超阶级道德情感在人类社会的客观存在及它们的积极社会作用。

马克思恩格斯不仅有崇高的博爱人格,一生践行着博爱精神,而且有少量论述间接却明确地表达了他们推崇博爱精神、肯定共同利益的观点。比如他们说,如果"人同世界的关系是一种人的关系","那么,你就只能用爱来交换爱,只能用信任来交换信任"②,"并不需要多大的聪明就可以看出,关于人性本善……等等的唯物主义学说,同共产主义和社会主义之间有着必然的联系",共产主义不是"同人的本性、理智、良心相矛盾"③ 的。他们还说,在人们的交往合作中,"个人利益总是违反个人的意志而发展为阶级利益,发展为共同利益,后者脱离单独的个人而获得独立性,并在独立化过程中取得普遍利益的形式"④,"每一个人的利益、福利和幸福同其他人的福利有不可分割的联系"⑤。即使是在阶级社会中,统治阶级也"同其余一切非统治阶级的共同利益还有更多的联系"⑥,他们还将那些摒弃"一切亲属、友谊、爱情、感激等温柔脆弱感情"的所谓"神圣革命事业家"称作"不道德的"

---

① 《马克思恩格斯全集》第 27 卷,人民出版社,1972,第 71 页。
② 《马克思恩格斯全集》第 42 卷,人民出版社,1979,第 155 页。
③ 《马克思恩格斯全集》第 2 卷,人民出版社,1957,第 605 页。
④ 《马克思恩格斯全集》第 3 卷,人民出版社,1960,第 273 页。
⑤ 《马克思恩格斯全集》第 2 卷,人民出版社,1957,第 614 页。
⑥ 《马克思恩格斯选集》第 1 卷,人民出版社,1995,第 100 页。

"荒谬的""超无政府主义者"①，并且强烈呼吁"推翻使人成为被侮辱、被奴役、被遗弃和被蔑视的东西的一切关系"②。这类论述在马克思恩格斯的全部论著中虽然比重极小，但它们透露的信息却是明白无误的，那就是：马克思恩格斯在重视道德情感的阶级性、人们社会关系中的利益对立、阶级斗争和暴力革命的历史推动作用的同时，也承认道德情感在一定程度上存在超阶级性，承认人们社会交往中的合作互利及共同利益，承认博爱等道德情感的历史推动作用。

这意味着，我们非常有必要去深入发掘马克思恩格斯推崇博爱精神的言和行，发掘他们在社会交往方面有关互利合作和共同利益的观点，发掘他们肯定博爱等伦理精神具有积极社会作用的观点。只有这样，我们才能更全面地理解马克思恩格斯的历史观，并且使我国现有的历史唯物论理论体系得到一定程度的充实，也为我国公益事业的发展进一步夯实理论基础。

---

① 《马克思恩格斯全集》第18卷，人民出版社，1964，第472~473页。
② 《马克思恩格斯文集》第1卷，人民出版社，2009，第11页。

第三章 | 市场经济条件下中国公益精神生成的现实基础

作为当代中国公共生活美德的一项重要内容，公益精神是有组织的公益事业发展的精神动脉。因而，探讨它的缘起具有重要意义。本章主要是从市场经济的视角来说明当代中国公益精神生成的现实基础。

一 市场经济条件下个体主体性的张力

根据马克思的观点，整个社会生活的大厦是奠基于经济基础之上的，"随着经济基础的变更，全部庞大的上层建筑也或慢或快地发生变革"①。在当代中国，作为"现代性"基本要素之一的推动现代文明生成的基础性力量，市场经济的出现在社会经济运行中具有革命性意义，其意义在于它消解和重塑着人们形而下的生活结构和形而上的意义世界，构建出与过去迥然不同的私人生活空间和公共生活空间，冲击着人们传统的价值观念和文化精神，并引起社会伦理生活的嬗变。这对社会交织网络中个体的公益生存样态有深刻的影响。

探讨市场经济条件下现代公益精神的生成，首先要关注其逻辑起点——个体主体地位的保障。"由于人是靠自己的奋斗来创造财富，因

① 《马克思恩格斯选集》第 2 卷，人民出版社，1995，第 33 页。

此人也是靠自己的奋斗来塑造灵魂。"① 人类灵魂的定格、塑型必须是建立在理性基础上的自主、自觉、自由的行动，要求个体是一个思想健康、行为自主、人格独立的实践和价值主体。在消解了传统社会对个体的人身控制以后，市场经济实现了个人在理性基础上的"自治"（意思自治、行为自治），也即公益精神个体（自然人或法人）作为实践主体、认识主体和价值主体的完成形式而全部占有，这是公益主体作为自主、自觉和自由的"真实个人"的生成过程。

首先，市场经济的确立使人获得了独立性。这有力地冲击和消解着人类生存环境中的各种外在依赖束缚关系。市场经济是一种以市场机制为基础和主导的配置社会资源的经济运行形态。"如果我们更深入一步地从人的思维方式、价值观念和行为方式等人存在方式的视角去透视'市场经济'，那么，我们又可以对'市场经济'的特征做出更为实质性的概括，这就是：功利主义的价值态度，工具理性的思维方式，民主法制的社会体制。市场经济按照自己的要求去塑造全部的社会生活，从而也就塑造了人的新的存在方式（人在市场经济中的存在方式）。"② 因此，市场经济的建立和发展，是一场意义深刻的社会变革，它借助于"物"的力量摆脱了以自然经济为基础的传统社会联系所形成的"人的依赖关系"，实现了"以物的依赖性为基础的人的独立性"③ 的获得和依附人格向独立人格的转变，个人的主体性得以彰显。在市场经济所带来的繁荣和社会发展中，社会公益行动者的自我主体性内涵在利他、奉献和关怀的公益实践活动中得到充实和丰盈，一种公益精神的思想观念在个体独立性的获得基础上生成了。正如马克思所指出的："人们按照自己的物质生产的发展建立相应的社会关系，正是这些人又按照自己的社会关系创造了相应的原理、观念和范畴。"④ 现代公益精神的形成有赖于市场经济主体自我观念的独立性和个体

---

① 〔美〕安·兰德等：《自私的德性》，焦晓菊译，华夏出版社，2007，第16页。
② 孙正聿：《哲学导论》，中国人民大学出版社，2000，第111页。
③ 《马克思恩格斯文集》第5卷（上册），人民出版社，2009，第93页。
④ 《马克思恩格斯全集》第4卷，人民出版社，1958，第144页。

性表达，也是对社会财富积聚中的个体生活品质追求的一种市场境遇表征。

其次，市场经济的建立为人性的塑造和张扬提供了广阔的空间。在市场经济条件下，尽管市场功能把人"物化"为"经济人"，在既定条件下追求个人利益最大化，但单个"经济人"的活动总是通过市场中介而联为一体。可见，市场经济自发地内含了我与他、群与己相统一的一般道德原则。"每个人的自由发展是一切人的自由发展的条件。"[①] 这种把个人与社会紧密结合起来的社会主义市场经济的道德原则是一种"真实的集体主义"，区别于计划经济条件下"虚幻的集体"的"整体主义"。在当前市场经济体制下，个体被湮没在群体和社会之中，超经济的政治控制渗入社会的每一个角落，很少给个人留下活动的空间和余地。同时由于它缺乏社会的竞争和激励机制，从而养成了社会成员的消极、保守、懒散的心理。这种体制造成人性普遍地萎缩，它使人的个性、潜能无法发挥，在不知不觉中泯灭和浪费了。而在市场经济的大海中，每个生产者在赢得市场竞争的同时也培养了人的自主、自立、自强和自我超越的精神，实现了人格的完善和丰满。同时，"在现代经济体制下，市场产出的资源，其中有相当一部分会通过各种形式和途径转化成为社会福利、社会保障和社会慈善事业的资源支持。正是通过这种市场化资源向社会化资源的转移和转化"[②]，才为公益精神的兴起提供了动员一定社会资源的可能性。"单位人"到"社会人"的身份转换使市场经济活动主体的角色担当更为多元。此时，一种具有实质意义的社区结构开始发育生长并逐渐成为人们满足需要、参与社会活动的重要场所。由此，个体的社会活动空间也不断扩展，各种志愿行动、慈善募捐、环保运动等成为社群交往和社区参与的有效途径和方式，各类公益组织也为分散的个体整合为一种集体结构搭建平台，从而有利于维护市场经济条件下的社会秩序和团结。

---

① 《马克思恩格斯文集》第 2 卷，人民出版社，2009，第 53 页。
② 徐中振：《发展志愿服务的体制背景和社会意义》，《当代青年研究》1998 年第 5 期。

再次，市场经济确证了个人追求正当利益的合法性。传统计划经济体制下，生产资料各种形式的公共占有和有限生活资料的公共计划性分配，以及集体主义价值取向的官方意识形态的强制推行，使个人利益的追求总是受到限制、歧视乃至否定，这在实践中造成的负面影响是严重的，突出的表现是计划经济条件下个人的萎缩和人格的分裂。因此，市场经济条件下随着个体独立性的获得和社会资源配置多主体性时代的到来，理性个体的正当利益要求赢得了一种尊重和体现，这不仅包括人们日常的商品生产和交换，也体现于经济活动以外的公益参与——一种对"利他型和互利型公益活动"①的肯定。黑格尔曾经指出："人唯有在所有权中才是作为理性而存在的。"② 尊重个体正当利益的追求对整个社会财富的增加进而对每个人福利的改善具有决定性意义。所以，公益精神作为一种"'思想'一旦离开'利益'，就一定会使自己出丑"③。个体正当利益的主张和追求获得了合法性基础，是公益精神得以传播和践行的真实前提，也只有在这个前提下，公益精神和公益行动才为个人和整个集体、社会注入生机和活力，个体（自然人与法人）变得更加理性、更加丰满和更加真实。在实现了物质和精神的"自足"之后，个体更加重视和珍惜与他人的协调与合作，更加自觉地尊重、遵守和捍卫公共价值与公共理性，更加注重在自利的同时对利他价值取向的自觉践履。质言之，在市场经济条件下，个人更加注重以团结合作精神、公共关怀和利他价值取向为基本维度的现代公益精神的发扬。因为，在市场经济条件下，个人不是与他人"无涉"的孤立性存在，不是生活在荒岛上与世隔绝的鲁滨孙，而必须与他人发生实质性的关联才能生存和发展。

当然，个体自觉地意识到自己的主体地位，并在实践活动中发挥人的主体性，不一定都会得到有益于社会、集体和个人的结果。"社会主义市场经济也具有两重性。市场经济的本质、规律，一方面

---

① 杨团、葛道顺主编《公司与社会公益Ⅱ》，社会科学文献出版社，2003，第38页。
② 〔德〕黑格尔：《法哲学原理》，范扬等译，商务印书馆，1961，第50页。
③ 《马克思恩格斯全集》第2卷，人民出版社，1957，第103页。

原始地决定了主体的独立、平等、自由、竞争等一系列主体内容的建立，另一方面也存在着诱使主体走向极端的可能性，产生主体性极端发挥的方向性'错位'，产生主体性发挥的负面效应"①，即"有些时候，当每个个体追求他或她自己的利益的同时，对整个集体最合理的结果就会自动出现"；"有些时候，不管一个人多么聪明地追求他或她自身的利益，都不会同时出现对整个社会来说的最合理结果"。② 市场经济在促进人的主体地位生成的同时，又容易使人发生异化，导致个人意义的失落和个人主义的滋生，产生主体性的"黎明"与"黄昏"共存的混沌现象，这正是市场经济条件下个体主体性呈现出来的内在张力结构。

第一，理性的残缺与人的精神家园失落。对于"理性"的理解一般来说存在两种：一是人类所特有的一种本质力量和主体能力；二是一种人类本性或人类要求，它与人类对于外部世界的合理性、真理性、完善性，以及平等、正义、人权等要求和自我意识相联系，从而也就构成人类所特有的一种价值标准和评价尺度。理性作为思维能力和价值尺度的统一，应用于一定的客体，转化为一种理性的方法，它既是一种认识方法，与逻辑化、规范化、精确化等相联系，又是一种评价方法，与合理性、完善化、理想化等相联系。"哲学通过形而上学之后、黑格尔之后的流派向一种合理性理论集中。"③ 马克斯·韦伯从社会行为分类的角度将利用手段、技术追求功利目的的行为称为目的合理性行为，即后来说的工具理性、技术理性行为；而将坚持"伦理的、美学的、宗教的或作任何其他阐释的——无条件的固有价值的纯粹信仰，不管是否取得成就"④ 的行为称为价值合理性行为。市场经济条件下的个体在获得

① 刘敬鲁：《人·社会·文化》，中国人民大学出版社，2002，第20页。
② Mancur Olson, "*Foreword*" in Todd Sandler, *Collective Action*, *Theory and Applications*, The University of Michigan Press, 1992.
③ 〔德〕哈贝马斯：《交往行动理论》第Ⅰ卷，洪佩郁等译，重庆出版社，1994，第15页。
④ 〔德〕马克斯·韦伯：《经济与社会》上卷，林荣远译，商务印书馆，1997，第56页。

主体性的同时，也存在自我异化的风险。人之间的相互倾轧和冷漠而导致的人文关怀缺失，对片面物质追求而导致的精神家园荒漠和意义世界失落，对自然界的不惜拼命地盘剥造成的生态危机，这些都是深层次的人类生存困境。这些负效应与近代以来人类对越来越先进和强大的科技手段的不当应用所导致的人与自然、人与社会、人与自身关系的异化有关，"其最直接的、最现实的根源……在于工具理性膨胀、价值理性缺失"①。"绝对的价值理性就是绝对的精神狂热和道德乌托邦；绝对的工具理性就是绝对的物质主义和精神理想的堕落。"② 因此，价值理性需要工具理性提供实现理想的道路和阶梯，而工具理性又需要价值理性提供理性的范导，工具理性和价值理性应在实践活动中保持动态平衡。然而，现实却时常表现为工具理性、技术理性的强势凌驾于"形而上"的意义追寻。"工具理性"使人在摆脱神学的桎梏、走出单向度的道德人本主义迷境、返回世俗生活的本真的同时，却忘记了将人生的全部意义倾注于世俗生活带来的"技术的奴隶，富有的穷汉"之精神迷失的威胁，并把人类安身立命的终极价值诸如理想、信念、道德关怀弃之如敝屣。为赢利而赢利的现代资产者使用精密的理性计算技术把社会的一切都全盘"理性化"了，一切都变成了自己赢利的工具，过去以"上帝的召唤"为"天职"的清教徒也已经变成了"没有精神的专家，不懂情感的享乐者"③。因此，在意义遮蔽、认同危机发生之时，缺乏一种框架或视界以确定他们是谁、什么值得做、什么不值得做、什么是有意义的、什么是无意义的等价值选择是一种"痛苦和可怕的经验"④，这是"现代人的困倦"，是寻求人类"安身立命家园"的困倦。因而，当人类从洪荒时代走向文明岁月的时候，人与社会的发展越需人类重思生存理性，消解人类工具理性和价值理性之间的紧张和冲突，构建一个

---

① 余晓菊：《实践的合理性：人类走出困境的现实途径》，《湖南师范大学学报》2003年第1期。
② 吴忠：《市场经济与现代伦理》，人民出版社，2003，第44页。
③ 苏国勋：《理性化及其限制——韦伯思想引论》，上海人民出版社，1988，第91页。
④ 〔加拿大〕查尔斯·泰勒：《自我的根源：现代认同的形成》，韩震等译，译林出版社，2001，第37页。

和谐、有序的生活世界。

第二，人际关系的淡漠。社会转型期的人际关系随着人们的社会交往环境及交往方式的变化而发生了重大变化。在传统的熟人社会生活中，我们奉行"各自在家门，万事不求人"的古训，在生产上"没有任何丰富的社会关系"，在消费上也"不是靠与社会交往"①，此时的人际关系主要表现为家族、村落内部的血缘和地缘关系。这种人际关系虽然在现代化进程中受过冲击和改造，但是在传统计划经济体制下，单位内生产生活一体化的封闭性社交圈以及整个社会的低流动和低分化程度，使得人际关系仍然主要集中在单位内部，"单位构成了中国人生活的原点"②，构成了中国人一种特殊的生活样式和生活空间。单位中的人际关系在威权体制下遵循着严格的行政级别秩序，这种政企合一、政社合一的组织体制在同构的社会组织内形成同质性极强的社会成员群体，形成的是一种静态式单一的"同志型"人际关系，表现为管理、服从、顺应的交往状态；同时在范围上也沿着"日出而作，日入而息"的封闭交往圈，单位或族群成为个体社会化的主要通道。总之，计划经济时代的人际关系表现为一种紧缩式、内向型的个体间交往。而市场经济条件下，经济活动主体间的人际关系是平等、开放、外向的，这种关系主要表现为经济利益关系。利益最大化的追求是商品生产和交换的基本原则和动机。在等价交换的过程中，个人的需要、能力必须通过交换的媒介——货币才能实现。"货币，因为它具有购买一切东西的特性，因为它具有占有一切对象的特性，所以是最突出的对象。货币的特性的普遍性是货币的本质的万能；因此，它被当成万能之物……"③"商品拜物教"和"货币拜物教"盛行的市场经济，将金钱和财富作为生存的本质使人畸变为只具有物质层面而无精神素养的单向度的人，也容易使人性湮没在"物性"之中。人际

---

① 《马克思恩格斯选集》第 1 卷，人民出版社，1995，第 677 页。
② 刘建军：《单位中国——社会调控体系重构中的个人、组织与国家》，天津人民出版社，2000，第 1 页。
③ 马克思：《1844 年经济学哲学手稿》，人民出版社，2000，第 140 页。

关系的数量化和货币化表述，使人际关系明显地缺乏先前的温情和浪漫，这种货币化（经济化）趋向的社会关系衍生出来的则是一种从一体到疏离、从强调奉献到强调交换、从以他人为中心到以自我为中心的人际关系。① 人们在人际关系的处理中挥之不去的是，心灵深处所淡淡升起的那种无可名状的荒原感：个体在社交期望和自我表现不能得到满足的一种在心理上被遗弃的内心体验——人与人之间的亲情、友谊都"淹没在利己主义打算的冰水之中"②。这种淡漠化的人际关系是对市场经济条件下利他与奉献的公益精神的一种遮蔽和销蚀，其造成的后果是人与人之间心理上的疏远，感情上的相互淡化，行为上的彼此孤立。

然而，成熟的、健全的社会主义市场经济呼唤的应是一种"绿色人际"。绿色，象征着和谐、生机、祥和与安宁。市场经济中交易方时刻生存在一种互动的相遇状态中，正如马丁·布伯在《我与你》一书中所谈到的，我们无时无刻不将自己的"生命投入到与其他存在者的相遇之中"，筑居于"我—你"灿烂光华的关系世界，这是一种亲密无间、互相对等、彼此依赖、开放自在的关系，这种互动关系应统摄我们真实的人生——无论是熟人社会还是陌生人社会中的个体。然而，"我—它"关系却以一种"考察探究、单方占有、利用榨取"的关系吞噬着人与人、人与自然所构成的"我—你"共生关系的地盘，"人无'它'不可生存，但仅靠'它'则生存者不复为人"。③ 市场经济中，简单地强调竞争和利益观念增强的意义，而不考虑人际合作观念与合作能力、奉献与利他在社会发展与进步中的作用的观点是不可取的。因此，市场经济条件下人与人之间更应建立真诚互助、和睦共处及与人为善的良好人际关系。公益精神就是个体生活于其中的人际交织网的一种德性表达。

---

① 潘志清等：《冲突中的嬗变——市场经济道德心理研究》，广西人民出版社，1999，第241页。
② 《马克思恩格斯选集》第1卷，人民出版社，1995，第275页。
③ 〔德〕马丁·布伯：《我与你》，陈维纲译，三联书店，2002，第8页。

二 市场经济条件下公益精神生成的多维审视①

自由市场机制在带来繁荣和活力的同时，也孕育着一种对市场主体的关怀，尤其是竞争中对社会弱者的利益保护，这是践行人类社会基本价值——社会公正的一种必然诉求。因而，探讨市场经济是"宠物不宠人"的"无人世界"还是皆有利己与利他的"经济人"和"道德人"的统一，是单纯的现实性物质世界追求还是兼有理想性"意义世界"的生存，这是挖掘现代公益精神问题的源头。

1. 民间性社会自我保护：市场经济条件下公益精神缘起的动因

作为一种以市场机制为基础和主导的配置社会资源的经济运行形态，市场经济呼唤和强化着人的主体性，确认和肯定着个人利益追求的合法性，这是社会现代性生成的重要原动力。市场这只"看不见的手"企盼着可以实现资源配置的"帕累托最优"理念，然而现实却是其表现出来的不完全性——市场存在失灵或失败的非万能性，如垄断形成以后的竞争失效、对解决公共产品提供的低效性、与社会的不协调性、个体收入悬殊、失业威胁、人情冷漠、环境污染——这是公众时刻能感受到和面对的高度不确定的社会风险。

人类在体验市场经济带来繁荣和社会财富的同时，也意识到市场经济有可能威胁到社会的安全和人们的生存。因此，市场失灵所带来诸多问题的解决必然要诉诸一个自我保护的社会系统。任何一个社会都不可能单靠政府来提供全民的全部生活保障，因而社会保护系统既包括国家以各种形式提供的或主办的那部分保障，又包括企业、团体、家庭和个人提供的那部分保障。换言之，社会保护系统既囊括社会保险、社会救济、社会福利等政府项目，也涵盖私人企业提供的附加退休金和福利待遇、私人保险、慈善事业、家庭互

---

① 钟明华、卓高生：《现代社会公益精神生成的多维审视》，《中国特色社会主义研究》2009年第2期。

助甚至私人储蓄等。虽然"社会保护系统的构成因各国不同的社会结构、产业结构、政治结构和文化历史背景而异"①，但一个共同之处在于其责任主体首先是政府，因为政府的职责就在于创建健康的社会发展环境、维护良好的社会秩序、保障公共利益。然而，"市场导致缺乏效率和不公平的情况并不意味着可以推论政府的干预必然导致情况的改善"，"政府代表性中的失灵、政府信息不对称所导致的失灵、公共选择的盲区、福利危机、自利性所导致的失灵"②宣告政府也不是万能的。

在政府与市场由于制度性或本质性而无法满足公众的"本体性安全"的情况下，公益组织等社会力量的介入和干预，公益精神的培育和认同是"嵌入"种种不确定风险的社会与充斥着"成本—收益计算"的"无情世界"的有力通道。"本体性安全"是指"大多数人对其自我认同之连续性以及对他们行动的社会与物质环境之恒常性所具有的信心，这是一种对人与物的可靠性感受"③。"绝大多数社会都在自己的历史中演化出一些照顾穷人和社会底层的人（the disadvantaged）的办法。工业时代的来临使得个人越来越难以担负照看自己的全部责任。"④"个人在遭到他们不可控的力量的打击"的风险时，正如卡尔·波兰尼曾指出的，需要构建一个包括政府、企业、社会团体（尤其是公益组织）、社会公民共同参与的建设性自我保护系统，只有这样才能防止自律性市场制度带来毁灭性后果。

20世纪90年代以来，随着经济体制改革的不断深入和国内外形势的风云变幻，中国社会发展面临越来越严峻的挑战。其中，社会问题丛生，贫困的农民、进入城市的农民工、城市中以下岗失业者为主体的贫困阶层等因在市场竞争中所处的弱势地位、物质生活的贫困状态、表达

---

① 郭毅等编《社会资本与管理学》，华东理工大学出版社，2007，第69页。

② 张洪武：《市场失灵、政府失灵与政府治道变革》，《理论导刊》2008年第8期。

③ 〔英〕安东尼·吉登斯：《现代性的后果》，田禾译，译林出版社，2000，第80页。

④ 〔英〕卡尔·波兰尼：《大转型：我们时代的政治与经济起源》，冯刚等译，浙江人民出版社，2007，第4页。

和追求自我利益的政治参与能力不足，"不利群体、弱势群体、边缘群体"① 相继出现，并有扩大的趋势。随着经济转型的到来，当前弱势群体表现出高度的同质性、群体性和集中性，表现出在行业和地域层面的结构性特征；另外，制度性歧视也造成弱势群体与社会的断裂，这些都严重影响着社会发展质量。大量的社会弱势群体在心理上产生的一种相对剥夺感、对现行社会政策的抵触心理都有可能危及社会的安全运行和健康发展。公益慈善活动对市场机制和马太效应等初次分配有重要的反向平抑作用，有利于社会和谐的再分配活动。因此，要对当前包括失业者、贫困人口、妇女、儿童、残疾人、老年人等市场经济中处于不利和弱势地位的社会群体予以保护，必须发挥政府、市场和民间公益组织等在社会保护中的不同作用，建立和完善人民群众自我动员、自我保护的社会机制。②

在稠密的社会参与网络中，民间公益组织基于自身的组织目标、参与者的使命感和公益精神，通过志愿性的公益行动广泛调动民间力量，践行着预警防范、组织动员、社会救助的责任，从而填补政府和社会经济组织在相关方面的空白和缺位，甚至在无法依靠政府和市场力量的情境下形成独立的主体，捍卫社会价值，提供公共服务，担起消解风险的重任。在日渐淡漠的市场社会中，尤其是面临危机时刻，公益行动和公益精神倡导与维护了社会正面价值观，满足了民众的最高精神追求，并能凝聚起公民勇气以及对我们这个社会的信心和彼此珍重的爱心。广大公益志愿者和乐行善事的社会公众以其实际行动表达着对社会群体尤其是社会底层群众的关照，以其"内蕴的利他关怀和公共意识促成社会团结，从而凝聚起整体合力（而非呈现原子化状态）"，使"最少受惠者"感受到社会的友善和公正，收获社会给予的福利关怀和真切实惠。

2. 利他的价值取向：市场经济条件下公益精神的动力

利他主义是公益精神的核心，也是公益行动兴起的主要原因。利他

---

① 丁元竹：《为社会不利群体、弱势群体、边缘群体——构筑新时期社会保护体系》，《瞭望新闻周刊》2000 年第 16 期。

② 本书编写组：《科学发展观与中国"十一五"经济社会发展战略》，红旗出版社，2005，第 198 页。

与利己相对。生物学领域给了"利他主义"一个确切的含义：一个生物体的行为，降低了该生物体自身的再生适应能力，但增进了至少一个相同种类（同种）的其他成员的再生适应能力，也就是影响一个个体基因出现在下一代基因库的相对频率的能力。① 在"经济学帝国主义"的扩张下，人们常把利己主义看作人类行为中更为基础、更为普遍和根本的价值取向。然而无论是在历史记录、行为实验还是在日常生活中，我们都发现利他行为和观念是普遍的，是人类行为的天然"善端"。随着经济的发展和社会环境结构的改变，利他主义从理论和实践上都对传统的"经济人"假设提出了挑战。理论上，如"囚徒困境""搭便车""公地悲剧"（the Tragedy of the Commons）②等问题表明个体理性行为与集体理性结果之间的冲突；实践上，工业社会和市场经济推进了富人和穷人之间在收入与财富上不均等的差距，这种日益扩大的不平等并没有促进财富的增加。相反，卡内基"死后留下大笔财富的人是可耻的"这句名言，已成为美国 100 多年来富人做慈善事业的某种驱动力与信仰。1910 年，洛克菲勒基金会成立，次年，卡内基基金会成立。根据 2002 年 4 月美国基金会中心发布的消息，不到 100 年的时间，美国的慈善基金会从几个发展到 5.6 万家。③ 而中国也出现了越来越多成功的富人慷慨解囊帮助一些素不相识的穷苦人的现象，甚至一些自己并不富裕的普通人，也愿意伸出热情双手贡献自己的力量。针对这些现象，著名的行为经济学家加里·贝克尔从社会相互作用角度分析："利他主义能够实际增加自身消费效用，而非减少这种消费，而且利他主义行为能够增加自我生存的机会。"④ 对此，众多经济学家不得不正视经济生活中存在大量利他主义行为这一事实。

---

① 〔美〕亚历山大·J. 菲尔德：《利他主义倾向》，赵培等译，长春出版社，2005，序言第 1 页。
② Garrett Hardin, "The Tragedy of the Commons," *Science* 168 (162), pp. 1243 – 1248.
③ 资中筠：《财富的归宿：美国现代公益基金会述评》，上海人民出版社，2006，第 8 页。
④ 〔美〕加里·贝克尔：《人类行为的经济分析》，王业宇等译，三联书店，1995，第 297 页。

利他主义（Altruism）是不是一个具有现实基础的概念呢？18世纪，西方古典经济学家亚当·斯密在《国富论》中提出了"经济人"的假设，认为人是自利的，追求自身最大利益是驱动其经济行为的根本动机。然而在现实社会生活中，人总是表现为"经济人"和"道德人"的混合物，是理性和非理性、利己和利他的矛盾统一体。德国社会学家马克斯·韦伯认为：市场经济约束机制使人具有"道德人"属性。他在《新教伦理与资本主义精神》中说：尽管由新教伦理创造的资本主义精神和道德力量哺育了近代"经济人"，然而为了保持经济冲突与道德抑制相平衡，"经济人"的成长仍然需要道德的支持。"道德人"是对"经济人"的一种完善和补充。无论企业家或财富巨头在致富过程中如何巧取豪夺、残酷无情，但他们在捐赠中又都是热情慷慨、急公好义的，以社会乃至人类的福祉为己任，所以西方国家诸多公益基金会甚至被标榜为"靠平等社会给予的特权而存在的贵族机构，是违反'经济人'的本能而用于公益目的的高度集中的私有财产"[1]，这似乎是一种矛盾的现象，却现实地存在于我们的社会经济生活中。

"道德人"注重对社会利益的追求，强调个人对社会的义务，提倡奉献精神[2]，通过公益行动和倡导公益精神来适应市场经济条件下"自利性个体"的自我肯定、自我发展的道德性需要。人有丰富的精神追求和精神生活需要，需要高层次的精神满足和追求有价值的人生。因此，人的社会属性和精神（思维）属性，就构成了"经济人"道德升华的内在动力。以利他主义为核心的公益精神是构成人的精神追求和满足精神需要以及实现意义生命提升的重要内容，也是公益行动发起的动力。正如穆勒所说："我必须再声明，功用主义所认为行为上是非标准的幸福并不是行为者一己的幸福，乃是一切与这行为有关的人的幸福。"[3] 对此，马克思恩格斯也指出，功利论"一开始就带有公益论的

---

① Waldemar A. Nielson, *The Big Foundations*, Columbia University Press, 1972, p. 3.
② 李超：《社会主义市场经济的人学底蕴》，人民出版社，2004，第215页。
③ 〔英〕穆勒：《功用主义》，唐钺译，商务印书馆，1957，第18页。

性质"①,"人们只有为同时代人的完美、为他们的幸福而工作,才能使自己也达到完美"②。所以,互助合作、爱心奉献、博爱利他等普遍价值取向和最高价值追求的多层次道德体系,促进了利己与利他的统一,促进了"经济人"道德的升华。

受利他主义影响的公益行动是指一个人自觉、主动地通过自己的付出来增进他人(尤其是社会弱势群体)效用的行为,是建设性社会自我保护系统中的负反馈,在一定程度上能有效提升保护对象的社会福利、公共环境水平和社会稳定和谐度。因而,它是公益精神的集中体现和行为导向。一般来说,利他主义行为可分为四种类型。(1)彻底的利他主义行为。一个人牺牲自己效用以增进他人效用的行为。这种行为不追求任何形式的回报,哪怕是精神上、心理上的满足。(2)纯粹的利他主义行为。一个人只是为追求心理上的愉悦,而对他人做出的不指望其他任何回报的转移支付。(3)指望获得某种形式回报的利他主义行为。一个人为追求名誉、赞扬等精神回报而采取的利他主义行为。(4)互惠的利他主义行为。一个人为了日后得到他人的援助、支持而采取的利他主义行为。③ 第一种彻底的利他主义公益行动是一种崇高的无私奉献,只存在于社会经济生活中的少数人;后三种公益利他行动则带有某种个体"有私奉献"④ 的利益追求,包括奉献之后个体内心的愉悦感、荣誉感和精神价值的实现而强调的"互惠"(Reciprocity)物质回报,这可以统归为一种"互惠利他主义"的公益行动。因其背后潜藏着些许利己动机,也正是这点利己动机,才使互惠利他主义行为在市场经济条件下找到了支点和解释,因此也更具有普遍意义,这不仅符合经济学有关原理,也符合社会学、人类学的相关理论。由此可见,作为公益精神核心的利他观念表现出

---

① 《马克思恩格斯全集》第 3 卷,人民出版社,1960,第 484 页。
② 《马克思格斯全集》第 40 卷,人民出版社,1982,第 7 页。
③ 李柏洲:《现阶段中国社会利他主义行为分析》,《学术交流》2008 年第 1 期。
④ 徐永光:《有私奉献是志愿精神的原动力》,转引自丁元竹等主编《中国志愿服务研究》,北京大学出版社,2007,第 22 页。

层次性的特征，有"高尚"的理想境界和"平凡"的一般层面。各种公益慈善捐赠动机不同，有学者做了如下八种形式的归纳：无私奉献型、同情弱者型、互助友爱型、塑造形象型、经济谋划型、政治需要型、沽名钓誉型和最终利己型。① 在此，笔者欲重点探讨更为普遍和可能的作为市场主体的个体和企业互惠利他主义的公益行动及其公益精神价值理念。

互惠与现代公益的关系比较复杂，它可以做普遍化互惠与均衡互惠两种类型的划分。对此，美国政治学家帕特南指出，普遍化互惠就是说，交换关系在持续进行，这种互惠在特定的时间里是无报酬的、不均衡的，但是，它使人们产生共同的期望，现在己予人，将来人予己；而均衡互惠是指人们同时交换价值相等的东西。二者的区别是普遍化互惠强调"短期利他与长期利己的结合"，而均衡互惠则追求的是"短期利他与短期利己的结合"。普遍化互惠是一种高度生产性的社会资本，可以更有效地约束投机，解决建立互助社等集体行动的问题。② 而均衡互惠尽管也可能产生人们之间的互助，但是由于它更注重自己眼前所获得的利益，因而这样的互助行为只能限于熟人、亲族，不利于形成现代公民的公益精神。鉴于此，笔者认为现实中我们要倡导的公益精神应是基于利他与利己相结合的普遍化的互惠。在中国目前提倡互助互惠基础上的公益更具现实性，也有更广泛的群众基础。"大部分中国人乐于行善的目的，是期望获得回报。"③ 如果我们都按照"圣人"的标准来倡导公益精神，则关闭了公益行动的大门。所以，在现代价值多元化的社会条件下奉行"助人自助"，个体在利他公益行动的意义认

---

① 王小波：《试论普通人参与慈善事业的意义、影响因素及其途径》，《道德与文明》2006 年第 2 期。
② 〔美〕罗伯特·D. 帕特南：《使民主运转起来》，王列等译，江西人民出版社，2001，第 202 页。
③ 〔美〕亚瑟·亨·史密斯：《中国人的性格》，乐爱国等译，学苑出版社，1998，第 165 页。

同框架内将实现"非物质价值收益超出物质价值上的损失"① 的客观公益目的，这是个体自觉进行公益行动的动力，也是满足个体需要进而推动公益精神生成的内在动力。

公益精神导向的是一种普遍性的人际关联，嫁接这种关联的重要纽带是责任，这无论是对于作为私人行为的个体公益行动还是对于企业法人而言都是如此。因此，公益事业的可持续发展和公益精神的延续与传播，在市场经济中要为公司公民（Corporate Citizenship）的公益行动寻找内蕴着的道德力量，在笔者看来，那就是源于一种以企业责任为基础的互惠利他主义的价值倾向。"企业的社会责任是企业通过自由决定的商业实践以及企业资源的捐献来改善社区福利的一种承诺。"② 对企业的公益捐赠等行为，我们可分为自利型捐赠——指向广告促销的捐赠；互利型捐赠——指向相关利益人的捐赠（可分为资金捐赠、产品捐赠、劳务捐赠）；利他型捐赠——指向非相关利益人的捐赠三类。③ 其中，利他型和互利型是当前主导的形式，同时，互利型公益捐赠是未来发展的趋势。

利他模式的基本规则，其实是将公司社会责任与经济责任相对立、相分离，以公司与政府、非营利组织三大部门各执经济、政治、社会职能，各自独立为社会准则。因此，公司领导人"几乎不在解决社会问题的事务中提出自己的专门建议，他们乐于站在幕后资助私人基金会"，多"采取现金捐赠给非营利部门，而不是捐赠产品、商业建议和公司志愿者，以免非营利机构和公司走得太近"，在决定捐赠项目时，有意"选择那些和自己的业务最小相连的领域"以防被人以利己的口实诋毁。④ 美国管理学大师迈克尔·波特教授曾将社会责任模式区分为两类：一是"反映型责任模式"，企业向社会捐献，消减自身对社会带

① 陶传进：《社会公益供给——NPO、公共部门与市场》，清华大学出版社，2005，第65页。
② 〔美〕菲利普·科特勒：《企业的社会责任：通过公益事业拓展更多的商业机会》，姜文波等译，机械工业出版社，2006，第2页。
③ 杨团、葛道顺主编《公司与社会公益Ⅱ》，社会科学文献出版社，2003，第26～27页。
④ 杨团、葛道顺主编《公司与社会公益Ⅱ》，社会科学文献出版社，2003，第39页。

来的负面影响（如环保）；二是"战略型责任模式"，将企业的社会责任和经济责任互嵌，转变企业公益活动"利他型"为"互利型"，这将是未来企业公民的社会理念和行为规则，也是20世纪80年代开始"企业社会责任运动"① 兴起的重要背景。对于众多企业而言，面对日益变化的社会环境，仅仅依靠在经济责任和法律责任范畴内的作为来获取良好的企业形象已不可能，良好形象的树立与保持要求企业在经济责任、法律责任、伦理责任和慈善责任的范畴内保持均衡。② 近年来诸多企业主动承担社会责任而推出公益营销策略，努力实现经济效益和社会效益的辩证统一。应该说，对于企业而言，"不为收益做公益"固然是一种高尚，然而，"公益—收益—公益"的良性循环公益事业发展也是一种可行的思路，这是对传统公益精神侧重的无私奉献型"纯粹利他"观念的发展。因而，基于一种"悲天悯人的情怀"来实践企业的公益伦理，参与社会发展和扶贫公益事业，这对"企业提升改善品牌形象，吸引更多顾客和扩大市场"等都有积极效应。因此，企业公益责任的实现、公益精神的倡导对于企业的可持续生存（Going Concern）③ 有重要意义，在"为了人类的安全和幸福"领域中，企业和社会的共生是公益精神缘起的内在动力。

3. 意义世界的搭建：市场经济条件下公益精神的目标指向

黑格尔说过："人生活在两个世界中：在一个世界中人具有他的现实性（Wirklichkeit，实在性），这方面是要消逝的，这也就是他的自然性、他的舍己性、他的暂时性；在另一个世界中人具有他的绝对长住性，他认识到自己是绝对的本质。"④ 市场经济主体除了拥有扎根于以物质利益驱动为特征的"事实"世界之外，还占据一个"悬挂在自己编织的意义之网"上的精神框架。公益行动者则更多是作为参与"意

---

① 王粤、黄浩明主编《跨国公司与公益事业》，社会科学文献出版社，2005，第39页。

② Archie B. Carroll, "A Three-Dimensional Conceptual Model of Corporate Social Performance," *Academy of Management Review*, Vol. 4, No. 4, 1979, pp. 497–505.

③ 〔日〕冈室美惠子：《关于企业市民的一个思考——企业的本业与公益》，转引自王粤、黄浩明主编《跨国公司与公益事业》，社会科学文献出版社，2005，第79页。

④ 张世英：《论黑格尔的精神哲学》，上海人民出版社，1986，第273页。

义"世界生产和维系的主体。

在民间公益行动所建构的新的公共空间中，这种意义框架可进行内在与外在双重分类，它是行动者为自身的公益行动赋以意义并接受、认同和传播一种崇高而平凡的公益精神。所谓外在意义，是指行动者将自身的集体行动赋予服务对象乃至外部社区的意义。它可分为为社会变迁中一些无助的弱势群体提供服务以解决当下面临的紧迫问题和危机的慈善福利型公益以及在此基础上帮助他们（有时也包括自身）获得能力提升的参与式公益；可分为为服务对象提供技术和资源支持甚至成为理性维权的维护社会公平正义基本主体的意义框架；可分为对现存社会制度和文化无法为社会提供支持而寻求社会变革，建立可以替代的经济、政策、法律、教育体系或结构并进而推动价值观和文化改变的社会变革型意义逻辑。[①] 总而言之，公益行动的意义逻辑已经随着社会经济的变迁从单纯的学雷锋做好事的慈善福利逻辑向多元的意义框架变化，从针对社会某部分弱势群体转向主流社会公众自身。这种意义框架是构成公益精神外部效应的重要内容，为公益行动者的自主多元选择、公益活动参与的社会动员能力提升和公益事业的可持续发展提供了动态的精神资源。

所谓内在意义，指的是公益行动者赋予公益行动的指向自身的意义框架，可分为两个组成部分。第一是公益行动者个体动机和理念的实现，即公益主体是否能够在所参与的组织化公益行动和团队中实现自身的意义价值和理想目标，包括自身社会理想和社会关怀的实现，如实现社会公平的行动愿望、对公益精神的渴望等，以及一些更多体现个体意义的目标和需求，如奉献爱心、自身能力的提升、交友、积累社会网络和社会阅历等，这种内在意义类型可称为"自我实现框架"。第二是公益主体对组织文化和公益性团体内部关系的期待和归属感，即公益主体希望建立和加入什么样的公益型团体，希望处于什么样的团队关系和组

---

① 朱健刚：《行动的力量——民间志愿组织实践逻辑研究》，商务印书馆，2008，第274～278页。

织文化中，期待这个组织化的团队如何加强自身的凝聚力和归属感，以及该团队区别于其他团体的意义赋予和建立对该团队的归属和认同。这种意义的赋予可称为内在意义的团队归属框架。[①]

由此可见，现代公民的公益精神激发从原来的被动性转向愈发强调自治、自发与自愿，愈发对团队拥有更强的情感归属和情感支持，即对组织的更高拥有度（Ownership）以及在此基础上自我价值的多元赋予与实现。

三　社会主义市场经济条件下公益精神的特征

市场经济通过自由的物质生产和物质交往所获得的不仅仅是物质财富，更促进人的主体意识的觉醒和主体地位的生成，是自由、自觉的个体主体性的强化和确认。一个理性、丰满的个体在物质需要得到提高和满足的情况下，必然产生与物质生活相适应和相平衡的精神生活诉求。因此，人在发现了自己的意义和价值以后，必然为其精神家园和"意义"世界的建设付出行动。孕育、兴起和发展于市场经济背景下的公益精神在特征上表现出一般性的时代特征，而结合中国特色社会主义的公益精神更有制度层面的特性。

1. 尊重和重视个体正当利益的满足

市场经济条件下的公益精神，更加尊重和重视个体正当利益的需要，从而使公益精神的逻辑起点——个体成为健康、能动、理性和丰满的主体，而不是计划经济条件下那种生活在狂热的精神自足中的"单面人"。计划经济条件下的公益精神更多是基于社会政治意识形态的宣传和鼓动而持有的一种政治热情和政治信仰，是一种自上而下的单方面的思想规制。因而，就整个社会而言，这种公益精神缺乏自下而上的个体自觉能动性，存在志愿性不足的现象，"任何真正的志愿都只能是个

---

① 朱健刚：《行动的力量——民间志愿组织实践逻辑研究》，商务印书馆，2008，第 278 ~ 283 页。

人的志愿，排斥个人自由选择权的'集体志愿'、'社会志愿'不过是强制的代名词"①。而市场经济条件下，公益精神所注重的意义框架相比于计划经济更为多元，它将体现公益行动者对自我价值追求的自觉性、个性化与社会价值的融合，并遵循在实践行动中观照自我的成长与社会变革发展相一致的逻辑进路。固然，崇高而无私奉献的公益牺牲精神是社会所需要的，但内含互惠利他的公益精神更为普遍。现代市场经济条件下，公益精神倡导公益行动者在公益行动中实现道德义务的履行和个体自我利益追求的权利之间的统一。

2. 源于个体内在的需要和自觉

与在计划经济条件下不同，市场经济条件下的公益精神，不是自上而下的政治规约和意识形态教化，不是外在权威（政治权威和思想权威）的屈服与贫乏物质条件下个性的萎缩和自由理性的压抑，而是源于个体内在的自我需求，是个体建立在理性基础上的自由选择的结果，是内在的自觉。真正意义上的道德自律总是个体出于明确的理性意识而自觉自愿选择的行为。如遍布于社会各角落的志愿者，他们"既有学者、记者和政府官员，也有普通职员、学生和外来打工者；今天的志愿组织，不再只是少数社会名流建立的精英俱乐部，而成为越来越多普通人参与其中的集体行动；它也不再只是要超越日常生活的雷锋精神的体现，而已经成为许多人日常生活的一部分，甚至成为一种时尚"②。公益行动是一种建设性而非对抗性的集体行动，是个体在意义认同和行动过程中的一种实践逻辑，正如法尔曼和佳姆森（Fireman and Gamson）所认为的，许多人参与集体行动是出于对群体的责任感，而道德满足感应被视作一种选择性奖励。他们指出，团结感（Solidarity）——当成员间的关系产生出一种共同身份、命运和维护群体的承担——亦可发挥动员的作用。行动中彼此凝聚的情感

---

① 秦晖：《政府与企业以外的现代化——中西公益史比较研究》，浙江人民出版社，1999，第2页。
② 朱健刚：《行动的力量——民间志愿组织实践逻辑研究》，商务印书馆，2008，第5页。

推动着人们对集体行动的投入和坚持，这是一种寻求自我需要满足的表现形式。

3. 内涵更具丰富性

与计划经济条件下侧重个体对社会（集体）的单方面服从，个人利益对集体利益的单方面让步不同，市场经济条件下的公益精神不仅要处理个体与集体的双向利益关系，而且由于市场经济给个人和社会带来深刻变化，它还要涉及个人与他人、个人与集体、个人与社会、个人与自然等多方面的本质性规定：自觉能动的自主性、勇于担当的责任感、扶危济困的慈悲心、无私奉献的牺牲精神以及自利的同时利他、竞争的同时合作、主张个人权利的同时维护公共价值和秩序的兼具先进性与广泛性的多元意义框架，等等。源于个体物质生活和精神生活的自觉需要，公益精神内涵的彰显在个体心理结构和社会的价值系统中也呈现一种较为稳定的特征。因此，市场经济条件下的公益精神更加丰富、更合理化、更人性化。质言之，更真实化。

公益精神就其本质而言是一种利他性伦理道德精神。"人们自觉地或不自觉地，归根到底总是从他们阶级地位所依据的实际关系中——从他们进行生产和交换的经济关系中，吸取自己的道德观念。"[①] 公益精神在市场经济条件下形成了区别于过去计划经济条件下的体制性特点，而市场经济与社会主义的结合，也使公益精神具有了制度性特征。

第一，独立经济主体的功利伦理是公益精神兴起的基础。社会主义市场经济体制的首要目标就是发展生产力，这对于市场经济主体而言必须获得普遍、持久和强有力的心理动力——物质利益的驱动。邓小平指出："不讲多劳多得，不重视物质利益，对少数先进分子可以，对广大群众不行，一段时间可以，长期不行。"[②] 当前，市场经济体制下的国有企业不再是政府的附属物，而是独立的自负盈亏的经济主体；不再是被动地执行政府指令，而是在市场竞争中通过其社会功能自动地创造利

---

① 《马克思恩格斯全集》第 20 卷，人民出版社，1971，第 102 页。
② 《邓小平文选》第 2 卷，人民出版社，1994，第 146 页。

润。同时，非公有制企业 20 世纪 90 年代以来在国民经济中的分量增长已是不争的事实，1999 年宪法给予其合法地位，2004 年修正的宪法又进一步承认了合法的私有财产不可侵犯。市场经济确证了社会主义功利伦理在我国当代社会道德生活中的正当性和基础地位，即"以效益为追求目标，以勤俭为行为核心，以自尊为心理基础，以竞争为实现手段，以互利为社会前提，以法律为行为基准"①，它为社会活力的激发、财富的积聚和国家的繁荣奠定了坚实的物质基础，也为公益事业的发展做了现实的准备。"一个普遍贫穷的社会难以唤起广泛而现实的公益行为"②，因而，出现"公益事业革命"最基本的物质基础是财富的积累。③ 市场经济主体所具有的公益精神使其在实现交换价值增值的同时确立了承担市场责任的主动意识，这是相辅相成的互动伦理关系，经济主体在追求经济效益的同时需要关照社会效益和生态效益等，而对后者的真切关照又会直接或间接地为经济主体的效益增加带来福音，并促使私人部门和公共部门以更大的热情投入公益事业中。

第二，共同富裕是公益精神的现实指向。一次分配讲效率，二次分配讲公平，三次分配讲奉献。"第三次分配"要通过公益慈善来实现。公益慈善对社会和谐的最大贡献在于：倡导并实践公益精神。④ 每个人都需要帮助，帮助他人就是帮助未来的自己。"通过人与人的互相扶助，他们更易于各获所需，而且唯有通过人群联合的力量才可易于避免随时随地威胁着人类生存的危难。"⑤ 在一个人口众多、物质基础薄弱、公民收入相对较低、社会发展水平不平衡的国家，要实现共同富裕的历史性任务，除了个体在"致富欲"的驱动下追求自我利益之外，还要

---

① 陈泽环：《功利·奉献·生态·文化——经济伦理引论》，上海社会科学院出版社，1999，第 16 页。
② 卢汉龙：《公益行为与社会进步》，《探索与争鸣》1993 年第 5 期。
③ 资中筠：《财富的归宿：美国现代公益基金会述评》，上海人民出版社，2006，第 22 页。
④ 姚丽萍：《上海各项慈善基金倡导公益精神实践公民义务》，《新民晚报》2006 年 10 月 17 日。
⑤ 周辅成编《西方伦理学名著选辑》上卷，商务印书馆，1964，第 635 页。

大力提倡利他服务的奉献伦理，通过"先富带动后富"，"我们提倡一部分地区先富裕起来，是为了激励和带动其他地区也富裕起来，并且使先富裕起来的地区帮助落后的地区更好地发展……提倡有的人富裕起来以后，自愿拿出钱来办教育、修路"①。公益事业的推进和公益精神的倡导在现实性上的指向正是社会主义的根本目标：实现共同富裕，即普遍富裕基础上的差别富裕、物质富裕和精神富裕的统一。

第三，生态文明是公益精神的扩展。生态文明是指人们在改造客观物质世界的同时，不断克服改造过程中的负面效应，积极改善和优化人与自然、人与人的关系，建设有序的生态运行机制和良好的生态环境。生态文明是科学社会主义全面文明系统中的重要内容，也是建设中国特色社会主义进而迈向共产主义的重要目标和价值追求。"我们这个世纪面临的大变革，即人类同自然的和解以及人类本身的和解。"② 这里所说的"人类同自然的和解"，指的就是要建设人与自然和谐友好的生态文明和环境友好型社会。社会主义市场经济条件下，人们在物质利益的驱动下，以注重社会公正、倡导公民利他服务的奉献精神为导向。此外，我们在发展生产力、达到共同富裕的过程中必须实现人与自然的伙伴关系和协同进化。法国著名的生态主义者塞尔日·莫斯科维奇认为：现在"自然问题成为人们日常思考的主题，是任何一个角落里的人类都共同关注的唯一的问题。生态精神在这个意义上是跨文化的，它正在改造着我们的现代性文化；世界的重心正在从社会转向自然"③。因此，"将支撑现代工业的追求私利型社会系统，向着追求公益型社会系统转换"④ 是实现科学发展的必由之路。现代公益精神的内涵紧跟时代发展的实际，谋求着"人—社会—自然"关系的良性反馈，因而，生态文明是公益精神在现代环境下的扩展与延伸。

---

① 《邓小平文选》第 3 卷，人民出版社，1993，第 111 页。
② 《马克思恩格斯全集》第 1 卷，人民出版社，1956，第 603 页。
③ 〔法〕塞尔日·莫斯科维奇：《还自然之魅——对生态运动的思考》，庄晨燕译，三联书店，2005，第 7 页。
④ 〔日〕岸根卓郎：《环境论：人类最终的选择》，何鉴译，南京大学出版社，1999，第 353 页。

第四，"自由人联合体"社会理想是公益精神的升华。市场经济中的经济目标、社会目标和生态目标的实现及统一，为它的理想目的——"自由人联合体"的共产主义社会——的实现创造了现实基础。因而，公益精神强调对独立经济主体功利追求的肯定、奉献精神彰显的共同富裕、人与自然内蕴着的生态文明，形成了未来共产主义社会每个人全面而自由发展的理想信念。"自由人联合体"是马克思科学社会主义的价值取向和制度目标。实现"自由人"与"联合体"有机统一和人类解放是一个动态的历史过程，马克思将其划分为三种过程性形态：人身依附形态、物的依附形态、自由个性形态。其中，第二形态提升到第三形态，是社会主义的使命。当然，"自由个性形态"需要依托于一个"共同的社会生产能力成为他们的社会财富"的"真实"的"联合体"。[1]公益精神不仅可以给人们带来丰富的物质成果，而且也具有极高的精神价值，它有利于增强人们的价值认同感和凝聚力，是实现公民与国家和谐互动的先决条件。因此，"公益精神内化为心灵的信仰"，能使人们清醒地认识到时代赋予他们的历史使命，指引人们更多地关注国家的整体利益，促使人们团结一致，共同进步。[2] 所以，"自由人联合体"的社会理想是社会主义市场经济条件下公益精神的升华，是社会主义社会过渡到未来理想社会的精神动力。

---

[1] 《马克思恩格斯全集》第46卷（上），人民出版社，1979，第104页。

[2] 韦朋余、周毅之：《公益精神与和谐社会的构建》，《陕西省行政学院学报》2006年第4期。

第四章│当代中国公益精神现状考析

随着我国各项改革事业的推进，人们对公益事业的认识愈加深刻，对其在人和社会发展中发挥重要作用的认同度也越来越高。但是我们仍须清醒地认识到我国目前的公益事业尚处于起步阶段，公民公益精神及公益行为的自觉水平仍有待进一步提高。因而，对当代中国公益精神现状的考析是新时代推进公民公益精神培育工作的一项重要任务。

一 公益事业与公益精神的当代考察

（一）中国公益事业的简要回顾

为探索当代中国公益精神现状，我们必须回顾中国公益事业发展的历史，因为公益精神是公益事业发展历程中的精神动力，是公益事业推动社会和谐发展的思想源泉。现代公益事业是反映公平、公正等价值追求的社会性事业，它的形成包括五个实体要素：一是国家、政府，负责制定法规、政策以保障公益事业发展的规范化、法制化；二是公益组织，进行社会动员，充当公益中介，实现公益事业的社会化、组织化；三是捐赠者（个人、企业），捐献资金、物质、知识和时间（志愿服务），坚持公益事业的经常化和参与者的广泛性；四是受益者，社会弱势群体和公共事业，保证社会最少受惠者生活状况和公共环境的改善；五是大众媒介，传播信息、理念，进行宣传、教育、推动、监督。公益事业是一个国家现代化水平的重要标志，是中国共产党着力加强的社区建设、精神文明建设、政治文明建设和社会主义和谐社会建设的一项不可或缺的内容。

"现实既是历史隐身的场所，同时又是历史现身的场所。现实既使历史匿名，又给历史正名。"① 现代公益事业于西方国家已有上百年的历史，在中国却只有二十几年的历史，当然，我们有悠久的乐善好施、救危济困的传统。因此通过对中国传统公益活动的回顾，有学者将其特点总结为"有传统而无事业的慈善"②。从两汉魏晋南北朝时期的灾荒救济、医疗救护、恤老慈幼方面的慈善发轫，到佛寺进行的涉及济贫赈灾、施医给药、规诫残杀、劝善修行的早期民间慈善活动；从隋唐时期的设义仓以备赈济、置养病坊以恤茕独，到两宋时期的福田院、居养院、安济坊、惠民药局、漏泽园、举子仓和慈幼局等官办慈善机构的设立，中经金元时期的衰微，达至明清时期慈善事业的兴盛，清朝前中期出现了民营或官督民办性质的用以救济鳏寡孤独的慈善机构——普济堂，政府与民间为拯救幼婴而设立各种育婴组织——育婴堂。善堂善会数量迅速增加，慈善机构种类繁多，慈善活动内容丰富，在维持社会生产和秩序方面发挥了重要作用。同时，民间慈善活动也发生了显著的变化：由个别人的善行义举转向平民百姓乐善好施而呈现大众化的倾向；由临时一般性的善举转向常设的慈善机构而呈现组织化的倾向，如明末在江南的武进、无锡、嘉善、太仓、昆山等地先后出现了同善会、广仁会、同仁会或善堂等民间慈善团体，它们从事的是中国历史上一种全新的非宗教性的、非宗族性的、持续性的、志愿性的慈善救济事业，是现代慈善事业的萌芽。

近代中国在内忧外患的压力下，政府权力弱化，一些有识之士打破了传统宗族救济观念和地域的界限，催生了"公共思想"和尽"公共义务"的观念，此时的公益慈善事业被赋予民族复兴的使命。如洪秀

---

① 雷戈：《历史与现实》，《史学月刊》2002 年第 3 期。
② 丁元竹：《中国慈善"有传统无事业"？》，《中国社会导刊》2005 年第 24 期。

全宣传的天下太平、康有为的大同思想、新文化运动中陈独秀提倡的民主与科学、孙中山的平均地权等思想理论，都自然地超出了中国古代慈善文化原来意义上的乐善好施、赈灾救民、扶贫济困、尊老爱幼、苦乐共享的狭隘范围，与整个中华民族的存亡、富强和发展联系在一起，与世界发展联系在一起。① 另外，在这个阶段，中国的传统慈善开始与西方公益相融合，西方基督教宗教观念、自由主义、人道主义、功利主义、实用主义、社会主义等思潮猛烈地冲击着中国传统的公益观。中国人建立了一些新式社团，主要是医疗救护类公益组织，还有社会教化、儿童保护、经济保障、失业保障类社团。② 据1930 年民国政府内政部调查统计，全国 18 个省有救济院和旧有慈善团体（明清时设立的慈善团体）1621 个。传教士在华建立的孤儿院、慈善医院、施诊所等公益设施 1442 个，教会学校 13 万余所。③ 据1948 年《中国年鉴》统计，当时全国有 4172 个救济机构，其中私立的有 1969 个，占 47%。在众多的民间慈善机构中影响较大的有中国红十字会、中华慈幼协会、香山慈幼院、华洋义贩会等。西学东渐影响下出现的新式社团在促进中国的医疗保健、农业、科学与教育事业发展，增强公民的权利义务意识、参与意识、公共生活意识与自治意识等方面都起了很大作用。④

新中国成立后，公益事业一度在大陆销声匿迹。中央政府通过没收官僚资本、土地改革、人民公社化、粮油统购统销等政策措施，有效地控制了社会资源，传统慈善事业也逐渐转化为政府主导的济贫帮困事业，凡是社会中需要救助的困难群体都由政府的福利事业

---

① 蒙长江：《中国传统慈善文化的历史沿革及现实挑战》，《西南民族大学学报》2005 年第 1 期。

② 秦晖：《政府与企业以外的现代化——中西公益史比较研究》，浙江人民出版社，1999，第 232 页。

③ 蔡勤禹：《国家、社会与弱势群体——民国时期的社会救济》，天津人民出版社，2003，第 117 页。

④ S. Hewa, and P. Hove, *Philanthropy and Cultural Context*：*Western Philanthropy in South，East and Southeast Asia in the 20st Century*，Lanham：University Press of America，1997.

包起来，纳入政府财政体制中。这样，不仅经济活动的主体缺乏活力，社会活动的主体也缺乏存在的空间。另外，旧有慈善机构经过革命的"暴风骤雨"遭到严重破坏，部分慈善机构因接受美国津贴而遭到取缔或被中央政府接收改组变为官方或半官方性质，如中国红十字会和中国福利基金会，它们所开展的工作事务与政府部门的工作事务相连，或者本身就已经是政府部门工作事务的一部分，已经不具有纯粹的民间公益事业的性质。20 世纪 50～70 年代，每逢发生大的自然灾害，中央都要责成各级地方政府负起高度责任，动员一切政治或行政力量进行救济，而民间公益组织和国际 NGO 都无法参与到社会建设和危机的应对中，由此形成了一切由政府包揽的救助格局。① 可见，新中国的公益事业从 20 世纪 50 年代初开始直至之后的 30 年间趋向衰微，既不存在民间公益组织，也没有出现有组织的、有规模的、经常的、普遍性的公益活动。

改革开放以后，随着社会经济的发展和利益格局的深刻变化，城乡、地区、行业间的贫富差距已成为全社会公开讨论的热门话题；新的社会问题层出不穷，如伴随人口老龄化、传统家庭解体等产生的日益严重的家庭问题，教育机会不平等和失学问题，流动人口的权益与福利问题，环保问题，毒品、卖淫问题，艾滋病与其他流行病问题，等等。旧有的社会福利制度难以解决和应对诸多新的社会矛盾和问题，单靠政府力量是不够的，所有这些问题都亟待社会公益力量的介入。20 世纪 80 年代出现过一些官方或半官方的公益组织，如中国儿童少年基金会（1981）、中国宋庆龄基金会（1982）、中国残疾人联合会（1988）、中国青少年发展基金会（1989）、中国扶贫基金会（1989）、中国妇女发展基金会（1988）等，此时公益慈善事业已经在社会变革创新发展中播下再生的种子。

进入 20 世纪 90 年代，现代公益事业终于在中国大陆出现并迅猛发展起来。公益事业法律政策建设步伐加快，现有的《社会团体登记

---

① 周秋光等：《中国慈善简史》，人民出版社，2006，第 376 页。

管理条例》《民办非企业单位登记管理暂行条例》《基金会管理条例》《公益事业捐赠法》等法律法规对我国公益事业发展的制度化、规范化起到了十分重要的作用。民间公益组织也如雨后春笋纷纷建立，社会作用逐渐增强，为构建完善的社会保障体系提供了有力补充。在全国范围内的公益活动以不同形式、不同规模大量出现，志愿服务和慈善捐赠日趋活跃。与此同时，一些经常性的公益项目，如为解决贫困儿童读书问题的"希望工程"、为帮助残疾儿童手术康复的"微笑列车工程"、为解决西部干旱地区群众生产生活用水问题的"慈善雨水工程"等，使众多弱势群体受益。港澳台公益事业进入大陆（内地），并与大陆（内地）的公益组织进行合作。同时，全国各地公益组织积极开展与国际公益慈善机构的国际合作，这种合作表现在救灾、济贫、医疗等方面。所有这一切都预示着中国进入了一个新的公益时代，然而这还只是一个起步的坚实而有力的阶段。总结国内外公益慈善事业发展的经验教训，未来中国公益事业将朝着民营化、法制化、专业化、系统化、普及化方向发展。

作为当代中国公益事业另一项重要内容的志愿服务，是指民间组织或个人利用知识、技能或体能，为推动社会进步和人类发展而自愿提供的不计报酬的服务，是公众参与社会生活的重要方式。志愿服务发端于古代的慈善行为，而现代意义上的志愿服务最早出现于 19 世纪早期的英国，并在 19 世纪后期到 20 世纪 40 年代得到扩展，出现了具有专业性、规范性、社会参与性的慈善团体和战场救护服务组织等。20 世纪中后期，志愿服务逐渐步入规范化、制度化、专业化的轨道，并建立起跨地区、跨国界、跨洲界的国际性志愿组织网络，形成了一套比较完善的服务制度和运作机制。它们服务的领域涉及教育、医疗卫生、救灾援助、生活保障、环境保护等。

当代中国志愿服务兴起以前，学雷锋活动是人们助人为乐行为最重要的表现形式，可以说"学雷锋活动是志愿服务在当代中国兴起的前奏"①。中国在社区服务层面最早的志愿者组织成立于 1989 年，而在共青团系统中第一个正式注册的志愿者团体"深圳市义务工作者联合会"是在 1990 年。目前，中国最为活跃、规模最大、影响最广的便是社区志愿者和青年志愿者这两支队伍。《中国志愿服务发展报告（2017）》显示，我国志愿服务组织发展迅速。根据全国志愿服务信息系统提供的数据，截至 2016 年底，全国在该系统登记的志愿服务团体数量达到 287516 个；到 2017 年 6 月，志愿服务团体数量增长到 342065 个。从志愿者身份分类来看，青年志愿服务组织数量最多，占比高达 62.11%；其次为党员志愿服务组织，占 59.35%。志愿服务时间逐步增加。截至 2017 年 6 月 30 日，在全国志愿服务信息系统注册的志愿者累计志愿服务时间达到 5.79 亿小时，人均志愿服务时间为 13.85 小时。② 志愿服务从不被理解的"前沿话题"转变为"80后""90后"青年的"生活时尚"；从系统职工和大学生延展到整个青年群体；从临时活动逐渐成为有延续性接力机制的事业；从"人人能为"的普通服务逐渐转变为专业性、技术性越来越强的专业服务；从过去单一的社区"一助一"救助服务到目前形成的农村扶贫开发、城市社区建设、国际青年交流、为大型赛会服务、应急救援、环境保护等六大领域；由原来的城市社区已经发展到整个城市，并逐步向农村蔓延。短短 20 多年时间，中国青年志愿者行动发展迅猛，全社会对志愿服务理念认知程度也大大提高。西部计划、海外服务计划、扶贫接力计划、研究生支教团等一批优秀项目在全社会产生广泛影响。现在志愿者已经跨出国门，足迹遍布亚洲、非洲和拉丁美洲。可以说，现代志愿服务在构建和谐社会、推进现代文明、推动社会转型、有效配置资源、完善社会保障、弘扬社会美德、促进社会融合方面发挥着重要作用。但目前我国志愿服务的法律环境问题、组织与管理问题、志愿服务与就业的关系问题、筹资运作问

---

① 北京志愿者协会编著《走进志愿服务》，中国国际广播出版社，2006，第 103 页。
② 中国志愿服务联合会编著《中国志愿服务发展报告（2017）》，社会科学文献出版社，2017，第 5 页。

题等都有待在发展中进一步解决。

中华民族有着"守望相助，出入相友，疾病相扶持""老吾老，以及人之老；幼吾幼，以及人之幼"的传统美德，这是现代社会公益精神的重要因子和思想源泉。这些传统文化因素在社会发展到一定阶段时，必然促使传统社会人际的救危济困演变为现代社会基于责任的对公共生活领域的关注，这是一种公民对共同价值追求和共同责任的自觉，是公民持久地、默默地隐藏于群体中的一种意识。如在 2008 年初的南方雨雪冰冻灾害中，根据民政部公布的数据，社会各界捐赠款物总额达22.75 亿元人民币，其中来自平民（包括公务员、军人、企事业单位职工和其他民众）的捐赠总额为 4.21 亿元，占捐赠总额的 18.5%，占国内捐赠额的 27.3%。[1] 在汶川大地震中，北京市社情民意调查中心调查显示，北京市 95.5% 的被访者都以各种方式表达了自己的爱心，其中捐款（99.3%）是这次地震传递爱心的主要方式，14.6% 的被访者捐助了物品，其他爱心方式还有当志愿者（2.9%）和献血（2.2%）等。[2] 据民政部 2008 年 11 月初步统计，2008 年社会捐赠达到 1000 亿元，其中对汶川地震的捐赠就近 600 亿元。[3]

然而，现代意义上的中国公益事业发展却只有二十几年的时间，看公益捐赠总额的增长态势是乐观的，但按其所占 GDP 份额，中国与欧美发达国家还存在较大差距。统计资料显示，2004 年中国慈善机构获得捐助总额约 50 亿元人民币，仅相当于中国当年 GDP 的 0.05%，而美国同类数字为 2.17%，英国为 0.88%，加拿大为 0.77%。[4] 公益事业的国别差距固然有经济发展水平的原因，但作为公益事业发展精神支柱的公益精神的缺失是其发展缓慢的内在原因，公众日常的、自主的捐助和志愿服务不足是其外在表现。

---

① 李菲：《民政部：低温雨雪冰冻灾害捐赠活动呈现 6 大特点》，新华网，2008 年 3 月21 日，http://news.xinhuanet.com/newscenter/2008 - 03/21/content_ 7835351.html。
② 张术忠、王维：《震灾无情，人间有爱——北京市民慈善意识调查》，《数据》2008年第 7 期。
③ 王俊秀：《灾难将平民慈善推向高潮》，《中国减灾》2008 年第 6 期。
④ 王俊秀：《灾难将平民慈善推向高潮》，《中国减灾》2008 年第 6 期。

（二）现代公民公益精神的现状调查

推进公益事业又快又好发展不仅需要公益事业和法规的完善，更需要公民具有面向现代的新型公益观。当前，公益事业的发展受到了社会各界的重视，为更好地了解现代公民公益精神的发展现状，分析其可能存在的问题、影响因素，2016年5～6月，我们选取浙江省温州市作为样本地开展"现代公民公益精神发展现状"专题调研。本次调查的对象有党政机关工作人员、企业员工、事业单位人员、社会组织人员、学生、自由职业者、自办企业公民等。调查研究主要采用文献查阅、问卷调查以及座谈分析等方法。问卷采用随机抽样选取500位市民作为研究样本，有效回收485份，有效率达97%。其中男性占46.4%，女性占53.6%；具备初中及以下文化程度的占9.2%，高中占5.9%，大专占10.5%，本科占47.4%，研究生占27.0%。共访谈相关部门和民间慈善组织管理人员十余人，内容涉及公益观与公民公益活动的关系，公民公益观的现状、问题及对策等。

1. 公民从事公益活动、公益观的调查问卷设计

本次问卷调查的内容涉及公民个人基本信息及从事公益活动的相关信息、公民公益观以及公民公益观影响因素等方面，问卷数据采用SPSS20.0软件进行统计分析。

第一，公民公益观的问卷设计。研究主要从认知、情感和行为倾向等方面实证调研了公民现代公益观的发展现状，结合已有的对公益观的研究和调查访谈，共设计23个题项来调查公民公益观。调查采用李克特5点量表，从"非常不赞同"到"非常赞同"了解当代公民公益观。其中认知方面包括公益慈善、群众慈善、透明公益、法治公益四个要素，共包括11个题项，分别是："慈善是一种自愿地奉献爱心和捐助的行为""受助者与施助者之间应是平等的关系""公益事业发展不仅需要爱心，更需要专业精准运行""公益事业发展需要有创新创业意识与能力""发展公益事业是政府的责任""发展公益事业是富人的责任""发展公益事业需要每一个社会成员的参与""我能通过各种渠道了解

自己捐赠财物的去向和用途情况""公益组织应定期向社会公众公开公益慈善资源的募集、管理和使用情况""我很熟悉新颁布的《慈善法》""公益事业发展应有法律的规范和引导"。关于公民公益情感方面包括6个题项，分别为："公益慈善捐赠会让我有一种被需要的价值感""每次帮助他人总能给我带来一份愉悦感""我认为做好事会有好报""公益慈善捐赠会让人们产生信任感""公益活动有助于社会的安定团结""公益行为会增加人们的幸福感"。关于公民公益慈善行为倾向的调查共涉及6个题项，分别为："公益行为已经成为大家的生活习惯""做好自己该做的事也是一种善行""我比较反感'摊牌式'捐赠""有许多人参加慈善活动是为了扬名""当我看到有人需要帮助时，我愿意提供力所能及的帮助""尽管学习（工作）任务很重，但我还是愿意抽出时间来做志愿者"。

发展心理学家布朗芬布伦纳曾提出生态系统理论，并强调发展中的个体嵌套于相互影响的一系列环境系统之中，在这个系统中，系统与个体相互作用并影响着个体发展。对个体来说，环境层次的最里层是微观系统，一般指的是家庭和学校；第二个环境层次是中间系统，中间系统指的是个体微观系统之间的联系；第三个环境层次是外层系统，是指那些个体并没有直接参与却对他们的发展产生影响的系统；第四个环境层次是宏观系统，指的是存在于以上三个系统中的文化、亚文化以及社会环境。① 因此本研究认为可能会影响公民公益观的自变量包括家庭环境、工作环境以及社会环境三个方面。其中家庭环境共涉及3个题项，分别为"我家庭成员间感情融洽，尊老爱幼，孝顺父母""我家庭成员与外界人际和谐、融洽""我父母经常教导我积极参加助人活动"。对这3个题目进行信度分析得出，其内部一致性系数很高，因此以这3个题目的总分作为家庭环境影响因素的得分。工作环境方面涉及的4个题项分别为"我所在的工作单位（学校或社区）会组织各种形式的公益活动""我身边的一些同事、朋友或同学也积极参加公益活动""我现

---

① 林崇德:《发展心理学》，人民教育出版社，2009，第98~99页。

在的工作单位（学校或社区）有对积极参加公益活动的个人给予表彰"
"我现在的工作单位（学校）有宣传各种公益活动"。对这 4 个题目进
行信度分析得出，其内部一致性系数很高，因此以这 4 个题目的总分作
为工作环境影响因素的得分。社会环境这一影响因素共包括 7 个题项，
分别为"把善款或善物捐献给慈善组织我很放心""我的微信群或 QQ
群等网群经常能收到公益活动宣传""一些网站经常会上传志愿者的感
人故事""助人行为应该受到免责保护""我认为帮助别人很光荣"
"我认为团结互助是一种可贵的品质""郭美美事件等暴露出来的公益
组织公信力问题会动摇我的捐赠热情"。对这 7 个题目进行信度分析得
出，其内部一致性系数很高，因此以这 7 个题目的总分作为社会环境影
响因素的得分。

2. 公民现代公益观的现状及影响因素分析

（1）公民从事公益活动的调查结果

调查结果表明，样本中有 62.5% 的公民过去一年参与过慈善捐赠
活动，但仍有 37.5% 的公民过去一年没有参加过任何形式的慈善活动。
就公民是不是慈善组织或志愿机构的成员这个调查而言，样本中有
31.5% 的公民是公益慈善组织的成员，而剩下的 68.5% 公民不是公益
慈善组织的成员。另外，调查结果显示，样本中有 53.68% 的公民过去
一年参与公益慈善活动的次数为 12 次，26.32% 的公民参与的次数为 3
～5 次，少部分公民参与的次数超过 6 次。样本中公民最关注的公益慈
善领域为扶贫、助困、救灾类公益活动，其次为医疗类、社区服务类以
及环保与动物保护类，而对文化及教育等其他领域的关注较少。随着
"互联网＋"时代的到来，公民了解公益事业的途径也日益丰富，其中
网络、电视媒体以及 QQ 群、微信群等自媒体是主要途径，当然，报
纸、杂志和单位、社区宣传也是不可或缺的公益信息获取渠道。此外，
60% 的公民参与公益慈善活动是完全自发、自愿捐赠，政府或单位发
起的自愿性捐赠占 16.84%，而由民间草根慈善组织发起并自愿参加
的占 16.84%，还有一部分公民认为自己参与的是政府或单位的强制
性捐赠。

（2）公民现代公益观现状

第一，公民公益认知调查。

从一般意义上来讲，公益慈善是一种自觉自愿的行为，其主要特点就是自觉性，被迫的捐助不叫慈善。因此，研究首先调查了公民对"慈善是一种自愿地奉献爱心和捐助的行为"的认同度。结果显示3.9%的公民不赞同这一观点，而有93.4%的被调查居民赞同这一观点。从调查数据来看，公民基本认同"慈善是一种自愿地奉献爱心和捐助的行为"。

就慈善的公益性来讲，现代慈善事业中受助者与施助者之间是平等的。就居民对"受助者与施助者之间应是平等的关系"的认同度来看，86.8%的公民认同这一观点，只有4.6%的公民不赞同这一观点。这说明大多数人对于"受助者与施助者之间应是平等的关系"是持肯定态度的。

同其他事业发展一样，公益事业的可持续发展不仅需要热情和爱心，更需要有专业人才管理和运行。从对"公益事业发展不仅需要爱心，更需要专业精准运行"这一观点的调查结果来看，近95%的被调查者认同这一观点，3.9%的被调查者不认同这一观点。这就说明，大多数公民已经认识到实现公益事业的可持续发展需要专业的管理和运行。

创新是发展的动力源泉，公益事业的可持续发展同样需要创意，让创意释放善意的力量。为了进一步验证人们对于公益事业的专业认知，我们统计了公民对"公益事业发展需要有创新创业意识与能力"这一观点的认同度，调查研究表明，有89%的公民认同这一观点，仅有3.3%的公民不认同这一观点。就这组数据的对比来看，近九成的被调查者认同这一观点，公民深切认识到创新是公益事业发展的动力源泉。

为了验证人们对公益慈善的群众性特点的认知，我们调查了公民对"发展公益事业是政府的责任"和"发展公益事业是富人的责任"的认同度，结果发现，45.4%的被调查者认为发展公益事业是政府的责任，而有 16.5% 的被调查者认为发展公益事业是富人的责任。事实上，"公益事业是一项社会事业，需要每一个社会成员的参与"①。从调查结果来看，90.7% 的被调查者认为发展公益事业是每一个社会成员的责任，需要每一个社会成员的参与，仅有 2.6% 的被调查者比较不认同这一观点，这就为我国公益事业发展的公众参与提供了社会基础。

关于公民对透明慈善的认知，我们是通过两个题项来调查的（见表 1）。就居民对"我能通过各种渠道了解自己捐赠财物的去向和用途情况"这一观点的认同度来看，34.9% 的被调查者表示自己不能或者不关注自己捐赠的财物的去向和用途，25.7% 的被调查者对此表示不确定，39.5% 的被调查者表示自己认同这一观点。可见，公民对自己捐赠的物品的去向和用途并不是很了解。而就"公益组织应定期向社会公众公开慈善资源的募集、管理和使用情况"这一观点的调查结果来看，94.1% 的被调查者认同这一观点，只有 2% 的被调查者反对这一观点。这说明几乎所有的人都认为公益组织应定期向社会公众公开慈善资源的募集、管理和使用情况，一方面公民有责任监督公益组织；另一方面公益组织也有必要自觉定期向社会公众公开慈善资源的募集、管理和使用情况。

法治慈善也是公益观的一个非常重要的构成要素，对公民法治公益观的了解，我们通过对以下两个观点的态度的调查展开。就"公益事业发展应有法律的规范和引导"这一观点的认同度来看，92.7% 的被调查者认同这一观点，仅仅有 2.6% 的被调查者比较不认同这一观点。而对"我很熟悉新颁布的《慈善法》"这一观点的统计结果显示，仅有 13.2% 的被调查者比较熟悉新颁布的《慈善法》，剩下的绝大多数公民都不熟悉。这就说明推进公益事业的法治化发展不仅需要立法，更需要相关部门宣传和公民主动参与了解。

---

① 石国亮：《我国居民的慈善意识及其影响因素》，《理论探讨》2014 年第 2 期。

表1 公民公益认知情况

单位：%

事项	非常不赞同	比较不赞同	一般	比较赞同	非常赞同
慈善是一种自愿地奉献爱心和捐助的行为	2.6	1.3	2.6	45.4	48.0
受助者与施助者之间应是平等的关系	2.0	2.6	8.6	36.8	50.0
公益事业发展不仅需要爱心,更需要专业精准运行	1.3	2.6	1.3	32.2	62.5
公益事业发展需要有创新创业意识与能力	0.7	2.6	7.9	39.5	49.3
发展公益事业是政府的责任	5.3	33.6	15.8	32.2	13.2
发展公益事业是富人的责任	19.7	44.1	19.7	14.5	2.0
发展公益事业需要每一个社会成员的参与	0	2.6	6.6	41.4	49.3
我能通过各种渠道了解自己捐赠财物的去向和用途情况	9.9	25.0	25.7	22.4	17.1
公益组织应定期向社会公众公开慈善资源的募集、管理和使用情况	0.7	1.3	3.9	29.6	64.5
我很熟悉新颁布的《慈善法》	25.0	24.3	37.5	11.2	2.0
公益事业发展应有法律的规范和引导	0	2.6	4.6	40.1	52.6

第二,公民公益情感和行为倾向调查。

本研究从认知、情感和行为倾向等方面实证调研公民现代公益观的发展现状。79.6%的被调查者认为"公益捐赠会让我有一种被需要的价值感",83.5%的被调查者认为"公益捐赠会让人们产生信任感",89.5%的被调查者认为"公益行为会增加人们的幸福感",也有92.1%的被调查者认为"每次帮助他人总能给我带来一份愉悦感",同时有92.1%的被调查者认为"公益活动有助于社会的安定团结",80.9%的被调查者认同"我认为做好事会有好报"。这说明大多数公民对于慈善有积极的情感(见表2)。

就居民对"当我看到有人需要帮助时,我愿意提供力所能及的帮助"的认同度来看,90.8%的被调查者认同这一观点,只有2%的表示不赞同。这说明大多数人看到有人需要帮助时,愿意提供力所能及的帮助。对于"公益行为已经成为大家的生活习惯"这一观点,调查结果显示,32.9%的被调查者表示不赞同,38.2%的被调查者持中庸态度,

29%的被调查者表示赞同，说明公民并不是很了解这方面的内容或者认为做公益并没有成为大家的生活习惯，就"尽管学习（工作）任务很重，但我还是愿意抽出时间来做志愿者"这一观点来说，72.4%的被调查者表示赞同，3.3%的被调查者表示不认同，说明大多数人还是有做慈善的行为倾向的（见表3）。

表2　公民公益情感情况

单位：%

事项	非常不赞同	比较不赞同	一般	比较赞同	非常赞同
公益捐赠会让我有一种被需要的价值感	0.7	6.6	13.2	61.2	18.4
每次帮助他人总能给我带来一份愉悦感	0	2.0	5.9	55.9	36.2
我认为做好事会有好报	0.7	3.3	15.1	46.7	34.2
公益捐赠会让人们产生信任感	0	2.0	14.5	53.9	29.6
公益活动有助于社会的安定团结	0.7	0	7.2	52.0	40.1
公益行为会增加人们的幸福感	0	0.7	9.9	46.1	43.4

表3　公民公益行为倾向情况

单位：%

事项	非常不赞同	比较不赞同	一般	比较赞同	非常赞同
公益行为已经成为大家的生活习惯	4.6	28.3	38.2	21.1	7.9
做好自己该做的事也是一种善行	0	0.7	1.3	50.0	48.0
我比较反感"摊牌式"捐赠	0.7	4.6	18.4	49.3	27.0
有许多人参加慈善活动是为了扬名	3.3	15.1	44.1	29.6	7.9
当我看到有人需要帮助时，我愿意提供力所能及的帮助	0	2.0	7.2	54.6	36.2
尽管学习（工作）任务很重，但我还是愿意抽出时间来做志愿者	0	3.3	24.3	51.3	21.1

3. 现代公民公益观影响因素调研

如表4所示，家庭环境与公民公益观存在显著正相关（$r = 0.789$，$p < 0.01$），工作环境与公民公益观存在显著正相关（$r = 0.253$，$p <$

0.01），社会环境与公民公益观存在显著正相关（$r = 0.257$，$p < 0.01$），月收入与公民公益观存在显著正相关（$r = 0.411$，$p < 0.01$），受教育程度与公民公益观存在显著正相关（$r = 0.673$，$p < 0.01$）。

表 4　公民公益观与各影响因素的相关分析

变量	公民公益观	家庭环境	工作环境	社会环境	月收入	受教育程度
公民公益观	1	0.789*	0.253**	0.257**	0.411**	0.673**
家庭环境	0.789**	1	0.007	0.013	0.024	0.059
工作环境	0.253**	0.007	1	0.131	0.349*	0.013
社会环境	0.257**	0.013	0.131	1	0.033	0.015
月收入	0.411**	0.024	0.349*	0.033	1	0.019
受教育程度	0.673**	0.059	0.013	0.015	0.019	1

$**\ p < 0.01$，$*\ p < 0.05$。

通过标准化转换之后的公益观变量是一个连续变量，其分布符合正态分布，因此可以进行多元线性回归分析。以公益观为因变量，以家庭环境、工作环境和社会环境为自变量，个人属性变量为控制变量进行多元线性回归分析。其中家庭环境自变量包括家庭成员关系和家庭教育，工作环境自变量包括工作单位对慈善的重视程度和同事的榜样作用，社会环境自变量包括慈善组织、文化和媒体；对个人属性变量的纳入主要考虑了性别、年龄、受教育程度、宗教信仰、党员身份、经济状况和工作性质。考虑到年龄的影响可能是非线性的，因此放入年龄的平方项作为控制变量。

如表 5 所示，对公民公益观进行预测时，家庭环境、工作环境和社会环境均进入回归方程。对于家庭环境而言，能够解释公民公益观变异的 3.7%，该自变量的标准化回归系数为正值，对公民公益观起正向预测作用；对于工作环境而言，能够解释公民公益观变异的 1.5%，该自变量的标准化回归系数为正值，对公民公益观起正向预测作用；对于社会环境而言，能够解释公民公益观变异的 1.3%，该自变量的标准化回归系数为正值，对公民公益观起正向预测作用。家庭环境、工作环境和社会环境均在控制其他因素的情况下会影响到公民慈善观，对于控制变量方面，性别、受教育程度、月收入和工作性质会影响到人们的公益观，而年龄、宗教信仰、政治面貌等因素并不对公益观构成影响。

表5　公民公益观与各影响因素的回归分析

因变量	自变量	R	R^2	ΔR^2	B	β	F
公民公益观	家庭环境	0.202	0.041	0.037	0.359	0.201	10.651 ***
	工作环境	0.138	0.019	0.015	0.352	0.138	16.847 **
	社会环境	0.127	0.016	0.013	0.321	0.132	18.531 **

*** $p < 0.001$，** $p < 0.01$。

如表6所示，公民公益观在性别方面存在显著差异（$t = 56.866$，$p < 0.001$）；公民公益观在职业方面也存在显著差异（$F = 6.948$，$p < 0.001$），经过使用SNK法多重比较发现，社会组织成员公益观得分显著高于党政机关、企业、事业单位的工作人员（$p < 0.05$）；公民公益观在经济方面也存在显著差异（$F = 6.749$，$p < 0.001$），经过使用SNK法多重比较发现收入在10000元以上的公民公益观水平显著高于低收入人群（$p < 0.05$）。

表6　公民公益观在人口统计学变量上的差异

因子			平均数	标准差	均值差	t	F	p
性别	男		32.223	4.550		56.866 ***		0.000
	女		40.606	4.000				
职业	(i)	(j)	(i)	(i)	$(i-j)$		6.948 ***	0.000
	党政机关	企业	41.444	35.517	5.927			0.003
	企业	事业单位	35.517	38.979	-3.462			0.003
	事业单位	社会组织	38.979	45.384	-6.405			0.001
	社会组织	无单位	45.384	27.258	18.126			0.000
	无单位	党政机关	27.258	41.444				0.000

因子			平均数	标准差	均值差	t	F	p
	(i)	(j)	(i)	(i)	(i-j)		6.749 ***	0.000
月收入（元）	2000 以下 2001~4000		35.857	38.647	-2.790			0.012
	2001~4000 4001~7000		38.647	39.647	-1.000			0.071
	4001~7000 7001~10000		39.647	43.533	-5.866			0.021
	7001~10000 10000 以上		43.533	47.877	-4.334			0.001
	10000 以上 20000 以下		47.877	35.857	12.020			0.000
	4001~7000 10000 以上		39.647	47.877	-8.230			0.050
政治面貌	中共党员	共青团员	41.696	35.676	6.020			0.021
	共青团员	群众	35.676	34.505	1.717			0.121
	群众	中共党员	34.505	41.696	-7.191			0.021

*** $p < 0.001$。

通过对温州市公民的调查，我们对数据进行了统计分析，描述了我国公民公益观的现状，对公益观以及其各个影响因素进行了相关分析，在相关的基础上进行了多元线性回归分析。统计结果显示，我国公民有着较好的公益观，但是仍有一部分群体对公益事业还没有形成全面深刻的认识。要促进公益事业的可持续发展，实现公益事业的繁荣，就必须让公民全面了解慈善、增强公民对公益事业的认同感。回归分析的结果显示，家庭环境、工作环境和社会环境三个因素都影响着人们的公益观。

（三）中国公益精神的现代困境

虽然近十几年来我国的公益事业得到了快速发展，为扶贫、救灾、教育、医疗、环保等工作做出了很大的贡献，但我国公益事业发展总体上缓慢的局面并没有得到很大改变，且"官方热、民间冷"，政府唱主角，民众的参与度仍不高。有学者对当代中国国民的慈善意识进行调查，结果显示：中国公民尚未形成很强的慈善意识，中国也未形成浓厚的公益慈善社会氛围。① 几组数据将加深我们对当前中国公益精神、慈善意识缺失的感性认识：自1994年中华慈善总会成立至2000年，中国人均慈善捐助不足1元人民币；至2002年，该组织共筹集善款近12亿元，其中60%以上来自海外及港、澳、台捐款，内地捐款只占30%；至2004年，中国慈善机构获得捐助总额约50亿元人民币，仅相当于中国当年GDP的0.05%，而美国同类数字为2.17%，英国为0.88%，加拿大为0.77%。美国人对慈善事业的捐献额在1990年为1115亿美元，到1996年上升到1510亿美元，增长率为43%；按户统计，有65.5%的美国家庭对公益事业进行了捐献，人均捐献额在1996年达到695美元；在全美2.54亿人口中，有9300多万人义务参与相关公益活动，义务工作时间折合金额总计高达2015亿美元。中国人均GDP与美国相比差38倍，而人均慈善捐款数额竟相差7300倍。② 这些资料表明我国公益事业的规模不大，国民参与度不高。

在美国，许多企业和富翁经营的非营利机构，如闻名世界的盖茨基金会、福特基金会，都充当着慈善捐献的榜样，而我国的情况却大相径庭。有调查显示，我国工商注册登记的国内企业超过1000万家，有过捐赠记录的不超过10万家。另据统计，中国慈善捐款总额，大约75%来自国外，10%来自平民百姓，只有15%来自国内的富人阶层。2003年被《福布斯》评出的100位中国富豪，有70%没有在"2004中国慈善榜"中出现。众多资料都显示大陆富豪和企业在慈善事业发展方面尚未发挥应有的作用。

经济的高速发展并没有带来公益事业的同步勃兴，这不能不令人叹息历史和现实的强烈反差。究其原因，笔者认为当前国民公益精神的不

---

① 许琳、张晖：《关于我国公民慈善意识的调查》，《南京社会科学》2004年第5期。
② 王卫平：《弘扬传统慈善文化，构建社会主义和谐社会》，《苏州科技学院学报》2006年第3期。

足是重要原因，具体而言，主要表现在以下几个方面。

第一，人本权利观的缺失。作为公益事业的现代存在样式，现代慈善和志愿者行动都内在地包含着一种普遍互助的价值观念：救助不是以个人恩赐的方式直接给予他人，而是通过一定的社会公益机制（如各类基金会或公益组织）间接地到达他人手上，而接受帮助则是现代社会中困难群体"应得"的基本权利。[①] 这种以公益组织为中介、捐赠与受赠分离的公益捐赠，免除了感恩与要求回报的心理，改变了传统慈善基于人类的"慈悲"情怀而导致的施予者与受施者之间的不平等关系，培育了人道主义的精神和人人平等的理念。因此，现代公益事业和公益精神超越了施舍与恩赐的传统慈善的狭隘思想，"体现了人格平等基础之上的团结互助、互帮友爱、共同进步的新内涵"[②]，凸显了尊重人的人本价值观和权利观。它认为任何人在人格上无高低贵贱之分，都享有人的尊严，都是平等的，一切救助行为都应当以尊重其权利、人格和尊严为前提，以满足其需要和促进其发展为目的。因此，"现代公益精神不是建立在传统社会道德教育基础上，也不是建立在个人之间'感恩'的基础上，而是建立在日益完善的社会公益制度的基础上"[③]。

但是，中国传统文化对现代社会的影响依旧深远，不论是政府还是社会公众，公民权利意识淡薄的状况还都普遍存在（不少人还不清楚自己有什么权利和怎样维护自己的权利），不了解公民在需要时享有接受国家和社会的扶困救助、教育救助、良好的公共设施和进步的福利条件的公民基本权利，公民权利意识仍远远落后于现代法治建设和市场经济发展的要求。在市场经济的竞争环境中，人们往往把对弱者的救助当作一种对穷人或者弱者的恩赐和施舍，从而形成施舍者与受施者之间的人身依附关系，给受施者带来受施时的一种精神压力。这种对穷人和弱者进行帮助的"施恩论"，实际上是把穷人和弱者置于与实施帮助者不平等的人格地位上，降低了他们的人格尊严，这与现代公益精神倡导的

---

① 刘京：《公益是和谐社会的新动力》，《学会》2005 年第 6 期。
② 邓伟杰：《和谐社会笔记》，上海三联书店，2005，第 72～73 页。
③ 刘京：《公益是和谐社会的新动力》，《学会》2005 年第 6 期。

平等理念是格格不入的。

第二，公民公共意识与社会责任感的不足。所谓公共意识，就是社会成员中的个体对自身与社会整体关系，即与现实社会、人际圈子以及自然环境等关系的认知、理解和评价的态度——公民是否把社会公益看得比自身私益更为重要。公共意识的发展水平是衡量社会现代化的重要尺度之一。对公益事业的参与是公民公共意识的一种重要体现，是公益精神对现代公民的精神需求。公益是公民之间的一种自愿互助互济行为，无论是慈善捐赠还是志愿服务都是基于公民公共意识与社会责任意识的自愿、自主行为，而非外在强加的义务。因此，公益行动"既是社会善意的一种体现，也是一种充满责任感的生活方式"[1]，即现代公民的公益实践不再是简单地出于做好事的动机，而是个人承担社会责任的自觉行动。这种责任"不是份（分）外的德行，而是现代公民在公共生活中主体地位的体现"[2]。

事实上，在人的一生中，总有可能要面对来自自然、经济和社会的各种风险。年老、疾病、失业、工伤、灾害、贫困等，是人类可能面对的普遍性风险。随着社会的发展，人类抗击风险的能力大大加强，但是"人类知识的增长、科学技术的进步与管理水平的提高并未从根本上避免风险，反而因工业化的到来及市场经济的确立，许多风险不是在缩小而是被放大，且一些风险还以不同于以往的面目呈现出来"[3]。每当面对这些问题时，人们总是希望有一种可以借助的坚实可靠的力量支持自己渡过难关，尽可能让生命更有尊严，让生活更加安全与美好。当种种主客观原因不可避免地导致社会弱势群体出现的时候，他们就被剥夺了获得自由发展的权利和条件。而公益事业意在通过物质和精神（心理）上的互助以创造并增强受助者生存与发展能力，从而维护弱势群体基本

---

① 高红、窦正斌：《中国社会现代慈善理念的匮乏与培育》，《东方论坛》2007年第6期。

② 顾骏：《重建中国慈善文化的若干要点》，中华慈善文化论坛（无锡）暨首届市长慈善论坛，无锡，2006。

③ 冯英等编著《外国的慈善组织》，中国社会出版社，2008，序言第1页。

的公民权利，如生存权、发展权和获得幸福的权利等。因此，公益活动不再是私人之间狭隘的恩赐与感恩，而是社会成员之间的一种制度化、社会化的自愿互助行为。但是中国传统社会更强调的是亲戚故旧、街坊邻里等亲人熟人之间的接济与互助，是根据血缘关系、地缘关系标准以及由亲及疏、由近及远的公益原则确定实施慈善的对象，缺乏对与己无关的陌生人的关爱。《零点中国居民沟通指数2005年度报告》指出，"中国人最为依赖的是亲戚圈，其次是同学圈和同事圈，而对社交圈的依赖度最小"。公民参与社会公益活动的积极性、主动性依然不高。另外，就其动机而言，国人往往把善行与自我身家性命、个人前途、祖宗蒙荫和子孙报应等观念相联系（也有的把行善作为赎罪免灾积德的手段），以求来生修个好名声或好来世。这与基于责任意识的现代公益事业形成了显著的差异。近代思想家郑观应在比较中西社会救济模式不同时指出：一方面，西方民众的宗教观是其慈善机构特别发达的思想基础，另一方面，西方社会具有一种公共精神，乐于为社会奉献。相比之下，中国虽然富翁不少，但受传统思维影响，他们首先想将财产留给子孙，为子孙奠定一份基业，使后代免受饥饿之苦。这种"宗族保障"模式，阻碍了中国社会事业的发展，是中国公益事业不发达的重要原因。① 正是中国公民公共意识的匮乏和社会责任的缺失，使得中国传统的慈善表现出封闭内敛的特征，这与基于公共意识和社会责任的现代公益精神是不相符合的。

第三，社会财富观存有偏差。现代公益精神倡导为富者"仁"的价值取向，把用自己创造的财富造福人类作为最高的价值追求，这是一种理性的财富观。马克思曾说："财富的本质就在于财富的主体的存在。"② 财富品质才是财富的真正价值，它既与财富本身有关，也与财富创造者的个人品质有关。把责任赋予财富，就是让财富拥有者具有良好的财富品质，体现人性的光芒。因此，在西方社会，众多基督徒企业

① 夏东元编《郑观应集》上册，上海人民出版社，1982，第526页。
② 《马克思恩格斯全集》第42卷，人民出版社，1979，第115页。

家将马丁·路德倡导的"尽力赚钱、尽力省钱、尽力捐钱"奉为圭臬。德国哲学家齐美尔指出"金钱是一种介质、一座桥梁，而人不能栖居在桥上"，美国的"钢铁大王""公益之父"卡内基明示：在巨富中死去是一种耻辱；穷人和富人要兄弟般地团结在一起，要建立和谐关系。卡内基的这种财富观揭示了财富的真正品格：拥有更多的财富，就应担当更大的社会责任，守财奴是可耻的。这种财富观和信仰成为欧美国家公益文化源远流长的关键，也成为残酷无情的市场经济条件下财富伦理构建的精神支撑。正是基于这种现代公益精神，美国的富裕阶层每年通过各类基金会组织的慈善公益捐助有 6700 多亿美元，通过第三次分配的财富，占到美国 GDP 的 9% 。①

当人们为中国改革开放以来社会、经济各方面的发展，"人类本质力量的公开展示"而惊叹时，却不自觉地陷入了"金钱崇拜""为财富而财富"的沼泽中。在财富面前，人们丢失了"自己"，结果是"物质越有价值，人就越无价值。个体依赖物质或技术的范畴来把握自己与他者的关系，结局只能是人的智力财富的衰减和人的扭曲，一个活生生的人，不再是自己的目的，而是成了他人或自己经济和利益的手段，成了非人的经济机器的工具"②。因而，物质财富由改变并丰富人们物质生活的条件或手段异化为奴役人的一种存在，人成了纯粹的手段，财富却成了人的目的。因此，在疯狂地追逐财富的状态下，"中国社会日益增长的财富和日显贫乏的财富伦理"使社会出现了"藏富、炫富及仇富"等非理性的社会财富观。③ 一方面，受国人"不患寡而患不均"和"杀富济贫"的传统观念影响，财富的拥有者唯恐财富的暴露会给自己带来不必要的麻烦，而把财富隐藏起来装穷；另一方面，受享乐主义的影响，部分富人则唯恐别人不知道自己身家，在挥霍浪费中大肆炫耀自己的财富。在非理性财富观的支配下，中国的富人捐赠有限，民众社会公益意识和国外差距较大。2005 年，美国人的慈善捐助达到了 2603 亿美

---

① 商文成：《第三次分配：一个日益凸显的课题》，《兰州学刊》2004 年第 4 期。
② 马翀炜、陈庆德：《民族文化资本化》，人民出版社，2004，第 12 ~ 20 页。
③ 吴锡平：《我们需要怎样的财富观》，《东方》2003 年第 10 期。

元，占到当年 GDP 的 2%，人均捐款额高达 878 美元。在美国，慈善捐赠 10% 来自企业，5% 来自大型基金会，85% 来自全国民众。据统计，有 75% 的美国人常年为公益事业捐款，平均每个家庭捐出年收入的 3%~4%。可以看出，在美国，正是民众，包括中低收入民众的广泛参与，促进了公益事业的发展。但是，在中国，目前中华慈善总会每年收到的捐赠大约 75% 来自国外，15% 来自中国富人，10% 来自普通百姓。① 而这种公益捐赠也表现为"应急性捐助多、主动捐赠少"，国民对于公益事业尚未形成足够的自觉和热情。

二　公益精神困境原因分析

当代中国公益精神困境的形成有着深刻的历史与现实原因，表现在新中国成立以后政治、经济、文化和社会等多方面。

（一）中国公益精神困境的政治因素

第一，新中国成立后相当长时期内国家对慈善的批判是导致国人现代公益精神不足的政治因素。在半殖民地半封建的近代中国，包括外国传教士在中国开展的各类民间慈善活动在客观上弥补了当时政府救济的不足和国家在民生政策方面缺乏制度性规定的缺陷。新中国成立后，新生的政权面对国内外复杂的形势，需防范各种反动势力借公益慈善之名行破坏之实，所以一段时间内我们将公益看作资产阶级"欺骗与麻醉人民的装饰品"，慈善观也被当作资产阶级意识形态受到批评，"《人民日报》从 1949~1994 年的 45 年间，没有刊登过一篇正面评价慈善事业的文章"②。这种带有强烈意识形态色彩的批判和否定，导致近 30 年新中国公益事业发展缓慢，慈善意识水平不高。

---

① 王宏茹：《"第三次分配"被寄予厚望》，《中国经济周刊》2006 年第 24 期。
② 田凯：《非协调约束与组织运作——中国慈善组织与政府关系的个案研究》，商务印书馆，2004，第 3 页。

第二，政府对民间组织的挤压甚至替代是公益精神匮乏的体制与制度因素。新中国成立到改革开放前，在计划经济体制下国家与集体承担了全部的社会福利和社会保障职责，民间公益组织和公益事业处于停顿状态，如全国各地发生各种大小灾害均由政府救助，这使得个人和社会都形成了对政府的依赖心理。在这样一种总体性社会下，中国形成了"强国家—弱社会"的模式。在这种模式中，国家直接面对民众，中间缓冲层面缺失，社会自治能力受到剥夺和抑制，包括慈善组织在内的民间社会公益组织的生存空间被压制到了最低限度，从而使建立在现代公益制度基础之上的公益文化的发育和公益精神的普及受到了极大的抑制。20 世纪 90 年代初，中国公益组织开始陆续成立，1993～2001 年的 8 年时间，全国一共出现了 172 家公益组织。但这些公益组织在产生方式和运作逻辑上与政府有着密切的联系，它们绝大部分直接依托于各级政府的民政部门。有的公益组织刚刚从民政部门中分化出来，绝大部分公益组织与民政部门还是"一个部门，两块牌子"。公益组织的负责人和工作人员直接来自政府部门，它们以一种与政府相类似的逻辑在运作。① 公益事业的组织管理、资金支持、人事安排以及募捐方式，也都由政府起主导作用。同时，大部分民间捐献仍作为政府的关怀和救助而发散于受助对象，或者纳入官方救灾济贫事业经费而直接分配这些款物。因此，中国公益组织带有较强的官办色彩，而公益事业在具体运作过程中也受到政府权力的干预与限制，大都采取行政命令式的募集方式，这与公益组织民间性的应然属性相违背，公益组织缺乏应有的独立性与自主性，这就削弱了其社会影响力，并减弱了公众参与社会捐助和志愿服务的热情和责任感。问卷调查显示，超过半数的被调查者误认为慈善事业属于政府的救济行为；绝大部分被调查者虽然参加过捐款捐物活动，但主要是通过工作单位、学校、居住街道的被动捐赠。中国扶贫基金会 2008 年调查显

---

① 田凯：《非协调约束与组织运作——一个研究中国慈善组织与政府关系的理论框架》，《中国行政管理》2004 年第 5 期。

示，79.2%的受访者认为"被动性捐款"会打消公民参与公益事业的热情。[①] 然而，现实却是"经常主动捐赠"的人数少；大部分公民对公益慈善事业以及公益组织不了解，甚至从未听说过。[②] 可见，由政府统包统揽社会福利而排斥民间社会公益的做法，抑制了公民现代公益精神的发展。因为公益属于社会的范畴，是不同于市场和政府的第三部门，它既有别于自愿基础上市场的互惠行为，也不同于强制基础上政府的公共行为，而是公民或企业公民基于自愿做出的公益行为。这三个部门不同的运作逻辑要求它们必须保持各自的相对独立性才能正常发挥作用，而公益组织的官办化挤压了民间公益组织的生存空间，同时政府的强制性管理又与公益组织的自主、志愿性相背离，这种做法显然不利于公民现代公益精神的生成。

（二）中国公益精神困境的文化因素

第一，宗族救济观念制约，家族财富血缘内消化。公益精神的匮乏、慈善意识的淡薄与中国几千年自给自足的小农经济不无关联。传统的小农经济具有自我封闭的特征，长期生活在这种隔绝状态下的人们势必形成一种闭锁心理和自我纾困解难意识，"各人自扫门前雪，休管他人瓦上霜"，这不利于公益事业所需公共意识的形成。历史上出现过很多宗族义庄，他们在救济族人和道德劝化方面发挥了不可低估的作用。然而，义庄救济的受益面大多限定在有血缘关系的宗族内部，先是"自己人"，然后才是外人。公益事业往往被视为一种施舍行为，以显示施善者的大方和仁慈，突出族内或街坊邻里熟人之间的互助，并不习惯向陌生人提供救济。这就是费孝通先生所谓"差序格局"的乡土社会背景下公益事业的现实。可见，"由近及远，由亲及疏"的公益原则有着明显的宗族色彩，其限定救济区域和人群的做法存在明显的局限性。

---

① 中国扶贫基金会：《中国公众公益捐赠现状调查》，新浪网公益频道，http://gongyi.sina.com.cn/jzdiaocha/index.html。
② 葛道顺：《我国慈善事业的现状和发展对策》，《新华文摘》2005 年第 10 期。

而事实上现代公益正是对"陌生人伦理"的强调，指向中国文化中"五伦"以外的第六伦①。捐献者与受助者分离是现代慈善的一个重要特征，它使"捐献者少了恩赐的色彩，多了回报社会的光荣；使受助者少了感恩戴德的负担，多了正常融入社会的机会"②。中国民间公益活动浓厚的乡里情结和亲族情结导致了公益慈善事业的封闭性和内敛性，这与现代公益事业的社会化、开放性、广泛性、公平和公正原则等基本特征不相符合。③普通中国人也更愿进行对亲戚或熟人的利他行为，这缩小了公益互助、利他奉献的对象范围，妨碍了现代公民对公益事业的普遍参与。公益精神和慈善意识的淡薄还与我国家族财产继承方式直接相关。众所周知，公益事业的资金主要来自捐献，而我国传统家族财富遵循"血缘内继替、代际间分配"④的继承原则，父死子继，被视为天经地义的不二法则，一直延续至今。这就不难理解国人为何甚少将遗产捐献给社会，而只留给子孙，是为子孙奠定一份基业，使后代免受饥饿之苦。"血缘继替"观念根深蒂固，使我国的公益事业因缺乏资金来源而举步维艰。

第二，中庸文化熏陶，富人藏富，民众仇富。中庸之道是儒家的核心理念，为我国社会各阶层所恪守，并在实践中以"中庸为本"立身处世。长期在中庸文化熏陶之下，民众铭记"人不露富，树大招风""箭射出头鸟，有财不露富""家中有财不露富，窖藏万金最安全"，由此形成藏富意识。富人把财富隐藏起来，实际上是在逃避社会责任。更多的财富意味着更多的社会责任，不仅仅是纳税、解决就业，富人在中国的社会经济和政治生活中扮演着越来越重要的角色，当对中国社会的走向所产生的影响力越来越大的时候，需要其为社会做出更多的贡献。"财富的合理流动和使用，会对社会发展产生良性的影响，将会为收入

---

① 五伦也称五典或五常，就是指怎样处理君臣、父子、夫妇、兄弟和朋友这五者之间的行为关系。1981 年，李国鼎先生首先提出"第六伦"的观念作为新的道德准绳，使素昧平生的第三者能同居于被善意尊重和关怀的地位。

② 郑功成：《论慈善事业》，《中国社会工作》2004 年第 5 期。

③ 高灵芝：《论慈善事业的社区化与社会化》，《社会科学研究》2004 年第 3 期。

④ 刘昶：《时下社会慈善意识淡薄的历史和现实原因》，《文化学刊》2007 年第 5 期。

差距的缩小和最终实现社会成员间的共同富裕创造条件。而藏富、守富只会使财富的流动趋于停滞，使贫富分化更为悬殊，社会矛盾进一步激化，共同富裕变得遥不可及。"① 如果大多数中国人不相信社会给他们提供公平的机会，而认为"关系"提供机会、腐败创造成功的话，仇富情绪就会有发芽生长的土壤。富人有钱、吝于行善的现状，必然招致一部分人的嫉妒。嫉妒本身并不是仇视，但这种广泛滋生的嫉妒很容易演化成仇视。因此，与藏富意识相对应的，中国传统社会中也存在强烈的仇富心理。孔子说："不义而富且贵，于我如浮云。"② 他希望"君子爱财，取之有道"。然而，其中也不乏损害社会其他阶层特别是占人口多数的社会底层和整个国家的利益而获取财富和使用财富的人，造成极端的贫富分化。应该说，民众仇富，富人藏富，无论哪种情况，都会使中国的公益事业因缺少"财富拥有者"的引领示范作用而陷入尴尬境地。

第三，传统政治文化公私二元对立。③ 公私观念是中国传统政治文化的主要内容之一。"大公无私，崇公抑私"，这种公私划分在专制社会直接导致了国家与社会、中央与地方、公共空间与私人空间的尖锐对立，使中国政治生活出现了一个难以解决的公私悖论。这种对立在我国传统民间慈善活动上也有所体现。在国家的救济体系之外，作为既非个人又非官方而处于两者之间的公共领域自发主办的公益活动历来受到皇权的监视甚至挤压，因为在中国传统儒家思想中，国家的仁政与民间慈善事业是不能并存的。《孔子家语》记载，子路在卫国出私财救贫，孔子止之曰："汝之民饿也，何不白于君，发仓廪以赈之？而私以尔食馈之，是汝明君之无惠，而见己之德美焉。"可见，在传统的政治观念中，政府应是社会福利的主要甚至是唯一的合法提供者，私自以一己之财济贫有影射政府无德的嫌疑。又如隋唐时期，佛教盛行，寺院凭借其雄厚财力，积极参与地方慈善活动，其中最典型的当属救济贫病人的慈善机构即悲田养病坊。这项举措惠及的群体越来越广，使得佛寺在地方

---

① 黄凯锋主编《当代中国价值观研究新取向》，学林出版社，2007，第92页。
② 《论语·述而》。
③ 刘昶：《时下社会慈善意识淡薄的历史和现实原因》，《文化学刊》2007年第5期。

的影响力也越来越大，遂引起政府的猜忌。随着强势政府的干预，佛寺的影响力削弱了，政府最终从佛寺的手中夺取了济贫的垄断权。官方正统的政治制度和社会舆论既然不允许也不欣赏公益慈善，施善而遭到政治性猜忌或舆论质疑的人们所要承担的精神和社会代价也就越来越大，愿意施善的人自然望而却步，这对全社会营造崇尚公益氛围是极为不利的。

（三）中国公益精神困境的社会经济因素

社会转型期是一个失范与规范交错的时代，是一个彼岸与此岸共生的时代，它对当代中国各项事业发展的影响是深刻的，对公益事业的发展亦然。当前中国公益精神缺失的社会经济因素至少有以下几个方面。

第一，经济伦理的失范与价值观的错位。我国自 20 世纪 80 年代以来在计划经济向市场经济转轨的过程中，经济活动方式、经济运行方式以及经济管理方式的重大变革对上层建筑，特别是对社会意识形态产生了重大的影响。在新旧伦理道德的激烈碰撞和冲突中，市场经济的不成熟所带来的负面影响使社会出现诸多经济伦理失范的现象，在和传统经济道德体系的摩擦中引起了社会生活的混乱，人们的价值观念也出现了紊乱、错位、失范现象，如重利轻义观念的流行、金钱至上思潮的泛滥。现代工业文明以前的时代，"由于物质的匮乏，几乎所有的社会和文化都营造了一个彼岸世界将人的注意力从物质世界引开"[1]，因此，中国传统的价值观倡导"重义轻利""正其谊（义）不谋其利"，这一义利观长期主宰中国社会。新中国成立以后一度宣扬以穷为荣，以富为耻，"为富不仁""富则修"等"左"倾观点，将"轻利"观念扭曲至极致。[2] 然而，20 世纪 80 年代以后这一观念发生了深刻变化，人们可以理直气壮地追求财富了，但是人们对金钱意义的张扬又走向了另一极

[1] 高德胜：《道德教育的时代遭遇》，教育科学出版社，2008，第 118 页。
[2] 蔡勤禹：《慈善意识论》，《天府新论》2006 年第 2 期。

端——重利轻义。在物欲高涨、高度工具化的时代，现实生活中违背人文精神的道德冷漠（Moral Indifference）① 现象随处可见：有为抢救落水儿童是否付报酬以及报酬多少而讨价还价的；有面对歹徒在光天化日之下抢劫而聚众围观的；有对成千上万社会弱者的生命和尊严漠视的；等等。道德冷漠在对人类恒久的道德价值进行釜底抽薪式损害的同时，也在社会层面上磨损社会交往和社会文化，阻碍社会亲近，拉大社会距离，最终导致社会隔绝。所以，在经济发展过程中，"如果丧失了人文精神的支撑，追求财富的欲望最后必然沦为纯利欲的冲动，导致人们动物性的膨胀，人性的泯灭，社会秩序的混乱和财富的浪费"②。由此，奉献、利他、助人、慈善、公益精神等德性都将为"生活在以欲望为动力的社会中的人们患上了流行性'物欲症'（Affluenza）"③ 所销蚀。因此，个体道德感的缺失，使社会上的高尚助人行为也遭到贬斥，表现为主动助人者不仅得不到他人的赞扬与肯定，却可能受到猜疑与嘲笑，这进一步降低了助人愿望，减少了捐资助人的志愿行为，阻碍了公益精神的普及。

第二，公益组织能力建设滞后，影响公益事业的发展和公益精神的宣传。公益组织是一个以实现某种公益使命为目标、自愿发起并自我治理、从事社会公益活动、不以营利为目的、不追求政治目标的社会组织。它的能力建设是指根据机构的宗旨与目标及所处的环境，在不间断的学习和经验积累中，对个人、群体和组织不断进行旨在提高个人、群体和整个机构解决问题、实现目标、满足社会发展需求和机构可持续发展所需要的综合能力。④公益组织的能力建设将直接影响人们对公益组织的信任和对公益事业的信心，影响到公益事业的公益资源动员与吸

---

① 指一种人际道德关系上的隔膜和孤独化，以及由此引起的道德行为方式的相互冷淡、互不关心，乃至相互排斥和否定。参见朱力《旁观者的冷漠》，《南京大学学报》（哲学·人文·社会科学版）1997年第2期。

② 何清涟：《现代化的陷阱》，今日中国出版社，1998，第207页。

③ 〔美〕格拉夫：《流行性物欲症》，闾佳译，中国人民大学出版社，2006，前言第2页。

④ 庄爱玲：《公益组织能力建设与公益事业可持续发展》，参见上海市慈善基金会、上海慈善事业发展研究中心编《慈善理念与社会责任》，上海社会科学院出版社，2008，第288页。

收，进而影响到公益事业的持续发展。目前，我国公益组织的能力建设还存在许多缺陷，主要表现在以下两个方面。（1）公益组织信息不透明，公信力不高。由于我国目前对于善款的分配和用途缺乏有效的监督和信息查询系统，加上公益组织在管理上存在不少漏洞，缺少自律机制，善款的来源、运用和去向等信息不透明，善款使用随意性很大。笔者在 2008 年进行的一项"关于深圳市宝安区公益组织与社会主义和谐文化建设"课题研究中，对 29 个公益组织的问卷调查和访谈结果显示，在年度财务报告上，29 个团体中有 15 个团体"每年年终由会计做年度财务报告，有内部审计"；8 个团体负责人表示"无特殊情况不做年度财务报告"。访谈中部分公益组织负责人表示未曾向社会公开财务。这表明这些团体在管理上仍停留于自发封闭状态，社会公信力开发意识不够，财务管理规范性不足。这些都将影响公益事业的良性发展，21 世纪初发生的"胡曼莉事件""付广荣事件""青基会事件"都告诉我们：一个缺乏信息公开机制的公益组织会面临公益失灵和善心受到亵渎的可怕结局。（2）公益组织工作人员的专业素质有待提高。人才是公益事业发展的关键，当前我国公益组织工作人员缺乏专业社会工作的培训，缺乏迎接新挑战的观念和知识。同时，对工作人员的从业资格、职责要求、工资福利、晋升、奖惩等职业发展方面的制度安排还不规范，不少机构参照政府的等级和模式运作，行政取向重，自主倾向少。公益组织对从业人员的专业能力（如需要评估、项目开发、直接实务、成效评估）和道德标准（如自律、互律和他律）的要求还没有达到社会认可和国际认可的标准。一项调查显示，目前我国慈善组织工作人员的性质：专职人员占 60.03%，退休和兼职人员占 39.97%；年龄结构：50 岁（含）以上的占 52%，31 岁（含）至 49（含）岁的占 32%，30岁（含）以下的仅占 16%；学历结构：大专及以下占 66%，本科及以上仅占 34%。[1] 这样的结构是难以提高组织的自身能力的。

---

[1] 范宝俊、于学廉：《关于中国慈善组织能力建设的研究报告》，参见时正新《中国社会福利与社会进步报告（2002）》，社会科学文献出版社，2002，第 264 页。

第三，教育制度的功利性使公益精神缺乏育人的文化环境。公益精神不是天生具有的，而是靠后天培养的。在海外，公民接受公益慈善教育是一堂必修课，孩子在很小的时候就开始参与义务服务的培训和实践，使帮助社会、帮助别人的观念深入人心；到高中阶段，必须拥有作为志愿者在社区进行服务性工作的经历才能顺利毕业升学，要想达到规定的要求，孩子们必须在相当长的时间里坚持为自己生活的社区"奉献"①，从而通过加深对公益慈善的认知与实践参与树立起较好的公益精神、慈善意识和社会公益价值观。尽管目前我国推行素质教育，如中学开展旨在提升学生的道德水准，帮助学生学习做负责任的公民，过积极健康的生活的道德教育，并且根据这一宗旨于近年进行了新教材的修订，但无论是教师还是学生共同关注的仍是应试，学校大都缺乏对慈善理念、公益精神的教育，即使有相关的教育，在教育方式上也不能让学生很好地接受，可以说现代学校知性的道德教育范式生成的道德主体是"思维型而非行动型"②。考试仍然是指挥棒，是一种导向，这直接影响着新教材预设的情感、价值观和能力培养目标的实现；同时，现行的教学效果评价主要是通过学生的书面考试进行，只能检查学生对知识的掌握情况，对学生基本能力、情感、态度、价值观则难以评价。教学是基础，活动是手段，两者不可分离。新教材的实施，需要学生将课堂上学习的法律知识、道德知识通过活动课程加以巩固或强化，从而使学生将理论与预设的情景结合起来，培养学生运用法律和道德解决实际问题的能力。然而，应试教育的现实造成课堂教学对活动课程的"强势挤占"，使一些普通的学校活动课程时间不足，这在一定程度上弱化了对学生能力的培养。③ 鼓励学生参与捐助和志愿服务，如果缺乏对学生公益慈善的专项教育，单单靠个人自觉自悟来培养社会责任感并参与

---

① 高钢：《遭遇美国教育》，《北京文学》2003 年第 10 期。
② 高德胜：《知性德育及其超越——现代德育困境研究》，教育科学出版社，2003，第 35 页。
③ 卓高生、曹亚琴：《关于初中法制教育教材的调查与思考——以广州市若干中学为例》，《课程·教材·教法》2008 年第 10 期。

公益行动，根本形成不了公益慈善的大气候。因此，在构建社会主义和谐社会的过程中，我们必须正视公益精神薄弱的现状及其带来的深远影响。

三 公益精神缺失的影响

在一个社会转型、人们思想发生剧烈变动的时代，公众缺乏公益精神，将可能造成人们自我生存发展能力的迷失、对社会矛盾和公共领域的冷漠，在人、社会、自然的三维系统中导致人文关怀沉沦、社会问题凸显、生态安全隐忧。

（一）人文关怀沉沦

人文关怀是具有时代性的话语，在不同的历史时期有其不同的历史内涵。但无论如何，人文关怀的实质都是通过确立人的主体性，从而确立一种赋予人生以意义和价值的终极关怀，它包含对人的生存状况的关注、对人的尊严与符合人性的生活条件的肯定和对人类的解放与自由的追求，是物质关怀与精神关怀的统一、现实关怀与终极关怀的统一。公益精神正是以人的自由全面发展作为意义指向和价值归宿，在捐助、奉献时间、财物、知识等公益行动中满足人对自我价值实现和超越的需要，最终达到对自身本质的完全占有。然而，公民公益精神的缺失必然导致人性中人文关怀的沉沦。

第一，人的不平等发展。一般而言，平等是指人们从社会所获得的全面而自由的发展机会以及人们之间合理享有社会的基本价值，这是人作为"类"所应有的发展。人的平等发展并不是作为结果的经济平等权利而是社会成员在社会生活尤其是社会经济生活中拥有平等发展的权能和利益，主要表现为社会成员发展的起点应是平等的，因为发展起点的平等是公平竞争的前提性要求。[①] 因此，作为社会的一员，在失业、

---

① 卓泽渊：《法的价值论》，法律出版社，1999，第 473 页。

疾病、残废、守寡、衰老或其他不能控制的情况下丧失谋生能力时，人人都有权享有社会保障，有权享受他的个人尊严和人格的自由发展所必需的经济、社会和文化方面的各种权利，有权享受为维持他本人和家属的健康和福利所需的生活水准，包括食物、衣着、住房、医疗和必要的社会服务。当代西方法学家德沃金在《认真地看待权利》一书中指出"权利可分为实证权利（法律权利）和道德权利"①。实证权利源于法定（或习惯）并以法律为后盾，道德权利产生于道德原则并以道德力量为支持。人权是道德权利的一个分支，它的保护"是一种旨在通过制度化的基本权利实现有关人的尊严和潜能的特定观念的社会活动"②。隐藏在公益事业中的人权概念，不是为各种现实力量所规定的实证权利，而是一种关心人、爱护人的道德权利，而公益精神则体现在人走出自我中心对自身和他人的高度自觉。它的精髓在于道德利他，对社会成员的基本人权保障是其内在意蕴。人权的生成与获得是以人的需要为基础并服务于人的需要。恩格斯指出："在人人都必须劳动的条件下，生活资料、享受资料、发展和表现一切体力和智力所需要的资料，都将同等地、愈益充分地交归社会全体成员支配。"③ 人的生存和发展需要的满足要有相应的权利保障，这是人作为"类"的存在之平等发展的要求。然而，人的发展在社会化大生产中的竞争与压力背景下被专业分工愈加细化的生存链条与利益的沟壑相隔时，人将被降低为技术物体和劳动异化了的"单向度的人"。这种异化的事实正如弗罗姆所说的："人不能把自己看成是自身和丰富性的载体，而看成是一个贫乏的'事物'，依赖于某种自身以外的力量，把他生存的意义投射到这种力量的身上。"④ 这排斥或舍弃了主体应有的社会成就感和社会责任感，割断了谋利与人生意义、人文关怀的联系，使人类社会活动失去了应有的基

---

① 杨春福：《权利法哲学研究导论》，南京大学出版社，2000，第 42 页。
② 〔美〕杰克·唐纳利：《普遍人权的理论与实践》，王浦劬译，中国社会科学出版社，2001，第 15 页。
③ 《马克思恩格斯全集》第 22 卷，人民出版社，1975，第 243 页。
④ 〔美〕埃里希·弗罗姆：《健全的社会》，蒋重跃等译，国际文化出版公司，2003，第 108 页。

本理性和必要的秩序条件，从而也失去了应有的秩序效率。即是说，单纯获取个体物质利益的动机和取向，在市场机制的作用下虽然也能够带来经济一定的繁荣和发展，但这种繁荣和发展却不是持久的、建设性的。① 因此，公益精神的缺失所造成的公共价值追求的迷失和公共生活的缺乏，对他人和他物的普遍关注和尊重失落，都使社会弱者失去平等发展的机会和人之为人所应享有的最基本的人权，而为社会所边缘化。此时，个体的自由和责任都成了幻觉，其结局是"一些人（少数）得到了发展的垄断权；而另一些人（多数）经常地为满足最迫切的需要而进行斗争，因而暂时（即在新的革命的生产力产生以前）失去了任何发展的可能性"②。

第二，人的能力和社会关系发展阻滞。马克思把人的能力的全面发展看作人的全面发展的核心。"任何人的职责、使命、任务就是全面地发展自己一切的能力"③，它包括个体能力和集体能力、自然力和社会力、潜力和现实能力、智力和体力等。一个健全的社会就是把个人能力的自由全面发展当成主体和目的，个人既有自主个性，又主动承担社会责任，从而使"社会的每一个成员都能完全自由地发展和发挥他的全部才能和力量"④。而社会关系又决定着一个人的发展程度，"个人的全面性不是想象的或设想的全面性，而是他的现实关系和观念关系的全面性"⑤。个人的能力在其出生时完全是一片空白，"只有他自己才能掌握自己的未来，除了与他所生活的时代和社会所提供的机会、条件有关之外，个人能力的实现，则更多地有赖于个人的努力和争取"⑥。我们深信"如果我们选择了最能为人类福利而劳动的职业，那么，重担就不能把我们压倒，因为这是为大家而献身；那时我们所感到的就不是可怜

---

① 汪荣有：《当代中国经济伦理论》，人民出版社，2004，第212~213页。
② 《马克思恩格斯全集》第3卷，人民出版社，1960，第507页。
③ 《马克思恩格斯全集》第3卷，人民出版社，1960，第330页。
④ 《马克思恩格斯全集》第42卷，人民出版社，1979，第373页。
⑤ 《马克思恩格斯全集》第46卷（下册），人民出版社，1980，第36页。
⑥ 韩庆祥：《马克思开辟的道路——人的全面发展研究》，人民出版社，2005，第131页。

的、有限的、自私的乐趣，我们的幸福将属于千百万人，我们的事业将默默地、但是永恒发挥作用地存在下去"①。作为社会生活重要的实践活动，公益事业包括的慈善捐赠、志愿服务在全球化的今天已从家庭、学校、地区扩展到跨地区、跨民族、跨国家，并发展着人的社会交往能力，"公民服务好像一种制度，在 20 世纪世界的很多地方发展起来，并可能在 21 世纪得以扩展……在 21 世纪末，公民服务可能会像今天的教育、就业和兵役服务一样平常和被普遍接受"②。因为，在自主选择的利他服务、团结互助行动中，人的能力会获得提升。然而，现代"物的关系对个人的统治、偶然性对个性的压抑，已具有最尖锐最普遍的形式"③，所以"物欲症"时代的个体只能表现为"狭隘的人情关系、权力和物的占有性需要"。面对他者的灾难和痛苦，"普遍旁观者"在"安心与我无关和无能为力的道德责任否认"立场中坚持不作为和冷漠，这是一种公益精神缺乏所造成的个体道德意识与行动能力缺乏的表现，也是个体行动能力缺乏导致人的能力发展阻滞和自我疏离与社会隔绝的后果。

第三，人的个性发展不足。人的个性的自由发展，是人的全面发展的最高形式、目标和成果，其主要内容包括个人特性发挥的充分性、个人能力发展的全面性、个人价值的实现性、个人人格的独立性。社会主义初级阶段的中国，由于受生产力发展水平、文化发展水平的限制，总体上仍未走出以"市场关系为特征的对物的依赖和发展人的独立个性的阶段，甚至在相当的时间内某些方面的对物的依赖的关系还要继续发展，完成在人的片面发展的阶段中所实现的历史任务"④。当人坠入无限物欲的深渊，像动物一样沉溺于感官刺激的恶性循环之中，则人放弃主体地位，堕落了。然而，"一个富有的社会，如果缺乏对人类充满终

---

① 《马克思恩格斯全集》第 40 卷，人民出版社，1982，第 7 页。
② 〔美〕密切尔·夏瑞顿：《公民服务：问题、展望和制度建设》，江汎清译，《志愿服务论坛》2003 年第 1 期。
③ 《马克思恩格斯全集》第 3 卷，人民出版社，1960，第 515 页。
④ 宋萌荣：《人的全面发展理论分析与现实趋势》，中国社会科学出版社，2006，第 101 页。

极关怀的人文精神，如果缺乏对社会批判力量的博大包容，缺乏对物质之外更深远的精神追求，这个社会不可能成为一个现代化的社会"①。爱默生说："生命中最美好的补偿，是助人的同时也帮助了自己。"因此，公益是个人的选择和主动的奉献，是高度自我完善的行为，"与我们的身心健康、社团的生命力、国家繁荣甚至与我们作为自由人来支配自己的能力密切相关"②。心理学家弗兰克尔相信：捐赠是生命意义的源泉，也是自我启蒙的途径。他说："人们总是会被自身以外的某人或某事所引领，也就是说为了完成一件事或帮助某个遇到的人。一个人越是在帮助和关爱他人时，越能忘记自我，也愈加卓显人性之美，进而实现自我……只有超越自我，才能有随之而来的自我实现。"③ 因此，人的个性中自我价值的实现、个人能力的发展、独立人格的生成等都可以在捐赠和志愿服务的过程中完成。当公益精神、博爱利他的社会关怀消失于现存的为名利所困的羁绊中，个人的价值和意义关注成为物的奴隶之时，作为一个完整的人，不可能以一种全面的方式在基于利他的公共关怀和责任意识的涉及扶贫、救灾、教育、医疗、环保、社区服务等公益行动中占有自己的全面的本质，人的个性自由发展也将是不足的。

总之，公益精神缺失造成的人的不平等发展、能力和社会关系的发展阻滞与人的个性发展不足都是人文关怀沉沦的结局，它意味着对当代人的实际生存状况的低度关注和人的精神需要满足的匮乏。

（二）社会问题凸显

在构建"民主法治、公平正义、诚信友爱、充满活力、安定有序、人与自然和谐相处"的社会主义和谐社会过程中，公益精神的缺失对

---

① 仰东：《北京大学生奥运志愿服务的思考与建议》，转引自北京奥运会志愿者工作协调小组办公室编《志愿北京：2005"志愿服务与人文奥运"国际论坛成果集》，人民出版社，2005，第86页。

② 〔美〕亚瑟·C.布鲁克斯：《谁会真正关心慈善》，王青山译，社会科学文献出版社，2008，第2页。

③ Victor Frankl. *Man's Search for Meaning*, New York: Pocket Books, 1984, p.133.

于社会建设的推进有着不可低估的危害。

第一，社会自主性缺乏。社会自主性强调对社会本身应有的独立地位的尊重和保护，经济及社会生活的多样性、自主性、主动性，公民的自由及选择，以及对行使行政权力的社会有效监督等。[①] 其中，各类草根社会组织的有效参与是其重要表现。作为社会组织的思想基础和精髓，公益精神的现状直接影响着它的社会效用发挥。政治、经济和社会文化等诸多因素造成的当前我国公益精神缺失的现象又反射到社会的各个方面。其一，公益组织人均拥有量不足。公益组织数量的多少在一定程度上反映了一个国家和地区政治民主的发展程度。发达的民主国家中每万人拥有的非营利组织（NPO）的数量明显高于其他国家，如法国每万人拥有的非营利组织数达 110.45 个，日本为 97.17 个，比利时为80.39 个，美国为 51.79 个。而中国每万人拥有的社团数量为 1.45个[②]，这个比例远远低于发达国家。我国目前公益组织的成立与发展固然与社会经济发展水平和政策有关，但是公民公益精神的缺乏伴随着的社会冷漠和公共性的不足都制约着社会自组织结构的延展。其二，公信力（Accountability）危机。公信力是指在社会公共生活中，公共权力面对时间差序、公众交往以及利益交换所表现出的一种公平、正义、效率、人道、民主、责任的信任力。公信力既是一种社会系统信任，同时也是公共权威的真实表达。公益组织在规章制度制定、公益项目运作和人员素质培育中因公益精神的缺失必将带来公益组织的公信力危机，如 21 世纪初发生的"公益风波"："胡曼莉事件""付广荣事件""青基会事件"。当"慈善家"的画皮被揭穿并露出其伪善、丑陋的面孔之时，当捐助者和志愿行动者的善心受到亵渎之时，社会民众将很难再与公益组织之间形成信任关系，并造成慈善机构或公益组织的公信力下降，影响着公益组织在社会公众中的形象和社会公益事业的发展前景。其三，公益主体资格认

---

① 李瑜青：《社会学导论》，上海大学出版社，2004，第 307 页。
② 王名：《中国社团改革：从政府选择到社会选择》，社会科学文献出版社，2001，第105 页。

知不足，公益参与被动。个体获得公共责任的基本知识，有助于将自私自利的个人转变为以公益为重的公民，从而在公私领域中把"人们对物质生活享乐的爱好与对自由的热爱和对公共事务的关心结合起来"①。然而公益精神的缺失，使得公益行动成为一块荒漠无人问津，忘却公民是公益事业发展真正的主体，或者认为政府为公益慈善事业的承担者主体，或者把公益事业看作"一批理想主义者、热心人士的选择，因此，大众参与少，缺乏普遍性"②。

第二，社会冲突增多。稳定有序是社会和谐的基本性标志，社会安定有序是不同利益群体各尽其能、各得其所而又和谐相处的表现。反之，则是社会不同群体矛盾激化的表现，是社会冲突得不到化解的结果。我国当前处于产业结构快速转型、社会利益格局剧烈变化的新时期，一方面，经济快速发展，人民生活水平普遍提高；另一方面，目前全国城镇享受低保的生活困难人口还有 2000 多万，农村还有数千万贫困人口，全国还有约 6000 万残疾人口，有近 200 万流动儿童辍学。此外，伴随着经济快速发展，收入差距也在不断拉大，根据权威部门测算，如果考虑城乡在收入指标统计和福利待遇方面的差异，目前城乡居民实际的收入差距已经进一步扩大到 6 倍左右。③ 过大的收入差距以及分配过程中的不公已经对社会稳定构成了严重影响。综合各种调查研究，目前公众对收入分配状况的不满程度相当高，一些不满情绪已开始转为对政府以及改革的不认同。各种基于严重不满情绪的社会矛盾、冲突已开始显现。各种群体性事件、经济犯罪、刑事犯罪问题日益突出。有数据显示，最近十年来发生的群体性突发事件在迅速增加。群体性事件 1993 年共 8709 宗，此后一直保持快速上升趋势，1999 年总数超过 32000 宗，2003 年 60000 宗，2004 年 74000 宗，2005 年 87000 宗。④ 作

---

① 〔法〕托克维尔：《论美国的民主》下卷，董果良译，商务印书馆，1988，第 671 页。
② 谭建光：《中国广东志愿服务发展报告》，广东人民出版社，2005，第 119 页。
③ 李培林：《和谐社会十讲》，社会科学文献出版社，2006，第 223 ~ 224 页。
④ 于建嵘：《威权政治面临的挑战——中国的骚乱事件与管治危机》，《社会学家茶座》2008 年第 1 期。

为社会第三次分配的公益事业是市场经济自由竞争的减震器、调和剂，在出现新的社会利益分化的情况下，更需要新的社会整合方式和新的社会团结，来凝聚人心和调动各方面的积极性。基金会等公益组织开展的志愿活动和公益捐赠弥补了政府职能的空缺，缩小了政府与民众之间的距离，是解决分配问题和社会冲突的一种方法。然而，公益事业于中国发展的不足和公益精神的淡薄都使各种社会冲突尤其是社会弱势群体的利益表达机制缺乏社会自主救助通道，致使众多社会问题和冲突淤积并可能进一步恶化从而带来公共安全的隐忧。

第三，道德水平隐忧。公益精神是一种道德精神，是社会主义和谐文化的重要内容。公益事业是精神文明建设的重要载体，是具有广泛群众基础的道德实践和道德品质积累。中华民族有着悠久的公益慈善传统，然而现代公益精神的缺失将出现的是"人文文化的衰微和人性向善的淡漠，是一个民族失去凝聚力和积极进取精神的警钟……纯真儿童无助的境地让人可怜，但对此熟视无睹才是真正的可怜，乃至可悲"①。在经济体制深刻改革、社会关系深刻变动、利益结构深刻调整、思想观念深刻变化的大背景下，在愈发多元、流动性增强的新时代中，个人主体性的增强和个人利益的逐步明晰，社会互助心理的缺失、理想信念的淡漠、奉献精神的匮乏使"传统主义己群意识"②和现代工具理性逐渐远离作为起源动力的价值理性，并"反客为主"遮蔽、消解和否定价值理性。英格尔斯告诉我们："落后和不发达不仅仅是一堆能勾勒出社会经济图画的统计指数，也是一种心理状态。"③ 当公益精神的缺失即个体的道德意识及道德行为都将停留在自我意识的私人空间中，"经济冲动力"逐渐占主导地位、消费享乐的"贪婪攫取欲"越来越成为压倒一切的力量的时候，整个社会道德水平的隐忧将是不可遏制的。

---

① 康晓光等：《希望工程调查报告》，漓江出版社、广西师范大学出版社，1997，第419页。

② 韦政通：《中国文化与现代生活》，中国人民大学出版社，2005，第177页。

③ 〔美〕英格尔斯：《人的现代化》，殷陆君编译，四川人民出版社，1985，第3页。

（三）生态安全隐忧

生态安全指与人类生存息息相关的生态环境及自然资源基础（尤其是可更新资源）处于良好的状况或不遭受不可恢复的破坏。它包括两层含义。其一是保护生态环境免受污染、战争和人类的故意破坏，使国家保持适宜的生存环境，同时，保持国家对必需的自然资源的获得和利用。其二是在稳定与和谐的生态环境中，人类将大大减少来自生态环境灾难的侵袭，减少甚至避免生态危机和生态灾害所导致的社会内乱和社会动荡以及国际对抗。此外，生态安全也包括免受其他生物种类的袭击（例如蝗虫和其他微生物等病虫害带来的生态安全问题），免受自然的各种报复（洪水、干旱、饥饿等），免受生态系统管理不当带来的经济灾难。① 它产生的影响具有广泛性、不确定性、长期性和跨国界性。

自人类进入工业文明时代以来，人类的生活发生了翻天覆地的变化。在自然领域，人类运用科学技术来控制并改造自然，人与自然的关系发生了根本的变化，工业文明使人类对自然的改造取得了空前的胜利。但同时，对大自然无休止的索取也引发了生态危机、环境污染、生态破坏、人口爆炸、物种灭绝、资源短缺等一系列问题，科学不再被视为进步的动力，反而成为破坏人类自由和自然环境的罪魁祸首。据统计，生态环境破坏导致的污染使 GDP 每年损失 13%，按照 2006 年我国 GDP 为 20 万亿元来计算，每年生态环境破坏造成的经济损失高达 2.6 万亿元，相当于 260 个太湖流域生态治理投入，325 个白洋淀生态环境治理投入，433 个塔里木河流域生态环境治理投入，是全国每年水土保持投入的 1300 倍。② 对许多环境学家而言，"进步"变成一个肮脏的字眼。大量的典籍涌入书店，书名不外乎《沉沦的社会》（*The Stalled Society*）、《即将来临的黑暗时代》（*The Coming Dark Age*）、《论进步的可怕》（*The Danger of Progress*）、《进步之死》（*The Death of Progress*）③。

---

① 王逸舟：《全球化时代的国际安全》，上海人民出版社，1999，第 101 页。
② 李波：《从公众参与的细节看中国环境的挑战》，《自然之友通讯》2009 年第 1 期。
③ 〔美〕阿尔文·托夫勒：《第三次浪潮》，黄明坚译，中信出版社，2006，第 190 页。

整个西方世界在流行着作为线性过程的"增长热",甚至"增长狂",韦伯指出:"资本主义的独特的近代西方形态一直受到各种技术可能性的发展的强烈影响。其理智性在今天从根本上依赖于最为重要的技术因素的可靠性。然而,这在根本上意味着它依赖于现代科学,特别是以数学和精确的理性实验为基础的自然科学的特点。另一方面,这些科学的和以这些科学为基础的技术的发展又在其实际经济应用中从资本主义利益那里获得重要的刺激。"① 在科学技术转变为现实的生产力推动人类社会历史发展进程的时候,我们对科技有着一种至上的崇拜,一种对科技理性强调逻辑上的合理、形式上的完善、操作上的可行性的理性精神的敬仰,并且构成西方世界现代化推进过程中的独特精神影像。当这种理性精神内化为人们的世界观,主宰了人们价值观的时候,科学以及在科学理性基础上发展起来的各种技术便统治了人们全部物质文化生活领域。按照马尔库塞的分析,正是这种极端的至高无上的科学理性或技术理性,造成了现代西方社会生活和文化的种种弊端:合理而有序的政治集权统治,失去批判功能的社会意识形态,表面繁荣而内容苍白的畸形文化,失去"感性向度"的"单向度"的人。②

科技理性占据人的精神领域并建立起一种人与自然之间的利己主义时,公益精神的缺失就是其外在的表现。我们无视环境污染的罪恶,只是像谈论天气一样谈论气候变暖而不付诸实际行动。其实,生态安全与生态承载力是紧密联系的。人类对生态环境的影响在生态系统的承载力范围内具有对外界威胁的恢复力,所以,我们认为生态环境是健康的、稳定的。然而,当"人同自然的异化"关系引致人与自然功能性的失衡,所谓的"开发自然"都有可能是"破坏自然""盘剥自然"的结果,就是使"攻击进入生活本能的领域,使大自然越来越屈从于商业组织",使自然界成为"商品化的、被污染、军事化的

---

① 〔德〕马克斯·韦伯:《新教伦理与资本主义精神》,于晓等译,三联书店,1987,第13~14页。
② 卓高生:《当代社会发展的人文关怀论》,《湖北社会科学》2009年第1期。

自然界"。① 当然，自然界对人的这种破坏与侵略也不是"无动于衷"的，"我们不要过分陶醉于我们人类对自然界的胜利。对于每一次这样的胜利，自然界都对我们进行报复"。② 因此，公益精神作为价值理念的缺失在人与自然之间的关系上折射出的是一种"重占有，轻生存"的方式，它"割裂了价值观念与科学技术、手段与目的、外在生活与内在生活、理性与信念的内在关系，把人降低为一种只是追求实际利益的动物"③。这种生存方式使人与自然的合作意识、平等意识和未来意识被抛弃，虽然承认博爱原则，但还未克服人与自然之间的疏远性，一系列全球性和地区性生态、环境和资源问题都警醒我们身处生态安全的隐忧之中。

公益精神作为现代社会成熟的重要标志和社会主义核心价值体系的应有之义，它的缺失将影响着中国公益事业的发展和现代化的历史进程。因此，以增强公民公益精神为目标的人文主义教育是现代社会发展走向文明的重要任务。

---

① 韩秋红：《断裂还是传承——西方马克思主义及其当代资本主义观》，中央编译出版社，2004，第 210 页。
② 《马克思恩格斯选集》第 4 卷，人民出版社，1995，第 383 页。
③ 韩震：《历史哲学》，云南人民出版社，2002，第 159 页。

第五章 | 当代中国公益精神的培育

公益精神是公益事业发展的内在动力，没有公益精神就没有现代公益事业的发展，没有公益事业的发展就难以实现文明推进与社会和谐的现代化目标。因此，弘扬和培育公益精神在当代中国具有战略性意义。

一 公益精神培育的原则

公益事业是社会主义精神文明建设的重要载体。作为公民教育的重要内容，公益精神的培育自然不能盲目、无原则，而必须同中国社会进步和公益事业发展的现实要求紧密结合，沿着正确而科学的方向进行。具体来说，公益精神的培育应坚持普适性、超越性与实践性原则。

（一）普适性原则

公益精神在精神文明建设与和谐社会建设中有重要作用。公益是"道德的积累，是良好道德的发扬，又是道德积累的开端……是具有广泛群众性的道德实践"[1]。因此，公益精神的培育要突出普适性的原则，这是说公益精神具有统一的基础、共性的要求。任何一个社会，尽管分

---

[1] 季羡林：《慈善是道德的积累》，《中国社会报》1997 年 1 月 25 日。

化为不同的阶级阶层，尽管个体因多种因素而拥有不同的精神追求，但它总会在最基本的意义上存在一种人共而有之精神理念，如诚信、互助、友爱、奉献等精神品格。19 世纪英国著名的道德学家塞缪尔·斯迈尔斯在《品格的力量》一书中写道：一个国家的前途，不取决于它的国库之殷实，不取决于它的城堡之坚固，也不取决于它的公共设施之华丽，而在于它的公民的文明素养。"一个民族如果没有了品格作为支撑，就可以断定它最终将要走向灭亡。一个民族如果不以忠诚、正直为美德，它就没有存在下去的理由。""如果不幸的是，那些良好的品格不能再被重新拾起，那么，这个民族也就彻底地没有希望可言了。"① 斯迈尔斯的这些论述，在我们今天看来，仍然具有相当的启迪意义。

目前，公益精神培育的普适性原则集中体现在宣传人道主义精神、提倡社会公德教育和弘扬为人民服务理念上。人道主义的实质在于国家和社会对个人以及人们相互之间的关心和同情，尊重个人对社会做出的贡献，尊重人格，维护社会成员的基本权利。公益事业是改善民生、促进社会和谐的崇高事业。进一步发展中国公益事业，需要各方的热心支持和鼎力相助。"海内外社会团体、各类企业和各界人士进一步发扬人道主义精神，乐善好施，扶危济困，热情参与慈善活动，向需要帮助的人们奉献更多的关爱。"② 在建立和发展平等、团结、友爱、互助的社会主义新型关系中，公益精神培育的普适性原则要求公民"在社会公共生活中，要大力发扬社会主义人道主义精神，尊重人，关心人，特别是要注意保护儿童，尊重妇女，尊敬老人，尊敬烈军属和荣誉军人，关心和帮助鳏寡孤独和残疾人，要遵守公共秩序，讲文明礼貌。要提倡人人爱护公物，保护环境和资源，自觉履行对国家和社会的义务"③。因

---

① 〔英〕塞缪尔·斯迈尔斯：《品格的力量》，王强等译，中国商务出版社，2004，第25页。
② 胡锦涛：《发扬人道主义精神，热情参与慈善活动》，《人民日报》2008年12月6日。
③ 中共中央文献研究室编《十二大以来重要文献选编》下册，人民出版社，1986，第1182页。

此，对市场经济竞争环境下导致的社会"弱者"予以人道主义的尊重、爱护和关心，不仅是保障社会平衡、实现社会公平的一种手段，更是社会主义精神文明的重要体现。

要提倡文明礼貌待人、尊敬老人、爱护儿童、见义勇为、乐于助人、遵守公共秩序、维护公共财产的社会公德。它是全体公民在社会交往和公共生活中应该遵循的行为准则，涵盖了人与人、人与社会、人与自然之间的关系。事实上，热心公益、关心社区的精神已跨越家庭伦理生活的范围，扶危济困、维护社会公共利益的公益行动已经成为社会公德的一个重要组成部分，它通过动员社会公众的力量及时快速地对社会需求做出反应，以保障社会的秩序和公正，体现了每个公民帮助弱势群体、维护社会公正的义务，并最终形成公民自觉的公益精神。

为人民服务是公益精神培育的核心内容之一，它不仅是对共产党员和领导干部的要求，也是对广大群众的要求。为人民服务"已不完全是一个阶级性概念，也是一个全民性概念。换言之，它从一个政治理论原则，转化为社会伦理原则。作为社会伦理原则的为人民服务，就是全体社会成员的'自我服务'或'相互服务'，即'我为人人，人人为我'"①。这是对公益精神倡导的团结互助和仁爱奉献的公益行动的最好阐释，"每个公民不论社会分工如何，能力大小，都能够在本职岗位，通过不同形式做到为人民服务"②。这就使为人民服务的层次和内涵变得更合理和丰富。新时期，大力倡导为人民服务的精神，引导人们正确处理个人与社会、先富与共富、经济效益和社会效益等关系，提倡尊重人、理解人、关心人，发扬人道主义精神，是公益精神培育中对广大群众而言具有普适性的道德要求。

公益精神的培育着眼于人道主义精神、社会公德及为人民服务这三个要点，这对所有的个人和团体而言都具有可行性，它是

---

① 魏英敏：《当代中国伦理与道德》，昆仑出版社，2001，第129页。
② 《公民道德实施纲要》，《人民日报》2001年10月25日。

扶助弱者、互助自助的精神，在"友爱、互助"的过程中实现了双赢互利，而不是片面的"自我牺牲"，这是人们在社会生活中最基本的具体的行为规范和准则，是公益精神培育过程中普适性的要求和体现。

（二）超越性原则

要发展公益事业，"我们不能期待所有的人都能基于利他主义的动机来无偿地、长期地、纯粹出于公益心来帮助他人"[①]。因而，公益精神的培育不仅要考虑不同公益行动主体道德认知和道德实践的社会总体道德面貌，尊重公益精神培育过程中公民现实的多元性利益追求，还要坚持超越性原则。

所谓公益精神培育的超越性原则指的是作为一种有目的的影响人的教育活动其价值取向上的未来性。公益精神具有表达对个人、种族、阶级等的超越，呈现一种对人类存在状况的关切。由公益精神支撑的现代公益事业更为集中地表现了这种超越性。首先是对自我的超越，即对种种世俗的、物质的、肉体的欲望的超越。没有这种超越，人不可能把属于自己的大量财富、劳动、热情等，无偿地贡献给没有任何特定关系的他人。其次是对财富的超越，即使财富超越了它的一般形式，不再属于特定的个人或集团，而使原本属于个人或少数人的东西，用来提升全社会的整体福利。再次是对企业的超越。现代公益事业的发展主要归功于 20 世纪初期以来迅速发展的公益组织，而这类组织大都是由企业和企业家创立的。在这个意义上说，商业成功是建立公益组织的前提。当一个企业或企业家把自己的财富不是用于企业的商业目标、分配给企业的成员或用于个人消费或积累，而是用于公益事业时，就表示它的目标已经超越了企业，超越了一般企业的境界，进入了更高的精神道德层面。最后是对生命的超越。公益最深刻

[①] 林卡、高红：《慈善行为的文化阐释与政策蕴意》，参见中国社科院社会政策研究中心等编《和谐社会慈善中华——中华慈善文化论坛文集（无锡2006）》，无锡市灵山慈善基金会，2006，第94页。

的动机，应当是从对他人、对群体的关切中，寻找有限生命与无限存在的相关性。

因此，仅仅停留在普适性、群众性上的公益精神培育尽管尊重了现实的道德实际，但对于树立远大理想、坚定信念和强烈责任感与事业心，推进无私奉献的纯粹利他的公益事业来说，显然还是不够的。任何一个社会都有走在时代前列的社会精英，他们践履自我崇高的信念并有强大的感召力。公益精神是社会主义社会过渡到未来"自由人联合体"理想社会的精神动力。"无私奉献、纯粹利他"的公益行动及其蕴含着的共产主义道德式的公益精神，是一种马克思主义指导下的、先进的社会意识形态，它通过影响人们的内心信念、风俗习惯、社会舆论而对社会主义的发展产生一种持久的、巨大的推动作用。因而，公益精神的培育不仅要提倡一般的思想道德要求，还要满足社会上先进分子的个性追求，努力将马克思主义指导思想、中国特色社会主义共同理想的宣传教育，与社会不同群众的特点和要求的多样性、广泛性统一起来，引导人们在遵守基本道德规范的基础上，不断追求更高层次的精神道德目标。邓小平指出："我们在鼓励帮助每个人勤奋努力的同时，仍然不能不承认各个人在成长过程中所表现出来的才能和品德的差异，并且按照这种差异给以区别对待，尽可能使每个人按不同的条件向社会主义和共产主义的总目标前进。"① 因而，公益精神的培育在坚持普适性的同时，还必须坚持超越性的原则。

公益精神培育的超越性不同于空想性。"超越"是有条件的，它必须对现实积极适应。新时期倡导基于利他与利己相结合的普遍化的互惠，允许不同动机者的存在，提倡基于互助互惠的公益更具有现实性，也更具有广泛的群众基础。在这种适应的过程中，体悟和升华利他的意义并实现公益行动价值的提升，这是公益精神培育过程中普适性与超越性原则的辩证统一。

---

① 《邓小平文选》第 2 卷，人民出版社，1994，第 106 页。

（三）实践性原则

"意识不是孤立在外或漂浮其上的附随现象，而是从一开始就积极参与其事的创造因素。"① 公益精神只有通过实践的内化与外化才能成为主体的道德意识、品质或善的德性。只有把先进的思想意识付诸实践，化为惠及人民群众的实实在在的实践成果，才能真正体现公益精神作为人之道德品格的效用。在人与人相处的关系中，公益精神的培育只有回归生活性的实践才能找到正确的养成路径。从某种意义上说，"用抽象的、法律的和正式准则界定的越多，公共领域建立在历史、观念、爱、关怀和友谊等具体联系基础上的团结就会越少"②。也就是说，公益精神的培育必须注重公共生活的实践性原则，必须创设更多的公益情景，并鼓励人们参与公益行动，这是公益精神培育的最终指向。

"世界向来是已经总是我和他人共同分有的世界。此在的世界是共同世界。'在此中'就是与他人共同存在"③，因此，"人们不再坚持认为团结仅是国家事务的理念"④，"我们每个人都是世界问题的一部分，但也是答案的一部分"⑤，公益精神内含个体的这种主体意识预示着公益行动应该是主体的自觉自愿行动，诚如莎士比亚在《威尼斯商人》中所写到的："慈悲不是出于勉强，它像甘露一样从天上降下尘世。"通常情况下，扶危济困是对苦难的应急性反应，但这种应急性也体现了主体的主动判断和选择，这里没有任何外在的命令和胁迫，唯有我们自身的积极响应。送人玫瑰，手留余香，这儿的"香"，就映现了行善者

---

① 〔匈〕卢卡奇：《理性的毁灭》，王玖兴等译，山东人民出版社，1997，第9页。

② 〔美〕亚当·赛里格曼：《信任与公民社会》，陈家刚编译，转引自李惠斌《全球化与公民社会》，广西师范大学出版社，2003，第369页。

③ 〔德〕海德格尔：《存在与时间》，陈嘉映等译，三联书店，1987，第146页。

④ 〔法〕吉尔·利波维茨基：《责任的落寞：新民主时期的无痛伦理观》，倪复生等译，中国人民大学出版社，2007，第150页。

⑤ 〔美〕曼纽尔·卡斯特：《认同的力量》（第二版），曹荣湘译，社会科学文献出版社，2006，第171页。

的道德层次，反映了其乐善好施的品格。

公益精神培育的实践展开过程，其实也是社会的辩证发展过程。在这一过程中，人创造着公益德性，公益德性也创造着人。美国学者贝格尔将社会的辩证运动过程分为三个步骤，即外在化、客观化和内在化。"外在化，即人通过其肉体和精神活动，不断地将自己的存在倾注入这个世界的过程。客观化，是通过这种（肉体和精神两方面）活动产物而达到一种实在，这种实在作为一种外在于其创造者并与之不同的事实性，而与最初的创造者相对立。内在化，是指人重新利用这同一个实在，再次把它从客观世界的结构变为主观意识的结构。正是通过外在化，社会变成了人的产物，通过客观化，社会变为一个特殊的实在，而通过内在化，人则成了社会的产物。"① "社会生活在本质上是实践的。"② 公益精神的培育在实践中的展开也是这样，一方面通过实践创造了意义认同；另一方面通过实践使意义认同返还于人，变为人的主体能力。

也就是说，人的思想形成与行为过程，是在活动开展和相互交往的实践中进行的，离开社会性的实践生活，人们就无法了解和掌握外在的社会要求，就无法调节外在要求与自己行为之间的矛盾，更无法将社会的外在要求内化为自己的自觉要求。列宁说："'善'是'对外部现实性的要求'，这就是说，'善'被理解为人的实践＝要求（1）和外部现实性（2）。"③ 因此，公益精神作为现代公民健全人格所具有的道德意识和品质，其最终的指向在于现实的道德实践。这是因为公益精神的培育必须回归到道德的实践性和现实性中，它只有通过渗透于现实的社会伦理关系和道德行为才能表现其德性的一面，并有效影响公民的公益行动。这种德性和德行是受作为道德存在的主体的社会性和超越性影响的，"一是因为我们作为人是社会性的，是处在'相依'状态（being

---

① 〔美〕彼得·贝格尔：《神圣的帷幕：宗教社会学理论之要素》，高师宁译，上海人民出版社，1991，第8页。
② 《马克思恩格斯选集》第1卷，人民出版社，1995，第60页。
③ 列宁：《哲学笔记》，人民出版社，1974，第229页。

for others)，除了与他人一起生活，我们就无法活得更好；二是因为我们是超越性的，我们在生活中希望更好"①。因此，公益精神的培育必须坚持实践性的原则。

二　公益精神的生长条件

恰如树木需要成活在土壤中，公益精神的培育也需要一定的社会"土壤"，需要政府、市场、社会各类主体的积极努力。

（一）公益精神培育的政府职责

公益事业的发展需要公益精神这一精神支柱的推动，需要普及公民公共意识，这是社会民间性公益事业发展过程中面临的重大难题。弘扬公益精神落实于平凡的公益实践，政府大有可为。政府需要为作为精神文明建设重要载体的公益事业的发展和作为公民道德建设重要内容的公益精神的宣传教育提供制度保障和创设良好的社会氛围。

第一，提供法律法规支持。《美国慈善法指南》称："好的法律框架能极大地促进慈善事业的繁荣。法律具有引导功能：可以做什么事情，不可以做什么事情，明明白白；法律具有评价功能：说这个人好，这个人不好，根据是什么；法律还有教育功能和强制功能：奖励与支持，惩戒与处罚，都有标准。"② 完善的法律体系有助于人们树立慈善理念和公益精神。为此，政府应为公益事业发展和公益精神培育创设良好的法律环境，当前在政策法规方面应当着重解决好以下三个方面的问题。其一，加快公益事业基本法的立法进程。目前，我国尚缺乏一部专门规范公益事业的法律，为创设更有利于公益事业发展和公益精神传播培育的法制环境，政府应当尽快制定出台《中华人民共和国慈善事业

① 金生鈜：《规训与教化》，教育科学出版社，2004，第272页。
② 郑功成：《中华慈善事业》，广东经济出版社，1999，第46页。

促进法》（《慈善法》或《公益法》）①，加快公益事业发展的法制化进程。其二，完善公益组织税法制度。改革现有税收政策和税收制度以促进和鼓励公益事业的发展，有必要借鉴学习西方的税收制度。在西方，公益组织的收入、财产和销售税是免征的，向这些组织提供资金的个人或团体所购债券的红利收入是免税的，他们的捐款和赠品也是减税的。② 因此，我国的公益税收制度完善可从以下几方面着手。对于公益组织来说，凡是与公益项目有关的收入都可以免交收入所得税。如果与公益项目无关，那么这部分收入还是应该交所得税；鼓励公益组织发行债券，并对公益组织发行的债券收入免收所得税；当企业和个人向公益组织捐赠时，他们的捐赠物可以减免一部分所得税。另外，在技术条件成熟后开征遗产税、赠与税、特别消费税等，引导富裕阶层承担更多的社会责任，应用政策和法律调控机制，促使更多的社会资源整合起来，为我国的公益事业发展贡献力量。其三，加强对公益事业监督管理的法规制度建设。为使公益事业获得持续发展和为公益精神的培育创设制度环境，必须加快建立公益组织的自律与他律制度，包括从业人员的组织、人事、社会保障、福利等相关制度，保障公益组织的社会地位，增强人们从事公益事业的吸引力；尽快建立公益组织资格认证制度，按照"健全现代市场经济的社会信用体系"的要求，对管理规范、运行较好、有较高社会公信度的公益组织分批进行相关方面评估，进行信用资格认证，取得资格的享受社会捐赠的优惠政策。

第二，提供资金支持和建立资金引导机制。公益组织当前大多依靠政府的税收优惠、补贴来汲取资源。一般而言，政府对公益组织的税收资助可分为直接资助和间接资助两种。直接资助指的是政府拨出部分税收收入用于资助公益组织。在我国，财政拨款和补贴在目前志愿资金来

---

① 《中华人民共和国慈善法》于 2016 年 3 月 16 日第十二届全国人民代表大会第四次会议上通过，并从 2016 年 9 月 1 日施行。《慈善法》围绕慈善组织、慈善募捐、慈善捐赠、慈善信托、慈善财产、慈善服务、信息公开、监督管理、法律责任等做出规定。

② 李海东：《非营利活动核算》，中国物资出版社，2004，第 12 页。

源中，占资金量的 50.84%，在政府全部资助额中占 87.96%。① 这种政府财政拨款的比重虽然大，但覆盖面不够广，对不同组织的资助也存在较大差异，更多"自下而上"成立的公益组织要获得这种政府型资助相当困难。因此，直接资助的方式不应成为主要的资金支持方式。间接资助指的是政府向给予公益组织捐款的个人和公司、公益组织提供减免税的待遇，这将极大地促进公益组织的发展。从捐赠人的角度来看，他们更有动力将原本应该上缴政府的税款资助公益组织；从受赠人的角度来看，公益组织可以从事一些经营性质的活动来扩大其运作资金。因此，当前民政部门应积极与立法、财政、税务等部门沟通并合作，推进社会捐赠法制法规的具体建设，合法保护捐赠方的权利，促进社会公益慈善事业的发展。另外，随着财政汲取能力的增强，政府可用购买服务和项目委托的方式资助公益组织，促使公益组织之间展开竞争，从而提高资金使用效率。我国政府向公益组织采购服务虽然仍处于起步阶段，但在国外已有 200 年的历史，因其具有科学、公正、透明、节支效果显著等特点而为目前发达国家所普遍采用。政府采购，一方面可以提高政府运作的效率；另一方面，也可以有力地支持公益组织，这是政府对公益组织提供资金资助的方式。② 为了加快社会公益事业发展，国家也可以资助公益组织进行一些社会福利项目建设，项目经费也成为公益组织资金来源之一。这类资金具有专款专用的特点，是指向特定项目而不是用于日常运营的，要求公益组织必须有能力组织相应项目吸引政府资助。政府公布资助的原则和标准时，应该使所有服务组织都处于公平竞争的地位。

　　第三，合理定位公益事业。公益事业的合理定位对于良好社会秩序的获得和公益精神培育的深化是一个重大问题。在中国社会整体性转型时期，公益事业是中国特色社会主义保障体系的有机组成部分。在建设多层次的社会保障体系的进程中，如何有效地找到分散社会保障责任的

---

① 江汛清：《与世界同行——全球化下的志愿服务》，浙江人民出版社，2005，第 129～130 页。

② 王名：《非营利组织管理概论》，中国人民大学出版社，2003，第 211 页。

途径，真正建立起由政府、社会和市场共同承担社会保障的体制，在由政府负责的正式社会保障制度安排之外尽快建设一个包括公益事业在内的补充保障系统，既是对以往改革进行反思后得出的一个教训，也是多层次社会保障体系在未来发展的基本取向。一般说来，"政府的社会秩序供给有这样几条途径：一条是通过强制性的高压手段来获得社会秩序，这表现为一种强权政治；第二条途径是通过建立稳定的规范、合理的政治经济制度，金字塔式的权力等级结构和组织体系，凸显出法制精神；第三条道路则是通过伦理精神的张扬来获得社会秩序"[1]。政府社会秩序供给的三条路径代表着人类历史发展的三个阶段，而且意味着三种境界。其中，第三条道路正是公益事业作为一种善治理念，通过倡导公益精神这种伦理精神来实现社会建设和社会管理的新理念。以新的社会管理和治理机制形成社会安全的护屏，其中一个重要的方面是促进第三部门的健康成长，开展非营利、非强制和非政府的社会公益活动，以及社会互助事业（如社会捐赠、志愿行动等），推动相应的社会组织、机构和团体（如慈善组织、基金会等公益组织）的发展，这样可以加速政府职能由无限型、全能型向有限型、非全能型的转变，在降低社会管理成本的同时大大增强社会安全的实效性。[2] 所以，"政府要做公共资源的合理分配者，不要做纯粹的公共资源的守护者和占有者"[3]。如果"政府忽略非政府组织是自招风险。有的非政府组织拥有的声誉和可信度使其在国内国际上均有相当影响力。有的非政府组织可能在温和市民中缺乏可行度，但它们的组织和沟通技巧能使其发起政府难以忽视的运动"[4]。通过公益精神的弘扬获得的社会秩序，是一种通过人的行为系统内在节

---

① 张康之：《寻找公共行政的伦理视角》，中国人民大学出版社，2002，第358页。

② 杨敏、郑杭生：《个体安全：关于风险社会的一种反思及研究对策》，《思想战线》2007年第4期。

③ 徐卫华：《发展慈善事业的理念认知与行为方式》，中共中央党校出版社，2006，第8页。

④ 〔美〕约瑟夫·奈：《软力量——世界政坛成功之道》，吴晓辉等译，东方出版社，2005，第100页。

制和自我价值升华改造而完成自我定位的秩序获得。这种秩序不再需要政府的强制性维护，而需要整个社会的成员道德品性和政治意向的自觉。

（二）"经济人"与"公益人"的自治

公益事业"是一种点化人类的媒介，它们的共通性在于提供社会变迁，造就脱胎换骨的人类"。在很大程度上，它是"公益人"自我选择的自愿、自主、自发的"为公行为"（Wish to do）。当然，对人的道德进行过高的期望和假设难免无法排除人的自利性行为动机。"动机是个人效用或偏好函数的一个方面，重要的是把动机与行为区别开来（经济学家懂得，即使完全自私的人，在一套适当的奖惩制度下，也可能参与互惠的行为）。自利的或自私的动力，在以仁慈为一极，恶毒为另一极的动机序列中是一个中间点。"[①] 我们应从作为两极的完善公益人与理性经济人中间，来理解与说明现实市场社会中每个经济参与者的行为特征，而且我们也将自利、自律与理性视为建立经济行为机制的要素。自利的行为与愿望，如果在社会—经济—政治的框架下被放大观察，会发现它包含追求货币财富的意愿与行动，也兼容争取社会声誉、政治权益等精神财富意愿。"每关系到个人时，这个概念具有范围非常广泛的意义，包括名誉的利益、光荣的利益、自重的利益、甚至身后的利益，而在另一些时候又完全限于为了经济上的好处而进行的竞争。"[②] 但并不能因此就否定人的行为动机中的"谨慎、人道、正义、慷慨和公共精神等社会道德"（亚当·斯密）。现实生活中只有用"经济人"假设来规范人，以"公仆人""公益人"假设来引导人、塑造人，才能实现人类社会的和谐与可持续发展。[③]

① 《现代国外经济学论文选》第 14 辑，商务印书馆，1992，第 185 页。
② 《新帕尔格雷夫经济学大辞典》（E-J），经济科学出版社，1993，第 951 页。
③ 席恒：《利益、权力与责任：公共物品供给机制研究》，中国社会科学出版社，2006，第 168 页。

政府是社会成员权力"让渡"的结果。因此，政府及其官员为社会公众的利益"承诺"做好服务工作，即扮演一个"公仆人"的角色。"公仆人"假设是我国学者杨宇立、薛冰基于一系列制度规范，从政府代表公众意志的理性目标出发，针对政府组织中的领导者角色，对政府及其官员的人性假定。① 马克思在《哥达纲领批判》中表述了他的公益和福利思想："社会总产品首先应当做有关维持生产和扩大再生产的三项扣除，即：第一，用来补偿消费掉的生产资料的部分。第二，用来扩大生产的追加部分。第三，用来应付不幸事故、自然灾害等的后备基金或保险基金。"② 在马克思主义经典著作中的理解，可视为政府履行"公仆人"角色所从事的公益慈善事业，直接导致我们将公益事业的定位和理解视为政府应该行使的全责。然而，当代世界包括中国公益事业制度是现代社会中以非营利为目的，以自愿性、半自愿性或半强制性的方式实现公共利益的一种制度安排，其自愿机制是通过成员自愿参与机制、公共事业的服务供给机制和社会评价机制实现的。那些认为"公益人"假说"只具有道德上或精神上的劝诫与激励效应"③ 的人以对人性善良的过度自信而指责公益人存在场域的可能性，指出"公益人"的假设"无视人的真实天性，他们的理性只能在一个由天使和圣人组成的世界里得到实现"④。笔者认为公益事业中的"公益人"行为，一方面是因为社会中具有不同程度的慷慨因素、无私的品德因素、对他人义务的习惯接受和对金钱以外的回报的兴趣，即对"奉献他人"高尚品德的继承和弘扬；另一方面在以公益为目的的公益组织中也有一定的角色期待和塑造，使公益组织成员在长期的组织氛围中形成主观或客观上"利他"的行为动机。正如澳大利亚学者史卓顿和莱昂内尔所认为的，"物质自利强烈而广泛地存在于人们的公共行为的动机中，

① 杨宇立、薛冰：《市场公共权力与行政管理》，陕西人民出版社，1998，第68～75页。
② 《马克思恩格斯选集》第3卷，人民出版社，1995，第302页。
③ 王根蓓：《市场秩序论》，上海财经大学出版社，1997，第235页。
④ 〔奥〕路德维希·冯·米瑟斯：《自由与繁荣的国度》，韩光明等译，中国社会科学出版社，1995，第77页。

但是，它也会受到许多制度变化的影响，即便在其纯粹的形式上，我们也不相信它能够如此经常地、完全地主宰其他动机，以至于仅仅从物质利益一端就可以预见其行为。人们即使不信宗教，也能大体上同意在世界主要宗教和文学作品中找到对人类心理的理解：在一个人身上，善与恶、自私与慷慨、爱与恨、自利与无私、同情与冷漠既同时存在又相互冲突，并且反映在文化和制度的大背景之中。这种文化与制度是个人继承并塑造的，反过来，这些文化和制度又更多地塑造着人们"①。

社会道德的继承或约束和公益组织内部的角色塑造，形成了公益事业中人们行为动机的"公益人"倾向。提起亚当·斯密都会首先想到他的《国富论》。实际上，亚当·斯密的另一部著作《道德情操论》（1759）同样著名和精彩。在《道德情操论》中，亚当·斯密认为谨慎、人道、正义、慷慨和公共精神等社会道德，是人类一切社会活动的基础。这种社会道德基础也是公益事业中"公益人"行为动机的基础，是公益精神的具体道德呈现。

人们对公益角色期待和角色塑造动机的形成，缘于个人对组织目标的认同，这种认同正是组织文化对个人行为塑造的结果。一般来说，组织的目标与成员的目标并不完全一致。组织的目标通常是单一的、既定的，而成员的个人目标则是复杂的、阶段性的。但是，组织会通过规范要求成员为目标的实现而努力，成员在实现组织目标的过程中也会逐渐调适个人目标，使个人目标与组织目标趋于一致或保持相同的目标取向。在公益事业发展中，组织的目标是追求公共利益和公益价值（Value-Seeking），它与营利组织追求物质利益（Rent-Seeking）不同。在公益价值导向下，公益组织会"要求"（强制的或自愿的）其成员为公益目标服务，成员个人也会调整个人目标，使其与组织的公益目标相适应。因而，正如《我们共同的未来》

---

① 〔澳〕休·史卓顿、莱昂内尔·奥查德：《公共物品、公共企业和公共选择》，费朝辉等译，经济科学出版社，2000，第24页。

一书前言中所谈到的："今天我们最紧迫的任务也许是要说服各国认识到多边主义的必要性"，"进一步发展共同的认识和共同的责任感，这是这个分裂的世界十分需要的"。①

"斯密的'看不见的手'的原理——成为自我利益的拱顶石，使自利动力与行为获得视为通过一个可以运转的及和平的社会秩序的源泉的巨大声誉。"② 然而，当这个自利行为产业化与实体化的过程，随着利益不平等分配这一副产品的出现时，褒扬与肯定自利行为的社会热情与共识，则会消退与衰败。"骑士的时代已经逝去，诡辩学者们、经济学家和计算家们的时代已经胜利，而欧洲的光荣是永远熄灭了。"③ 自利激发出的行为由受尊敬转为受批判——这种利益的反思行为的真正含义是要求社会再改良秩序与制度，使寻求自我利益的行为纳入更为理性化与公正性的轨道，而不是要完全否定自利的动机与行为。马克思主义者从未反对过内含追求个人利益的"经济人"假设的客观性。"只有利己主义的个人才是现实的人"④，"正确理解的利益是整个道德的基石"⑤。如果用自利的程度区分人的行为，那么，便会有自利为零值的大公无私的纯粹利他的公益人，自利无限大的极端自私自利者，这是由自利因素塑造出的两种极端行为者，他们只是社会利益主体中的极少数，普通而多数的利益主体则属于完全利他与充分自利之间的自利行为者，是有限"经济人"（这里的有限不仅指理性有限，还指自利行为本身受到了约束，其中主要是主体的自觉约束）和互惠利他的"公益人"角色合一，而人类的行为也就有一个"从经济人向公益人的转化过程，这种转化与生产关系以及由这种关系所决定的包括意识形态在内的上层建筑的变革保持同向性"⑥。

---

① 世界环境与发展委员会：《我们共同的未来》，吉林人民出版社，1997，前言第2页。

② 《新帕尔格雷夫经济学大辞典》（E-J），经济科学出版社，1993，第953页。

③ R. E. Burke, *Reflections on the Revolution in France*, Chicago: Regncry, 1955, p. 111.

④ 《马克思恩格斯全集》第1卷，人民出版社，1956，第443页。

⑤ 《马克思恩格斯全集》第2卷，人民出版社，1957，第167页。

⑥ 周福安：《公共决策的效率：论社会福利的制度基础》，海南出版社，2007，第40页。

总之，现代社会中公益精神的生成与培育需要政府提供外部良好的制度保障，也需要市场经济中主体作为独立经济主体角色"经济人"与"公益人"角色的自洽合一。

（三）能力建设：公益组织公信力提升的关键

公益精神的生长条件除了政府和市场的土壤以外，产生于社会民间的公益组织的自身建设也是重要的保障。在公益组织中贯穿的宽容、互助、互惠、利他的公益精神，有利于促进全社会形成热心公益、扶贫帮困、团结互助、诚信友爱、共同发展的社会氛围和人际关系，实现社会价值理性的回归，促进社会的和谐发展。因此，提升公益组织的公信力是公益精神培育的关键。而公信力建设对于公益组织而言首要的是自身的能力建设。所谓公益组织的能力建设是指根据机构的宗旨与目标，在不间断的学习和经验积累中，进行旨在提高个人、群体和整个机构解决问题、实现目标、满足社会发展需求的综合能力。一个富有竞争力和公信力的公益组织必须具备决策领导能力、资源动员和管理能力、进行行动规划与执行的能力、社会互动合作的能力、组织创新的能力，它是公益组织实现可持续发展、公信力提升的保障，也是公益精神得以生成和广泛传播的社会动力。具体见图5-1。

第一，明确组织使命，增强组织决策能力。与营利组织不同，公益组织是为了完成某一具体的社会使命而存在："一方面是促进社会基本制度结构的完善，从而促进政治正义的实践；另一方面，则是基于道德正义的理想，凝聚着社会成员的道义力量，直接去改造不平等的现实。"[①] 公益组织以其公益性的伦理使命在解决贫困、灾难、妇女、儿童、环境等社会问题和谋取政治平等、经济公正、社会正义，以及在维护社会整体利益乃至人类共同利益等方面有所作为，让那些在社会地位、财富分配、政治权利行使、法律权利享有等方面处于

---

① 廖加林：《现代公民社会的道德基础》，湖南大学出版社，2006，第175页。

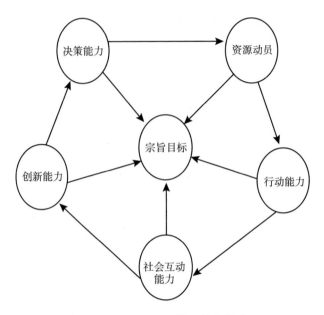

图 5 - 1　公益组织核心能力构成

资料来源：庄爱玲，《公益组织能力建设与公益事业可持续发展》，参见上海市慈善基金会·上海慈善事业发展研究中心编《慈善理念与社会责任》，上海社会科学院出版社，2008，第 294 页。

相对不利地位以及在发展方面潜力相对匮乏的弱势群体，能够机会均等地参与社会的发展并公平地分享社会发展的成果，从而使他们达到物质和精神上富有的生活境地。社会问题是复杂多样的，公益组织也是形形色色、多种多样的，每一个公益组织都应该为自己确定一个独特而持续的目标使命，在自身目标使命的指引和督促下，努力排除和克服外界的干扰和压力，尤其是资金方面的压力，实现自身的社会使命。如国际狮子会服务于全球各地的盲胞和视障者，国际透明组织专门为反腐败提供合法的法律服务，儿童解放组织的使命在于保护儿童及其相关权利等。美国救世军前全国总司令罗伯特·沃森说："世界上从来就没有足够的资金、足够的工作人员和志愿者来长期担任救援者的角色去帮助受害者，更好的方法就是集中力量制定一个有效的策略，把自己从援助者的角色中解放出来，通过切断那种愤世嫉俗的情绪，把接受者变成给予者，从而达到事半功倍的效果。"① 确实，救世军的成功经验告诉我们，当具体社会使命得到社会认同并有效解决社会广泛关注的、重大的、紧迫的现实问题时，公益组织就能动员更多的社会成员参与到我们为之奋斗的事业中来，这是增强组织使命影响力也是提升组织决策力的最佳途径。

第二，提升社会参与动员能力，建立广泛的"拥护群"。参与动员是通过公众直接参与到公益组织的计划、组织、管理等过程来实现的。人是社会性的，"人的本质是人的真正的社会联系"②，人人都有参与社会群体活动的愿望和要求，参与是人的一种共同属性。为了实现自己的愿望和抱负，在生动的亲身参与公益组织的活动中，人们自觉主动地以"补充式"或"批评式"来解决社会生活中面临的诸多问题。公益组织具有贴近群众生活、近距离完成与群众社会需求的对话沟通和利益表达的特点，对基层多元化需求满足的快捷回应和运行低成本等独特优势，它可以通过参与动员更好地缓解或解决如保障福利、环境保护等社会问题；反过来，参与动员以其生动的实践形式满足了现代社会成员的自我认同，也进一步激发了公民日益提升的参与热情，促进了社会伦理与道德的完善。

根据皮列文（Piliavin）的研究，大众对公益事业的参与是一个决策过程，这一过程可以分为四个阶段：首先是公众必须对"有人需要帮助"这一事实有所意识和觉察；接下来是同情心的唤起；然后经过成本—收益的权衡分析；最后才是采取行动。③ 其中，大众对社会现实的体认和公益精神的唤起是公民自主参与社会公共生活、付诸公益行动的前提，是公益组织形成广泛的"拥护群"（Support Groups）④ 的精神动源，这种动源的获得是以公益组织和社会公众之间互动合作的方式实

---

① 〔美〕罗伯特·沃森：《美国最有效的组织》，彭彩霞等译，中信出版社，2002，第64页。

② 《马克思恩格斯全集》第42卷，人民出版社，1979，第24页。

③ 孙立平等：《动员与参与——第三部门募捐机制个案研究》，浙江人民出版社，1999，第173~174页。

④ 朱传一：《关于第三部门与基金会的作用及其在中国的发展问题》，《社会》2000年第11期。

现的。在公益组织的参与动员过程中，日趋理性化的群众自发互动式参与使民主机制得以真正建立，互信和互惠使包括社区成员、捐赠者、公益组织服务对象及其家庭成员、志愿者、媒体、企业等在内的社会公众在公益服务的社会互动中成为公益组织的"拥护群"。建立广泛的"拥护群"是提升组织公信力和获取资源的重要手段，同时，一个拥有更多"拥护群"和社会资源的组织又会获得社会更大的信任。

第三，提高创新能力，完善内部管理。在一个变革时代，公益组织的创新和发展必须把人力资源的开发与管理摆在重要地位。为解决当前公益组织工作人员专业化不足的问题，各公益组织应该从自身的目标定位出发，聘请一批专业对口的工作人员负责具体公益项目的实施。同时，可以制订滚动计划，对现有工作人员按照工作性质进行专业培训，如加大对志愿者专业培训的力度，目前有关非营利组织和志愿者培训研究已经成为一个新的学术领域①，志愿者的培训将更加规范和专业化，其内容不仅应强调道义和公益精神、专业知识与技能的培训，还应根据志愿者的不同，制定不同的培训规划并执行，将交流、沟通的技能，组织的技能，募捐的技能等作为培训的范围和内容，根据活动的性质和特点，因人而异展开培训。另外，公益组织还必须在对社会治理的持续关注和参与中寻找工作的创新点、生长点，探索为公民提供互助的组织方式和参与社会生活的渠道，并培养公民多元化的生活方式，推动社会治理最终向善治方向发展。因此，为公益组织建立一套人力资源开发、配置、使用和管理的工作机制，增强组织的凝聚力和对从业人员尤其是优秀人才的吸引力，提高员工的专业素质和道德修养，是完成组织的使命和目标并加强包括创新能力在内的公益组织能力建设的重要内容。

萨拉蒙指出："为了有助于维持和重新获得非营利部门的真正身份和核心价值，需要做的重要努力是定期地使非营利部门恢复活力。这些任务的完成可能通过定期的战略规划，通过体现非营利组织所应倡导的核心价值的改良培训和管理模式，通过调动广泛社会角色讨论非营利部

---

① 范丽珠：《全球化下的社会变迁与非政府组织》，上海人民出版社，2003，第65页。

门应有的社会作用的建设性对话。"① 也就是说，战略规划、改良培训、管理模式和建设性对话可以使公益组织维持和重新获得其核心价值。因此，加强公益组织的内部管理是非常重要的。具体来说，其一，完善组织章程和组织结构，建立民主决策制度、透明的财务制度、科学的从业人员行为准则和职业道德规范、适当的富有效能的理事会结构；其二，建构多层次的自律机制和制度他律。公益组织的自律包括内部管理规范、财务规范、募款及相关活动规范、组织工作伦理等。按照民间组织的制度框架和组织结构，一般可以将公益组织的自律规范区分为三个层次：组织内部的自律规范、联盟组织的自律规范以及非营利部门的自律规范。"虽然自律和'内在化'的自我约束被认为是公共责任的理想境界，但我们更关注自律背后的支撑物和自律的动态形成过程……道德驱动的自律不应成为中国公益机构公共责任机制建设的'惟一依赖'或主导途径，摆脱对道德驱动的自律的过分依赖，建设推动与维系自律的制度是更为可行的途径。"② 也即自律作为一种有效的自我约束和自我管理手段，必须与他律相配合。因为"不带剑的契约不过是一纸空文，它毫无力量去保障一个人的安全……在没有对某种强制的力量有所顾虑的情况下，一纸契约就太软弱无力了，不足以制约人们的野心、贪婪、忿怒和其他种种激情"③。

三　公益精神的养成路径

公民的公益精神不是先天就有的，也不是一成不变的，而是在社会主流力量的影响、舆论导向、典型示范的昭示下，随着主客观因素的变化而变化。公益精神蕴含的是一种精神，体现的是一种境界，从孕育、

---

① 〔美〕莱斯特·M. 萨拉蒙等：《全球公民社会——非营利部门视界》，贾西津等译，社会科学文献出版社，2002，第32页。

② 周志忍等：《自律与他律——第三部门监督机制个案研究》，浙江人民出版社，1999，第280~281页。

③ 〔美〕G·萨拜因：《政治学说史》，刘山等译，商务印书馆，1986，第523页。

萌生、发展到逐步提升，是一个潜移默化、循序渐进的过程。因此，力求把公益精神化为公益行动、争取被动公益变为主动行善、努力做到由旁观到参与的转变是公益精神培育过程的旨归，这需要强化公民教育功效、创新公益行动激励机制、夯实公益文化基础。

（一）学会关心：公民教育的一种方式

德国哲学家海德格尔将关心描述为人类的一种存在形式。他认为，关心既是人对其他生命所表现的同情态度，也是人在做任何事情时严肃的态度。关心是最深刻的渴望，是一瞬间的怜悯，是人世间所有的担心、忧患和苦痛。我们"每时每刻都生活在关心之中，它是生命最真实的存在"①。关心意味着一种关系性，关心自我，关心身边的人；关心世界上所有的人，关心动植物；关心人类创造的物质世界。以关心为核心的道德人生应该成为教育的主要追求。"未来所需要的并非是成堆的知识分子，而是大量受过教育的人——会感觉、会行动也会思考的人。""有效的教育本身就是学会关心，因为它在行动上体现了体谅人的生活风格，这样会促使学生接受体谅人的生活风格，因为人们感到这种生活风格是一种有回报和吸引力的生活方式，是一种与他人关联的方式。"② 这种与他人相关联的方式表现为社会公众对公平正义的追求和人类自身乐善好施的品行，这两点是公益实践发展的巨大动力。"一个和谐的、可持续发展的社会，应当是负责任的社会，应该是诚信友爱、互帮互助、公益精神充分张扬的社会。"③ 而这种社会于当代的生成却不是完全自发性的，它仍需通过公民教育得以实现。苏联教育思想家苏霍姆林斯基在《公民的诞生》一书中的一段话有助于我们理解坚持"以公民的独立人格为前提，以权利与义务的统一为基础，以合法性为

① 〔美〕内尔·诺丁斯：《学会关心——教育的另一种模式》，于天龙译，教育科学出版社，2006，第23页。
② 黄向阳：《德育原理》，华东师范大学出版社，2000，第242页。
③ 张怀西：《一个和谐的社会，应当是公益精神充分张扬的社会》，《民主》2007年第1期。

底线"① 的现代公民教育的必要性："对别人仁慈、关切，乐于助人——这是富于人性和作风正派的基本品质。这些品质要成为个人的道德财富。我认为学校教育最重要的教育任务之一就是要培养每个人用仁慈、恳切和同情的态度来对待一切有生命的东西，因为在这些东西身上体现着生命的伟大和美。没有起码的人性，就不可能有共产主义道德；没有细腻的感情、缺乏同情心的人，也就不可能有崇高的理想。而缺乏同情心就会对人漠不关心，并从漠不关心发展到自私自利，从自私自利发展到残酷无情。"② 因此，当一个人意识到对自己的责任感，他就能更深刻地理解并体会到集体向他提出的规章和准则。"真正的道德教育需要形成共同的意义感，而不仅仅是信息的传递。"③ 公益价值的意义系统正是公民教育的重要内容，也是公益事业发展的精神动力。

"我们越是接近与生活密切相关的自然需求，就越能理解生活的脆弱，越能感受到内在'必须'的冲击，这种心灵的冲击可以推动我们对他人做出反应。"④ 这是现代社会人们对于外在生活空间感受的关怀敏感，因此，树立关怀的理念，增强关怀的能力是形成扶危济困、团结互助、公平正义的观念并进行各种捐赠和公益志愿服务的归向。在现代信息社会到来的今天，在呈现"高技术、低情感"的社会情境中，"我们需要强调社会创新，因为我们认为未来的发展不能仅仅依赖于生物技术和其他技术的创新。我们需要社会创新，这些创新的领域包括观念、意识、沟通和合作，等等。服务只是这些社会创新的一部分。显然，服务不会是医治百病的万灵药，但是，它是迈向正确方向的第一步"⑤。因此，学会关心、增强服务的观念和能力是公益精神培育的重要路径

① 李萍、钟明华：《公民教育——传统德育的历史性转型》，《教育研究》2002 年第 10 期。
② 〔苏〕B. A. 苏霍姆林斯基：《公民的诞生》，黄之瑞等译，教育科学出版社，2002，第 216 页。
③ Nel Noddings, *Educating Moral People*, Teachers College Press, 2002, p. 131.
④ Nel Noddings, *Educating Moral People*, Teachers College Press, 2002, p. 20.
⑤ Michael Sherraden, *Service and Human Enterprise*, Global Service Institute, Sept. 2001.

和重要内容。具体而言，突出家庭和学校的教育功能，引导社会成员树立感恩意识，养成公益精神，这是当代道德教育改革的重要契机和途径。

第一，家庭是公益精神培育的第一课堂。家庭是社会的细胞，它是以婚姻为基础，以血缘关系为纽带的社会基本组织形式。家庭是人出生后的第一所学校，是个人成长的摇篮。家庭教育担负着传授文化知识、培育道德品质、指导行为规范等责任。家庭的长期影响、教育，从某种意义上说，将决定人的性格、品行。亲切和睦、充满爱心的家庭环境有利于青少年健康人格的培养。反之，则会给青少年的成长造成障碍。现在，我们的家庭教育对升学太重视，造成一部分青少年对社会不负责任，对他人漠不关心，甚至在一些地方出现见义不为、见死不救的社会冷漠现象，这对青少年的成长十分不利，对社会也有害。因此，新时期社会责任心的教育一定要从家庭做起。中国有谚语："积善之家，必有余庆。"我们要努力培养下一代爱人、爱生命、爱社会的善良意识，引导他们提高道德水平。家长自身的善行将影响着子女的价值观。行善就像其他良好的教养一样，儿童是可以通过学习得到的，而乐善好施的家长，也就是那些认同慈善公益在自己生活中有价值的成年人，是最有可能向孩子们传授慈善理念、公益精神的人。慈善公益从根本上讲是"一种独特的人类美德，所依托的是人类的爱，也是自然的家庭价值观"①。因此，一方面，家长不应该仅仅盯着孩子的成绩，更应该关注孩子的精神世界；另一方面，在自我行善的过程中，家长应注意将捐赠、志愿服务等概念深深地"固化"在子女的心中。

第二，学校肩负着公益精神培育的重任。人的公益精神不是天生的，现代公益精神的形成离不开学校的教育。教育者要力争在学生的教育主要是第二课堂教育中大力倡导和灌输公益精神，营造"人人公益"

---

① 〔美〕亚瑟·C.布鲁克斯：《谁会真正关心慈善》，王青山译，社会科学文献出版社，2008，第78页。

的校园文化氛围，形成关心人、尊重人、理解人、服务人的价值观。实践证明，"忧虑，激动，关心人们和社会的福利、幸福、美、欢乐——这些感情越深入儿童的心灵，儿童对自己的行为所流露的敏锐的感情就越加显得细腻"①。"自然似乎没有把他铸成就将其放到世界中；自然没有做出关于他的最后决定，而是在某种程度上让他成为不确定的东西。因此，人必须独自地完善他自己……必须试图依靠自己的努力解决他那专属他自己的问题。"② 各级学校要为学生个人道德世界的丰富、公益精神的培育创设良好的情境和条件，要把公益精神培育作为一个不可或缺的重要内容纳入思想道德教育和素质教育当中。各级学校应针对不同阶段学生的实际，采取生动活泼、行之有效的形式，例如，开展以社会公益为主题的学习讨论会、征文活动、辩论赛或演讲比赛，举办有关公益活动的图文展览与讲座，组织学生参与公益实践活动，等等，培育学生的公益理念，倡导公益文化，弘扬公益精神。

第三，加强社会感恩心理教育。感恩是中华民族的传统美德，是人之为人的根本，是一种高度的责任感，是对他人爱心的真诚回报。然而，中国传统社会"封闭结构的最大特点是报的指向社会有一个比较明确的而固定下来的反应对象……如果对象不明确或容易消失，那么施予者就不知道自己的投资回报在哪里。反之，回报者也找不到给予者在哪里"③。显然，传统慈善中所形成的狭隘的感恩意识易对受助者造成人格、心理上的伤害，加上现代公益事业公益组织作为中介的出现使捐助者与受助者很难面对面接触，因而无论是对于受助者还是对于施助者而言都亟须转换并形成一种正确的开放的感恩意识。对于施助者而言，尤其是社会中相对处于强势群体的人们而言，认识到正是社会其他群体的贡献才使自我有成功的可能，正所谓"致富思源，富而思进"，"问

① 〔苏〕B. A. 苏霍姆林斯基：《公民的诞生》，黄之瑞等译，教育科学出版社，2002，第31页。
② 〔德〕米夏埃尔·兰德曼：《哲学人类学》，张乐天译，上海译文出版社，1988，第202页。
③ 翟学伟：《报的运作方位》，《社会学研究》2007年第1期。

渠那得清如许，为有源头活水来"。因此，改善作为社会成功者乃至精英人士的"傲慢"和居高临下的心态，增强感恩和反哺社会的责任意识是每一个公益行动者应该坚守的立场。"对人们感恩——这是同责任感、义务感和公民自尊感一致的。要使一个人受自己良心的驱使去为别人做好事，这是道德教养的基础。"① 感恩，不应定义为对捐助者直接的资金或情感的回报，而应将捐助者、志愿行动者的爱心和关怀进一步延续下去，以高度的社会责任感、满腔的感恩情怀，以自己的能力去帮助那些需要帮助的人，这是一种对社会支持系统的良性反馈。所谓社会支持（Social Support），从广义而言，指的是"既涉及家庭内外的供养与维系，也涉及各种正式与非正式的支持与帮助。社会支持不仅仅是一种单向的关怀或帮助，它在多数情形下是一种社会交换"②。因此，突破传统社会支持的由资助者向受助者的单向流动，促进受助者主动参与社会支持系统的建设，是公益事业发展和感恩心理教育的落脚点。

（二）行动激励：公益精神强化的机制保障

虽然公益行动源于奉献和爱心，"但没有哪一项事业仅仅依靠爱心、激情和崇高就能长久地支撑下去，也没有哪一个组织单凭理想与冲动或领导精英的个人魅力与和谐的人际关系就能持久地运转和发展"③。公益事业的发展和公益精神的培育单靠道德说教是难以持久的，需要通过制度和规范来进行激励和调动，现实社会中对他人的关怀、帮助，对社会公平正义的维护，对自然环境的关爱呵护等在人们的漠视甚至冷嘲热讽中弱化了其应有的社会教化效应与和谐功能的发挥。因此，不让公益者行动遭到冷遇，避免出现"热心公益者被看成是十足的傻子，道德行为成为缺点的牺牲品"的现象，"我们所要实行的改造愈深刻，就

---

① 〔苏〕B. A. 苏霍姆林斯基：《公民的诞生》，教育科学出版社，2002，第213页。
② 丘海雄：《社会支持结构的转变：从一元到多元》，《社会学研究》1998年第3期。
③ 郭于华：《事业共同体——第三部门激励机制个案探索》，浙江人民出版社，1999，第2页。

愈要唤起人们对这种改造的兴趣和采取自觉的态度，使千千万万的人相信这种改造的必要性"。① 这种兴趣的激发和自觉态度的维系需要物质的激励，更需要精神鼓励。由此，我们需要建立经常性社会捐赠、志愿服务等公益表彰制度，加强对捐赠者和志愿服务者的社会记忆。"尽管许多捐赠者并不考虑自己捐赠行为的利益回报，即他们基本上是为了奉献自己的爱心而捐赠，但是，从倡导一种社会精神、广泛建构社会团结基础的角度来看，倡导捐赠者应该采取适当的社会记忆手段，即让社会、社区记住那些捐赠者的表现社会美德的捐赠行为。"② 当捐赠、志愿服务受到鼓励并成为公益行动者的一种习惯，成为一种经常性行为，公益精神就会在这一过程中逐渐培养起来。

公益精神尽管是个体的道德意识，然而其培育却需要社会外部环境的积极支持和正面评价，从而为公益行动者的公益行动赢得良好的社会声誉和较高的社会认同度。一般来说，社会个体都有自我精神、情感生活等需要，都有对道德行为的目标认知，这是停留于思想意识的印象层。在社会传播过程中，通过各种激励手段，人们增强了对公益行动所承担的良好社会声誉的道德认知，进一步强化了社会主体对利他道德行为的整体印象，这正是声誉建立的传播过程，见图5－2和图5－3。

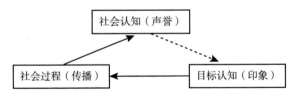

图5－2 印象、传播与声誉

在一个纯粹的非直接互惠模型中，社会群体的一部分参与者可以观察到帮助者 A 和被帮助者 B 之间的行动。观察者、帮助者和被帮助者对公益行动都有自己的判断，并在社会生活中存储和扩散着个人认

---

① 《列宁全集》第31卷，人民出版社，1958，第425页。
② 转引自蔡勤禹《慈善意识论》，《天府新论》2006年第2期。

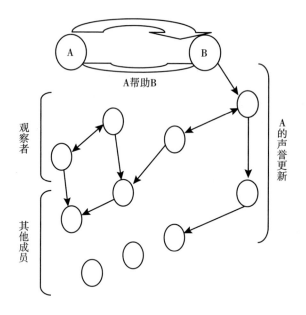

图 5 – 3 声誉建立示意

资料来源：Martin A. Nowak & Karl Sigmund. *Evolution of Indirect Reciprocity*. Nature（27 October 2005）.

知，表达着对公益行动的态度和看法。当然，印象是一种个人认知过程，具有差异性，而声誉是经过社会整合形成的社会认知过程。这种利他行为和公益精神的传播、个体公益行动所形成的声誉强化需要一种制度性的激励机制作为保障。具体来说，可从以下几个方面予以突破。

第一，物质激励。公益精神的培育，公益行动的推进，行动者社会声誉建构的实现，都离不开物质激励和精神激励。尽管公益精神培育应侧重精神激励，但是也不能忽视物质激励。当前，公益事业发展仍需加大物质激励的力度。国外一些发达国家对慈善行为都予以免税的政策，使捐献者获得实实在在的好处，在这方面，国内的政策还有所缺失，需要进一步改进和加强。再如 1993 年，美国总统克林顿签署了《国家与社区服务法案》（*National and Community Service Act*），鼓励青少年服务社区。法案中明确规定，凡做满 1400 小时志愿者的青少年，美国政府每年奖励其 4725 美元的奖学金，这笔钱可以用来作为上大学的学费或职业培训费，也可用来偿还大学贷款。当前，无论是对慈善捐赠还是对志愿服务，在我国都还要进行物质激励机制的制度创新，一个处于公益事业发展初期的国家需要积极主动加强同国外发达国家的沟通交流。

第二，社会荣誉激励机制。社会荣誉激励机制是对公益行动者最普遍的精神激励。社会给予的精神激励、荣誉激励，使公益行动者感受捐赠、志愿服务的价值，产生服务的自豪感。各类公益组织和社区机构在和政府的合作中，在争取各级政府的支持时，给具有突出贡献的志愿者、慈善者以特殊荣誉称号，倡导、积累一种行善的社会精神。如在香港，为奖励那些长期有突出贡献的人士而设立"紫荆勋章""太平绅士"称号、年度"十大杰出青年"称号等；在上海，也设立年度"慈善之星""优秀志愿者"称号等；在深圳，义工联也制定了一套较为科学的义工晋级表彰制度，累计服务达 100 小时的可晋级为一星级义工，以此类推，累计服务达 500 小时的确认为五星级义工。新时期，我们仍需大力发展和创新公益组织的荣誉激励机制，设置灵活多变又富有人性的荣誉奖项，让获奖的公益行动者感受到"圈内人"的尊重、敬佩，感受到社会民众对公益行动的称赞，并使更多的公益旁观者主动参与到公益行动中来。

第三，社会回报激励机制。利他主义是公益行动与公益精神的本质，然而多数社会民众的公益行动都存有一定的互惠性动机，无论是物质上还是精神上都有现实的互惠利他性。因此，在大公无私的纯粹利他性公益精神的引领下，更应尊重普通大众互惠利他的"互惠"性，各公益组织应考虑如何实现并保障公益行动者的社会回报。发达国家的公益服务制度中有一定的激励和回报措施，其奖励机制以制度化的方式保障公民承担为社会服务的责任，使捐赠、志愿服务渐渐成为公民的内在要求和自觉行为，而不仅仅停留在思想观念上的动员。[①] 而当前我国也已经开始探索各种社会回报的激励机制，在社区的志愿服务和慈善捐赠中形成多种模式。有些社区建立"志愿服务银行"，借鉴义务献血的回

---

① 范云周：《"中国志愿者元年"，开启公民社会新时代》，《领导之友》2008 年第 5 期。

报机制，制定相应制度，即志愿者为社区及他人提供的服务折算小时，储存在"服务银行"里，将来一旦需要，可以获得社区志愿机构提供的同等时间服务。有些社区采取"互助服务"的回报激励方式，将志愿者为社区、他人提供的服务项目和效果张榜公布，让广大社区居民知晓，一旦志愿者本人有需求，也能够获得大家的热情服务。有些社区采取"服务转换"的回报激励方式，即对热情在社区提供服务的志愿者进行重点介绍，并且通过服务活动发掘志愿者的各种才能。一旦社区有职位、岗位、工作的机遇，优先考虑志愿者的就业或兼职，充分发挥他们的才能。社会回报机制的完善有利于公益精神的广泛传播，有利于社会"人文环境"的改善和社会的和谐发展。当前，公益的社会回报激励应注重同媒体的合作，做好宣传工作，提升参与者的公众形象，推动公益事业的发展。

（三）文化建设：公益精神夯实的基础

一个社会，如果它不承认在社会生活秩序及日常生命意义中精神的生动、自由的创造性，就不可能指望在这种社会教育中成长起来的人会创造性地接受文化，就不能指望他们把文化的价值变成他们自己的价值。"如果在一个共同社会中，没有生动的、共同的、具有社会影响的'精神信仰'与精神，这个社会的文化就是外在的，死气沉沉的。"[①] 因此，公益精神的培育必须夯实公益文化基础。文化是最持久、最激动人心、最具有影响力的内容，其内核是价值观。只有建立起系统完善的公益文化，才能强化民众慈善意识、公益精神。为此，应加强对公益事业的宣传教育，比如大力宣传"乐善好施"的精神与典范，大力宣传广大企业对公益事业的参与和支持，宣传企业的社会责任感，激发企业参与公益事业的热情。通过宣传、教育来引起各级领导、企业界及社会各界对公益事业的地位、功能的重视。

---

① 〔俄〕彼得·科斯洛夫斯基：《后现代文化——技术发展的社会文化后果》，毛怡红译，中央编译出版社，1999，第47页。

第一，将公益文化列入精神文明建设与和谐社会建设的重要议程，弘扬公益精神，倡导公益行动，建设"我为人人，人人为我"的和谐社会。一是要将公益文化纳入道德教育体系之中，从中小学就开始培养他们对公益事业的情感，引导他们加深对公益事业的理解，增强投身公益事业的责任感。二是将公益文化作为企业文化的重要组成部分。一个成功的企业必定有其独特的企业文化，而拥有良好文化氛围的企业一般具有一定的公益文化内涵，一个具有善心、爱心及博大情怀的企业，都会通过支持公益事业的发展来回报社会。在这样的企业工作，其员工也会拥有爱心。三是政府对公益事业的发展要给予更多的政策支持，比如减免税款，鼓励创办民间公益组织，严格监督公益捐赠款的去向及使用等，使民间公益组织的数量增多并活跃于社会各个领域，在全社会营造人人关注公益事业的浓厚氛围，丰富公益文化的内涵，使公益精神体现于社会主义和谐社会构建与精神文明建设的生动局面中。

第二，注重民众的日常小额募捐，发挥社会公众人物从事公益行动的社会效应。以往的公益捐赠一般以特定的公益项目或特殊的救助对象为缘由，喜欢采取掀起高潮或引起轰动效应的方式，这实际上不利于捐款来源的持久性，容易使人的怜悯心产生疲劳，同时，每一次社会动员的成本也很高。因此，建立一种经常性小额募捐机制十分必要。小额募捐是普通人募捐的主要方式，因为普通人参与公益事业不能以降低自己的生活水平为代价，而一般小康人家也不可能一次拿出许多钱进行捐助，但每个月从零花钱中拿出少量资金，并不会影响其生活质量，同时也满足了帮助他人的愿望。在美国每年数千亿美元的捐款中，有 70% 来自普通人，而且多数来自千百万普通人每月几美元、几十美元的固定小额捐款。① 正是这些小额捐款，为美国的第三部门提供了巨额资金。经常性小额捐款的意义不仅在于积少成多、集腋成裘，而且在于通过这种捐助活动增强社会成员的怜悯心、责任心，唤起人与人

---

① 王小波：《试论普通人参与慈善事业的意义、影响因素及其途径》，《道德与文明》2006 年第 2 期。

之间的关爱，引导社会对贫弱人群的关注，从而为公益事业的发展奠定广泛的群众基础。

第三，广泛利用纸质媒体、声像媒体、网络媒体等多种形式开展公益文化宣传。媒体在公益活动中扮演着越来越重要的角色。2006年，中央电视台成功推出《圆梦行动》，募集善款帮助贫困大学生，这个节目做了两年，推动了政府改革大学的助学金制度，媒体建设性地推动了社会的改革。后来有了《春暖2007》……东方卫视又推出了《加油2008》，为希望小学募集善款，使全国14000余所希望小学能够正常开设体育课。这些节目都有别于之前单纯针对某个个体进行救助的公益行为。公益的目标是发起一场社会运动，把感动转化为行动以解决一个个社会问题。如果从中央到地方的各种主流媒体都以倡导"公益中国""公益城市""公益公民"为己任，为社会搭建更多展示"公益形象"的平台，将会有更多的企业家和更多的公民在这个舞台展示他们的公益人生。中国正在崛起为一个经济大国，明天的中国也必将成为一个"公益中国"。

第四，弘扬民间传统的慈善美德。自古以来，在民间文化中，乡土民众对劝善去恶形成了一定的意识。这种意识通过通俗文化得以塑造，逐渐成为民众共同的心理习惯、价值取向、道德情操以及理想境界。在民众意识中，救危助困、患难与共、乐善好施、见义勇为、侠肝义胆等观念和意识累代相传，成为亿万民众心智的果实。香港学者游子安称，"善人、善书与善堂构成完整的'善的体系'"，"清代善人的活跃、善会、善堂兴起与善书在民间流行，是相互关联的社会现象。随着善书广泛传布，修善与行善成为中国人最基本的道德规范，善的观念更深入民心。士庶在家修持，以善书为经典，在日常生活中作道德实践，所谓与人同善；善书有劝行社仓文、育婴文等劝办善举的文字；明末以来有同善会，借助每次聚会，进行劝善演讲，以便在乡里形成一种人人为善即'同善'的良好风习"。①在构建和谐社会的

---

① 游子安：《劝化金箴——清代善书研究》，天津人民出版社，1999，第17页。

今天，我们需要充分发掘和整理民间的善书资源，利用好这一宝贵的思想财富，促进公益精神的养成。

第五，加强公益理论研究。实践中强大的事物必定需要有影响的理论来配合和指导，而理论强大的事业必定也是实践强大的事业；反之，缺乏理论或者轻视理论的事业绝对成不了大事业。在公益事业发展之初，强调做好一项项具体工作是十分必要的，因为它是确立公益事业社会形象的一个重要方面，但同时也需要专业的、系统的公益理论研究。近几年，社会各界包括公益组织开展过一些理论研讨活动并取得一定的理论成果，但还不足以形成系统的公益理论。因此，需要公益组织与理论界密切配合，加强公益组织间的经验交流和公益理论研究，注重对国外发达国家公益理论的吸收借鉴。可以说，公益理论成果不仅能够指导公益行动的具体实践和公益精神的培育传播，而且必定会因其影响的深远而促进公益事业的发展。

塞缪尔·斯迈尔斯曾说："如果让一个品格最高尚的哲人总是生活在一个极不方便而且道德败坏的恶劣环境之中，天长日久，他的品格也会逐渐变得麻木不仁，甚至邪恶无比……要想在一个野蛮、贫困和肮脏的环境下，培养出一个心地善良、纯洁和品德高尚的人，有可能像天方夜谭了。"① 可以说，社会环境在人的德性品质形成过程中有着重要作用。德性归根到底是社会过程的产物，是在社会历史中生成、积淀和发展的，它是一种过程性存在。公益事业的大发展需要良好的环境，需要民众具备公益精神，而公益精神的形成也需要积淀、生成着的公益文化作为基石。

---

① 〔英〕塞缪尔·斯迈尔斯：《品格的力量》，王强等译，中国商务出版社，2004，第31～32页。

附录 | 公民公益观现状及影响因素调查问卷

亲爱的朋友：

您好！感谢您参与"公民公益观现状及影响因素研究"调研活动。

根据课题研究的需要，我们将对您的基本情况、慈善事业认知、公益活动参与、公益观影响因素等情况进行了解和调查。此次调查的任何相关资料绝对保密并只作为学术研究之用。请您按照真实情况认真、客观填写。全部完成问卷需要花费 3 ~ 5 分钟的时间。若无特别说明的均为单选。请在相应的选项内选上（打√）最符合您的判断。

您的参与是对我们工作和公益事业的极为重要的支持！

再次衷心感谢您的合作！

公民公益观现状及影响因素课题调研组

第一部分　个人基本信息

A1. 您的性别：

（1）男　　　　　（2）女

A2. 您的文化程度是：

（1）初中及以下　（2）高中　　　（3）大专

（4）本科　　　　（5）研究生

A3. 您的年龄是：

（1）20 岁及以下　（2）21 ~ 30 岁　（3）31 ~ 40 岁

（4）41～50 岁　　（5）51～60 岁　　（6）61 岁及以上

A4. 您的政治面貌：

（1）中共党员（含预备党员）　　（2）民主党派

（3）共青团员　　　　　　　　　（4）群众

A5. 您的职业是：

（1）党政机关　　（2）企业　　（3）事业单位

（4）社会组织　　（5）无单位、自雇/自办企业

（6）学生　　　　（7）其他

A6. 您有宗教信仰吗？

（1）有　　　　　（2）没有

A7. 您的月收入约：

（1）2000 元及以下　　　　　　（2）2001～4000 元

（3）4001～7000 元　　　　　　（4）7001～10000 元

（5）10000 元以上

第二部分　公民公益认知、情感、行动

Ⅰ 下面是一些关于公益事业、公益观念的描述，请您在"非常不赞同→非常赞同"框中选上最符合您自己的判断。

序号	题项	非常不赞同	比较不赞同	不确定	比较赞同	非常赞同
B1	慈善是一种自愿地奉献爱心和捐助的行为	1	2	3	4	5
B2	受助者与施助者之间应是平等的关系	1	2	3	4	5
B3	公益事业发展不仅需要爱心,更需要专业精准运行	1	2	3	4	5
B4	公益事业发展需要有创新创业意识与能力	1	2	3	4	5
B5	发展公益事业是政府的责任	1	2	3	4	5
B6	发展公益事业是富人的责任	1	2	3	4	5
B7	发展公益事业需要每一个社会成员的参与	1	2	3	4	5
B8	公益行为已经成为大家的生活习惯	1	2	3	4	5
B9	公益捐赠会让我有一种被需要的价值感	1	2	3	4	5

序号	题项	非常 不赞同	比较 不赞同	不确定	比较 赞同	非常 赞同
B10	每次帮助他人总能给我带来一份愉悦感	1	2	3	4	5
B11	做好自己该做的事也是一种善行	1	2	3	4	5
B12	我比较反感"摊牌式"捐赠	1	2	3	4	5
B13	有许多人参加慈善活动是为了扬名	1	2	3	4	5
B14	我能通过各种渠道了解自己捐赠财物的去向和用途情况	1	2	3	4	5
B15	公益组织应定期向社会公众公开慈善资源的募集、管理和使用情况	1	2	3	4	5
B16	我很熟悉新颁布的《慈善法》	1	2	3	4	5
B17	公益事业发展应有法律的规范和引导	1	2	3	4	5
B18	当我看到有人需要帮助时,我愿意提供力所能及的帮助	1	2	3	4	5
B19	尽管学习(工作)任务很重,但我还是愿意抽出时间来做志愿者	1	2	3	4	5
B20	我认为做好事会有好报	1	2	3	4	5
B21	公益捐赠会让人们产生信任感	1	2	3	4	5
B22	公益活动有助于社会的安定团结	1	2	3	4	5
B23	公益行为会增加人们的幸福感	1	2	3	4	5

Ⅱ下面是您从事公益慈善活动的基本信息。

C1. 上一年度,您是否参加过慈善捐赠（实物、金钱）活动?

（1）是　　　　　（2）否（如选该项,请跳答 C6 题）

C2. 您是否是慈善机构或志愿组织的成员?

（1）是　　　　（2）否

C3. 过去一年,您参与公益慈善活动的次数是

（1）1～2次　　　（2）3～5次

（3）6～10次　　　（4）10次以上

C4. 您参与慈善捐赠最关注的领域是哪类?

（1）宗教类　　　（2）扶贫、助困、救灾类

（3）健康、卫生、医疗类　　　（4）教育类

（5）环保与动物保护类　　　（6）文化与艺术保护类

（7）邻里与社区服务类　　（8）其他

C5. 您是通过哪些途径了解公益慈善事业的？（可多选）

（1）报纸、杂志　　　　　（2）网络、电视媒体

（3）亲朋好友转告　　　　（4）单位宣传

（5）自己参与　　　　　　（6）QQ群、微信群等自媒体

（7）其他

C6. 您参与慈善捐赠活动

（1）完全自发，自愿捐赠

（2）政府或单位发起的自愿性捐赠

（3）政府或单位强制性捐赠

（4）民间草根慈善组织发起并自愿参加的

C7. 您认为一些人没有参与公益慈善活动的最主要的原因是什么？

（1）没时间参与　　　　　（2）缺乏信息

（3）身体原因　　　　　　（4）缺乏参与渠道

（5）不感兴趣　　　　　　（6）经济状况不允许

（7）对以往经历不满　　　（8）其他

Ⅲ 下面是关于公民公益观影响因素，请您在相应数字上打√即可。

序号	项目	非常 不同意	比较 不同意	不确定	比较 同意	非常 同意
D1	我家庭成员间感情融洽，尊老爱幼，孝顺父母	1	2	3	4	5
D2	我家庭成员与外界人际和谐、融洽	1	2	3	4	5
D3	我父母经常教导我积极参加助人活动	1	2	3	4	5
D4	我所在的工作单位（学校或社区）会组织各种形式的慈善活动	1	2	3	4	5
D5	我身边的一些同事、朋友或同学也积极参加慈善活动	1	2	3	4	5
D6	我现在的工作单位（学校或社区）有对积极参加慈善活动的个人给予表彰	1	2	3	4	5
D7	我现在的工作单位（学校）有宣传各种慈善活动	1	2	3	4	5
D8	把善款或善物捐献给慈善组织我很放心	1	2	3	4	5
D9	我的微信群或QQ群等网群经常能收到慈善活动宣传	1	2	3	4	5

序号	项目	非常 不同意	比较 不同意	不确定	比较 同意	非常 同意
D10	一些网站经常会上传志愿者的感人故事	1	2	3	4	5
D11	助人行为应该受到免责保护	1	2	3	4	5
D12	我认为帮助别人很光荣	1	2	3	4	5
D13	我认为团结互助是一种可贵的品质	1	2	3	4	5
D14	郭美美事件等暴露出来的慈善组织公信力问题会动摇我的捐赠热情	1	2	3	4	5

问卷到此结束，再次感谢您的参与！

参考文献

一　经典著作

《马克思恩格斯选集》第 1～4 卷，人民出版社，1995。

《马克思恩格斯文集》第 1～10 卷，人民出版社，2009。

马克思：《1844 年经济学哲学手稿》，人民出版社，2000。

列宁：《哲学笔记》，人民出版社，1974。

《斯大林选集》下卷，人民出版社，1979。

《邓小平文选》第 2 卷，人民出版社，1994。

《邓小平文选》第 3 卷，人民出版社，1993。

二　一般著作

资中筠：《财富的归宿：美国现代公益基金会述评》，上海人民出版社，2006。

杨冠琼：《政府治理体系创新》，经济管理出版社，2000。

李海燕：《医学伦理学》，武汉大学出版社，2001。

陶传进：《社会公益供给——NPO、公共部门与市场》，清华大学出版社，2005。

康晓光：《权利的转移——转型时期中国权利格局的变迁》，浙江人民出版社，1999。

秦晖：《政府与企业以外的现代化——中西公益史比较研究》，浙江人民出版社，1999。

陈新民：《德国公法学理论基础》（上册），山东人民出版社，2001。

《中华人民共和国公益事业捐赠法》，法律出版社，2002。

李淮春主编《马克思主义哲学全书》，中国人民大学出版社，1996。

张大军：《掠过真实的美利坚 骑车横跨美国散记》，三联书店，2003。

《梁启超全集》第二册，北京出版社，1999。

郑永廷等：《人的现代化理论与实践》，人民出版社，2006。

金生鈜：《规训与教化》，教育科学出版社，2004。

罗国杰主编《伦理学》，人民出版社，1989。

许启贤：《道德文明新论》，河南人民出版社，2003。

张云：《思想政治教育心理学》，上海人民出版社，2001。

北京奥运会志愿者工作协调小组办公室编《志愿北京：2005"志愿服务与人文奥运"国际论坛成果集》，人民出版社，2005。

冯英等编著《外国的志愿者》，中国社会出版社，2008。

王高利：《公益在行动》，五洲传播出版社，2006。

李明华等：《人在原野——当代生态文明观》，广东人民出版社，2003。

佘正荣：《生态智慧论》，中国社会科学出版社，1996。

周秋光等：《中国慈善简史》，人民出版社，2006。

《四书》，王国轩等译，中华书局，2007。

《庄子》，孙通海译，中华书局，2007。

《老子》，卫广来译注，山西古籍出版社，2003。

《墨子》，王涛等译注，山西古籍出版社，2003。

吴枫等：《中国道学通典》，南海出版公司，1994。

石俊主编《中国佛教思想资料选编》第3卷，中华书局，1987。

尚海等：《四大宗教箴言录》，中国广播电视出版社，1993。

《圣经》，中国基督教协会出版，1998。

周辅成编《西方伦理学名著选辑》上卷，商务印书馆，1964。

宋希仁主编《西方伦理思想史》，中国人民大学出版社，2004。

俞可平：《社群主义》，中国社会科学出版社，1998。

周桂发等：《复旦大讲堂》（第一辑），复旦大学出版社，2004。

孙正聿：《哲学导论》，中国人民大学出版社，2000。

杨团、葛道顺主编《公司与社会公益Ⅱ》，社会科学文献出版社，2003。

刘敬鲁：《人·社会·文化》，中国人民大学出版社，2002。

吴忠：《市场经济与现代伦理》，人民出版社，2003。

潘志清等：《冲突中的嬗变——市场经济道德心理研究》，广西人民出版社，1999。

郭毅等编《社会资本与管理学》，华东理工大学出版社，2007。

本书编写组：《科学发展观与中国"十一五"经济社会发展战略》，红旗出版社，2005。

李超：《社会主义市场经济的人学底蕴》，人民出版社，2004。

张世英：《论黑格尔的精神哲学》，上海人民出版社，1986。

北京志愿者协会编著《走进志愿服务》，中国国际广播出版社，2006。

陈泽环：《功利·奉献·生态·文化——经济伦理引论》，上海社会科学院出版社，1999。

汪丁丁：《寻找麦田》，中信出版社，2004。

于海编选《第三域的兴起》，复旦大学出版社，1998。

王建芹：《从自愿到自由——近现代社团组织的发展演进》，群言出版社，2007。

郑功成：《社会保障学——理念、制度、实践与思辨》，商务印书馆，2003。

邓伟杰：《和谐社会笔记》，上海三联书店，2005。

冯英等：《外国的慈善组织》，中国社会出版社，2008。

夏东元编《郑观应集》上册，上海人民出版社，1982。

马翀炜等：《民族文化资本化》，人民出版社，2004。

徐达森主编《中华人民共和国实录》第1卷（上），吉林人民出版社，1994。

《陈旭麓学术文存》，上海人民出版社，1990。

中国民主同盟中央委员会：《费孝通论文化与文化自觉》，群言出版社，2005。

蔡勤禹：《国家、社会与弱势群体——民国时期的社会救济》，天津人民出版社，2003。

高德胜：《道德教育的时代遭遇》，教育科学出版社，2008。

卓泽渊：《法的价值论》，法律出版社，1999。

高德胜：《知性德育及其超越——现代德育困境研究》，教育科学出版社，2003。

杨春福：《权利法哲学研究导论》，南京大学出版社，2000。

汪荣有：《当代中国经济伦理论》，人民出版社，2004。

韩庆祥：《马克思开辟的道路——人的全面发展研究》，人民出版社，2005。

李瑜青：《社会学导论》，上海大学出版社，2004。

肖巍：《女性主义关怀伦理学》，北京出版社，1999。

肖巍：《女性主义伦理学》，四川人民出版社，2000。

李培林：《和谐社会十讲》，社会科学文献出版社，2006。

王逸舟：《全球化时代的国际安全》，上海人民出版社，1999。

韩秋红：《断裂还是传承——西方马克思主义及其当代资本主义观》，中央编译出版社，2004。

韩震：《历史哲学》，云南人民出版社，2002。

郑功成：《中华慈善事业》，广东经济出版社，1999。

李海东：《非营利活动核算》，中国物资出版社，2004。

《现代国外经济学论文选》第14辑，商务印书馆，1992。

席恒：《利益、权力与责任——公共物品供给机制研究》，中国社会科学出版社，2006。

杨宇立、薛冰：《市场公共权力与行政管理》，陕西人民出版社，1998。

中国社科院社会政策研究中心等编《和谐社会慈善中华——中华慈善文化论坛文集（无锡，2006)》，无锡市灵山慈善基金会，2006。

王根蓓：《市场秩序论》，上海财经大学出版社，1997。

孙立平等：《动员与参与——第三部门募捐机制个案研究》，浙江人民出版社，1999。

郭于华：《事业共同体——第三部门激励机制个案探索》，浙江人民出版社，1999。

黄向阳：《德育原理》，华东师范大学出版社，2000。

李惠斌：《全球化与公民社会》，广西师范大学出版社，2003。

〔美〕亚瑟·C. 布鲁克斯：《谁会真正关心慈善》，王青山译，社会科学文献出版社，2008。

〔德〕海德格尔：《存在与时间》，陈嘉映等译，三联书店，1987。

〔美〕汉娜·阿伦特：《人的条件》，竺乾威等译，上海人民出版社，1999。

〔美〕弗洛姆：《人的呼唤：弗洛姆人道主义文集》，王泽应等译，三联书店，1991。

〔美〕乔治·H. 米德：《心灵、自我与社会》，赵月瑟译，上海译文出版社，1992。

〔英〕休谟：《人性论》（下册），关文运译，商务印书馆，1980。

〔德〕威廉·冯·洪堡特：《论人类语言结构的差异及其对人类精神发展的影响》，姚小平译，商务印书馆，1999。

〔美〕鲁思·本尼迪克特：《文化模式》，傅铿译，浙江人民出版社，1987。

〔美〕弗兰克·G. 戈布尔：《第三思潮——马斯洛心理学》，吕明等译，上海译文出版社，2001。

〔美〕比尔·克林顿:《付出:我们可以改变世界》,于少薇等译,中信出版社,2008。

〔法〕吉尔·利波维茨基:《责任的落寞:新民主时期的无痛伦理观》,倪复生等译,中国人民大学出版社,2007。

〔美〕布洛维:《公共社会学》,沈原译,社会科学文献出版社,2007。

〔英〕休谟:《道德原则研究》,曾晓平译,商务印书馆,2001。

〔英〕R. G. 柯林伍德:《历史的观念》,何兆武等译,商务印书馆,1997。

〔美〕J. D. 亨特:《文化战争:定义美国的一场奋斗》,安荻等译,中国社会科学出版社,2000。

〔法〕加尔文:《基督教要义》上册,基督教辅侨出版社,1957。

〔德〕卡尔·白舍客:《基督宗教伦理学》第2卷,静也等译,上海三联书店,2002。

马丁·路德著作翻译小组:《马丁·路德文选》,中国社会科学出版社,2003。

〔美〕C. W. 霍莱斯特:《欧洲中世纪简史》,陶松寿译,商务印书馆,1988。

〔英〕赫伯特·斯宾塞:《社会静力学》,张雄武译,商务印书馆,1996。

〔俄〕克鲁泡特金:《互助论》,李平沤译,商务印书馆,1984。

〔美〕麦金太尔:《追寻美德》,宋继金译,译林出版社,2003。

〔美〕安·兰德等:《自私的德性》,焦晓菊译,华夏出版社,2007。

〔德〕黑格尔:《法哲学原理》,范扬等译,商务印书馆,1961。

〔德〕哈贝马斯:《交往行动理论》第 I 卷,洪配郁等译,重庆出版社,1994。

〔美〕亚历山大·J. 菲尔德:《利他主义倾向》,赵培等译,长春出版社,2005。

〔美〕亚瑟·亨·史密斯:《中国人的性格》,乐爱国等译,学苑出版社,1998。

〔美〕菲利普·科特勒:《企业的社会责任:通过公益事业拓展更多的商业机会》,姜文波等译,机械工业出版社,2006。

〔法〕塞尔日·莫斯科维奇:《还自然之魅——对生态运动的思考》,庄晨燕译,三联书店,2005。

〔法〕阿兰·图海纳:《我们能否共同生存?》,狄玉明等译,商务印书馆,2003。

〔美〕阿尔文·托夫勒:《第三次浪潮》,吴文忠译,中信出版社,2006。

〔匈〕卢卡奇:《理性的毁灭》,王玖兴等译,山东人民出版社,1997。

〔美〕丹尼尔·A.科尔曼:《生态政治:建设一个绿色社会》,梅俊杰译,上海译文出版社,2002。

〔美〕克瑞斯汀·丝维斯特:《女性主义与后现代国际关系》,余潇枫等译,浙江人民出版社,2003。

〔美〕彼得·贝格尔:《神圣的帷幕:宗教社会学理论之要素》,高师宁译,上海人民出版社,1991。

〔美〕约瑟夫·奈:《软力量——世界政坛成功之道》,吴晓辉等译,东方出版社,2005。

〔奥〕路德维希·冯·米瑟斯:《自由与繁荣的国度》,韩光明等译,中国社会科学出版社,1995。

〔澳〕休·史卓顿,莱昂内尔·奥查德:《公共物品、公共企业和公共选择》,费朝辉等译,经济科学出版社,2000。

世界环境与发展委员会:《我们共同的未来》,王之佳等译,吉林人民出版社,1997。

〔美〕罗伯特·沃森:《美国最有效的组织》,彭彩霞等译,中信出版社,2002。

〔美〕G·萨拜因:《政治学说史》,刘山等译,商务印书馆,1986。

219

〔美〕内尔·诺丁斯:《学会关心——教育的另一种模式》,于天龙译,教育科学出版社,2006。

〔苏〕B. A. 苏霍姆林斯基:《公民的诞生》,黄之瑞等译,教育科学出版社,2002。

〔德〕米夏埃尔·兰德曼:《哲学人类学》,张乐天译,上海译文出版社,1988。

三　论文、报刊

崔开云:《近年来我国非政府组织研究述评》,《东南学术》2003年第3期。

刘霞:《公益伦理主张的道德义务——论对弱势群体的救助》,《湖南师范大学社会科学学报》2008年第3期。

彭柏林、戚小村:《论作为公益伦理原则的公平》,《湖南师范大学社会科学学报》2008年第3期。

卢汉龙:《公益行为与社会进步》,《探索与争鸣》1993年第5期。

刘京:《公益是和谐社会的新动力》,《学会》2005年第6期。

蔡勤禹:《慈善意识论》,《天府新论》2006年第2期。

李春成:《公共利益的概念建构评析——行政伦理学视角》,《复旦学报》(社会科学版)2003年第1期。

马德普:《公共利益、政治制度与政治文明》,《教学与研究》2004年第8期。

许纪霖:《众意还是公意》,《天涯》2002年第3期。

向春玲:《试析社会公益事业在构建和谐社会中的作用》,《理论视野》2006年第4期。

贾西津:《"公益"是一种生活方式 不是一种超于我们生活的特殊的品质》,《公益时报》2006年2月14日。

宋宗合:《平民慈善是慈善公益的根本品格》,《公益时报》2007年1月16日。

张翠萍：《敬业精神：社会发展的内在精神动力》，《社会科学》2002 年第 6 期。

俞吾金：《人文关怀：马克思哲学的另一个维度》，《光明日报》2001 年 2 月 6 日。

俞伯灵：《社会主义市场经济与新集体主义精神》，《浙江学刊》1994 年第 5 期。

宋惠昌：《论新集体主义的社会经济关系基础》，《石油大学学报》1999 年第 11 期。

吴敏：《重释集体主义》，《广西社会科学》2005 年第 7 期。

陈仕平：《论弘扬新集体主义条件的创设》，《求索》2008 年第 5 期。

李德顺：《从情感到理性——关于我国当前道德形势的再思考（续）》，《教学与研究》2001 年第 6 期。

龙静云：《市场经济条件下坚持和弘扬集体主义的思考》，《广西大学学报》2001 年第 3 期。

吴灿新：《伦理精神的本质及其价值》，《现代哲学》2001 年第 4 期。

任剑涛：《道德理想·组织力量与志愿行动》，《开放时代》2001 年第 11 期。

王学栋：《西方政府再造的政治理论》，《长春市委党校学报》2003 年第 3 期。

赵长宁：《献身与参与的背后——美国成人义工服务动机的探讨》，《台湾香光尼众佛学院图书馆馆讯》1996 年第 7 期。

梁莹：《公民自治精神与现代政治知识的成长》，《南京社会科学》2008 年第 7 期。

林培：《我国进入"新公益精神"时代》，《中国建设报》2007 年 4 月 5 日。

徐中振：《发展志愿服务的体制背景和社会意义》，《当代青年研究》1998 年第 5 期。

丁元竹：《为社会不利群体、弱势群体、边缘群体——构筑新时期社会保护体系》，《瞭望新闻周刊》2000 年第 16 期。

张洪武：《市场失灵、政府失灵与政府治道变革》，《理论导刊》2008 年第 8 期。

李柏洲：《现阶段中国社会利他主义行为分析》，《学术交流》2008 年第 1 期。

姚丽萍：《上海各项慈善基金倡导公益精神实践公民义务》，《新民晚报》2006 年 10 月 17 日。

孙立平等：《总体性社会研究——对改革前中国社会结构的概要分析》，《中国社会科学季刊》1993 年第 1 卷。

马俊锋、袁祖社：《中国"公民社会"的生成与民众"公共精神"品质的培养与化育》，《人文杂志》2006 年第 1 期。

朱健刚：《草根 NGO 与中国公民社会的成长》，《开放年代》2004 年第 6 期。

郑非：《社会公益精神推动法制改善》，《新京报》2006 年 7 月 16 日。

何增科：《公民社会与第三部门研究引论》，《马克思主义与现实》2000 年第 1 期。

张术忠、王维：《震灾无情，人间有爱——北京市民慈善意识调查》，《数据》2008 年第 7 期。

王俊秀：《灾难将平民慈善推向高潮》，《中国减灾》2008 年第 6 期。

雷戈：《历史与现实》，《史学月刊》2002 年第 3 期。

丁元竹：《中国慈善"有传统无事业"？》，《中国社会导刊》2005 年第 24 期。

王卫平：《弘扬传统慈善文化，构建社会主义和谐社会》，《苏州科技学院学报》（社会科学版）2006 年第 3 期。

高红、窦正斌：《中国社会现代慈善理念的匮乏与培育》，《东方论坛》2007 年第 6 期。

商文成：《第三次分配：一个日益凸显的课题》，《兰州学刊》2004年第4期。

吴锡平：《我们需要怎样的财富观》，《东方》2003年第10期。

王宏茹：《"第三次分配"被寄予厚望》，《中国经济周刊》2006年第24期。

郑功成：《论慈善事业》，《中国社会工作》2004年第5期。

葛道顺：《我国慈善事业的现状和发展对策》，《新华文摘》2005年第10期。

蒋彦鑫：《民政部司长谈捐赠怪现状：免税50元，拐了10道弯》，《中国青年报》2005年11月8日。

高钢：《遭遇美国教育》，《北京文学》2003年第10期。

〔美〕密切尔·夏瑞顿：《公民服务：问题、展望和制度建设》，江汛清译，《志愿服务论坛》2003年第1期。

金纬亘：《代议民主与直接民主相结合的新民主诉求——西方生态主义基层民主观探析》，《社会科学家》2006年第5期。

于建嵘：《威权政治面临的挑战——中国的骚乱事件与管治危机》，《社会学家茶座》2008年第1期。

李波：《从公众参与的细节看中国环境的挑战》，《自然之友通讯》2009年第1期。

季羡林：《慈善是道德的积累》，《中国社会报》1997年1月25日。

胡锦涛：《发扬人道主义精神，热情参与慈善活动》，《人民日报》2008年12月6日。

《公民道德实施纲要》，《人民日报》2001年10月25日。

朱传一：《关于第三部门与基金会的作用及其在中国的发展问题》，《社会》2000年第11期。

张怀西：《一个和谐的社会，应当是公益精神充分张扬的社会》，《民主》2007年第1期。

李萍、钟明华：《公民教育——传统德育的历史性转型》，《教育研究》2002年第10期。

翟学伟:《报的运作方位》,《社会学研究》2007 年第 1 期。

丘海雄:《社会支持结构的转变:从一元到多元》,《社会学研究》1998 年第 3 期。

范云周:《"中国志愿者元年",开启公民社会新时代》,《领导之友》2008 年第 5 期。

四 外文资料

Robert H. Bremner, *American Philanphropy*, University of Chicago Press, 1988.

Helmut K. Anheier and Diana Leat, *Creative Philanthropy*, Routledge Taylor Francis Group, 2006.

Lawrence J. Friedman and Mark D. Mcgarvie, *Charity*, *Philanthropy*, *and Civility in American History*, Cambridge University Press, 2003.

Robert Wuthnow, Virginia A. Hodgkinson and Associates, *Faith and Philanthropy in America*, Jossey-Bass Inc, 1990.

Nan Aron, *Liberty and Justice for All*, Westview Press, 1989.

Daniel Lerner, *The Passing of Traditional Society*, *Modernizing the Middle East*, New York: the Free Press, 1958.

E. Durkeim, *Moral Education*: *A Study in the Theory and Application of the Sociology of Education*, New York: Free Press, 1951.

Mancur Olson, *"Foreword" in Todd Sandler*, *Collective Action*: *Theory and Applications* , The University of Michigan Press, 1992.

Waldemar A. Nielson, *The Big Foundations*, Columbia University Press, 1972.

The World Bank, *World Development Report* 2006: *Equity and Development*, The Co-publication of the World Bank and Oxford University Press, 2005.

S. Hewa and P. Hove, *Philanthropy and Cultural Context*: *Western*

Philanthropy in South, East and Southeast Asia in the 20st Century, Lanham: University Press of America, 1997.

Victor Frankl, *Man's Search for Meaning*, New York: Pocket Books, 1984.

R. E. Burke, *Reflecitions on the Revolution in France*, Chicago: Regncry, 1955.

Nel Noddings, *Educating Moral People*, Teachers College Press, 2002.

Michael Sherraden, *Service and Human Enterprise*, Global Service Institute, Sept. 2001.

P. J. Ilsley, "The Voluntary Sector and Adult Education," in S. B. Merriam & P. M. Cunningham (eds.), *Handbook of Adult and Continuing Education*, San Francisco: Jossey-Bass, 1989.

Donald T. Campbell, "On the Genetics of Altruism and the Counter-Hedonic Components in Human Culture," *Journal of Social Issues* 28 (1972).

Archie B. Carroll, "A Three-Dimensional Conceptual Model of Corporate Social Performance," *Academy of Management Review*, Vol. 4, No. 4, 1979.

Gordon White, "Civil Society, Democratization and Development," *Democratization*, No. 3, Autumn 1994.

后 记

　　春晚绿野秀，岩高白云屯。蓦然回首，发觉三年的美好时光不经意间已悄悄溜走。"逝者如斯夫"的慨叹，更多缘于这流水年华所承载的几多不易和感动。静静地望着窗外微风相伴、阳光斜照的油绿树叶，回忆并感激着曾经帮助我的人，小心地将一份份沉甸甸的关怀收藏好，写进后记里。多少次，我控制着预支这份美好感觉的冲动，学着自我延迟满足，就是为了在最后一刻慢慢品味和享受，作为苦尽甘来的自我奖励。也许是心灵渴望一种载体，载负对师长、对同窗、对亲情的一种感恩！载负经过漫长跋涉终于到达人生旅途重要驿站的惆怅、欣喜和宣泄！

　　我很庆幸在我精神成长关键时刻来到美丽的康乐园。在这所华南高等学府，我有幸领略了大师的风采，感受了名师的智慧，品味了学者的睿智。回首三年前，正是在钟老师鼓励之下，我从繁华都市上海的丽娃河畔来到美丽的康乐园。没有导师钟明华先生的不断鼓励和指导是不可能完成本篇论文的。从选题、开题到定稿，都凝聚着先生的心血。恩师渊博的知识、睿智的思维、开阔的视野、严谨的治学精神和淡定的生活态度深深影响着一个年轻"小生"的成长，我想这注定是我人生中一笔厚重的财富。我深知在创造性研究的"林中路"上，精神的漫游是极不轻松的，有时甚至迷失于"林中路"。我的"器度"、我的知识储备及人生阅历都在审问我，但恩师给予我的除了严厉之外更多的是鼓励、宽容、关心和信心。此刻我本应呈上一份最美丽的画卷，用作报答师恩，但惭愧的是三年的寒窗苦读，愚钝的我最终也只能形成眼前这本"浅薄"之作。因此，我只能将无以言表的感激和愧疚之情默藏于心，化为日后成长的动力。

中山大学求学三年是人生历程中一大幸事。有幸求教于郑永廷教授、李萍教授、叶启绩教授、郭文亮教授、周全华教授、杨菲蓉教授、王丽荣教授、李辉教授、吴育林教授、詹小美教授、王仕民教授等，他们或是在课堂授学中给我以良深启发，或是在开题报告中予我以有益建议，或是在论文写作和修改过程中提出宝贵意见，诸位老师学识之渊博、教诲之孜孜不倦、奖掖之真诚，令我受益匪浅。感谢杨云副书记、姜建华老师、陈海华老师等在我三年的学习和生活中给予的关怀和帮助。感念华东师范大学的张云教授、邱伟光教授、姜国祥教授；感谢温州大学蔡克骄教授、戴海东教授、施端银教授、任映红教授、谢建芬副教授和蔡联群副教授；感谢广东商学院的苏盾副教授……几年来，他们在学业、工作、生活上都给了我大量的帮助和支持。

三年来的学习生活彰显青春色彩。学海中扬帆，理论上攀登，生活中互助，快乐上共享。运动场上的挥洒汗水，东湖荷畔的谈笑风生，越秀柔情之相约，白云山下思古畅今，歌舞聚会释放激情，所有这一切美好的幸福时光都离不开与我朝夕相处的同学们和关心帮助我的师兄弟、师姐妹们。他们是：师兄王海传、龙柏林、魏则胜、魏传光、张国启、唐土红、范碧鸿、陈建海、吴志敏、王国剑、曾令辉，师姐陈媛、黄荟、谢春红、朱飞等；同学魏明超、李尚旗、陈志兴、汪勇、黄焕汉、张艳新、吉志鹏、钟一彪、王岩、唐元松、左伟清、曹亚琴、彭小兰、刘娟、罗珊、张广纯、陈庆超、臧艳雨；师弟邵发军、贺希荣、黄修卓、练庆伟、董伟武、武晟、吴伦水、陈联俊、孙晓辉、许冲、陈志光等，师妹田海云、赵锦英、曹春梅、朱映雪、曾庆娣、张丹丹、徐芳丽、徐敏、倪靖等。正是因为有了你们，我才感受到被友情围绕着的温暖、快乐和感动，感受到犹如家人一般的体贴、温馨和幸福！感谢同济大学罗鹏部博士、中国人民大学曾庆娣博士多次为我到上海图书馆、国家图书馆复印相关外文资料，这些文献对我开阔视野具有重要帮助；感谢华东师范大学刘晓亮博士、上海财经大学孔德民在我写作困顿之时常予我以关心和鼓励。

博士论文创作的这段艰辛历程冷暖自知，可意会不可言传。本论文的问题缘起于 2007 年 6 月到 2008 年 3 月由深圳市宝安区委宣传部委托的一项"关于公益性团体与社会主义和谐文化建设"的课题。课题研究从设计方案、调研访谈和报告撰写，在钟老师的指导下，我一直作为骨干成员参与研究，从中发现了"当代中国公益精神"这个鲜活而深富时代感的问题。此刻，我终于停止了键盘的敲击。博士论文真正停笔，然并无心释，反而有一种轻飘的怅然。对于这样一个全新的选题，论文研究的许多问题仍停留于表层。我珍爱它，但又感羞示于人。错误之处敬请各位专家批评。

我还要感谢父母多年的养育之恩，他们一直默默地鼓励着我前行，没有他们的支持就不可能有我学业的完成。来自农村的双亲大人，一生艰难困苦，加之父亲身体欠安，母亲更是劳累，但他们一直给我无微不至的关心让我免除求学期间的许多后顾之忧。感谢哥哥、嫂嫂和妹妹，他们无私的关爱使我在困难时刻能够奋力前行。毕业在即，而立之年的我在祈福父母安康、家庭幸福的同时，只有更好地工作并回报社会才不枉父母和亲朋好友多年培养的恩情与厚爱。

2009 年 5 月于广州

补记：此书是在我的博士学位论文（2009）基础上修改而成的。过去近十年时间里，中国公益慈善事业发展取得了长足的进步，书中的部分观点如加快《慈善法》的立法实施工作等已经在今天得到落实，公益精神新的变化和未来发展趋势成为近年来我重点关注的方向。

本书得以出版，要感谢浙江大学宁波理工学院楼慧心教授，楼教授对完善书稿给予诸多具体指导意见，并同意将马克思恩格斯关于公益慈善领域的相关研究成果增补进本书第二章第三节。另外，书稿还吸收了我主持的 2015 年温州市社科联重点项目"现代公民公益慈善观现状及培育对策"调研报告部分内容，以充实第四章第二节的内容。本书相关内容曾先后发表在《马克思主义研究》《中国特色社会主义研究》《山东社会科学》《学术论坛》《甘肃社会科学》《青海社会科学》《理论与现代化》等核心期刊上，感恩期刊编辑们的专业工作和审稿专家们给予的无私修订意见；感谢温州大学马克思主义学院罗山读书会的同仁对完善书稿提出许多有益的建议；研究生史凤娟、钟颖新协助书稿校对，避免了文字上的纰漏。在出版过程中，书稿得到了社会科学文献出版社郑庆寰编辑及其他相关人员的大力帮助，在此深表谢意。

谨以此书献给所有爱我和帮助过我的人！

卓高生

2018 年 2 月于温州

图书在版编目（CIP）数据

当代中国公益精神及培育研究 / 卓高生著 . -- 北京：
社会科学文献出版社，2018.5
（温州学术文库）
ISBN 978 - 7 - 5201 - 2801 - 8

Ⅰ.①当⋯　Ⅱ.①卓⋯　Ⅲ.①慈善事业 - 研究 - 中国
Ⅳ.①D632.1

中国版本图书馆 CIP 数据核字（2018）第 103644 号

· 温州学术文库 ·

当代中国公益精神及培育研究

著　　者 / 卓高生

出 版 人 / 谢寿光
项目统筹 / 邓泳红　郑庆寰
责任编辑 / 郑庆寰　孙连芹

出　　版 / 社会科学文献出版社 · 皮书出版分社（010）59367127
　　　　　地址：北京市北三环中路甲 29 号院华龙大厦　邮编：100029
　　　　　网址：www.ssap.com.cn
发　　行 / 市场营销中心（010）59367081　59367018
印　　装 / 三河市东方印刷有限公司

规　　格 / 开　本：787mm × 1092mm　1/16
　　　　　印　张：14.75　字　数：219 千字
版　　次 / 2018 年 5 月第 1 版　2018 年 5 月第 1 次印刷
书　　号 / ISBN 978 - 7 - 5201 - 2801 - 8
定　　价 / 79.00 元